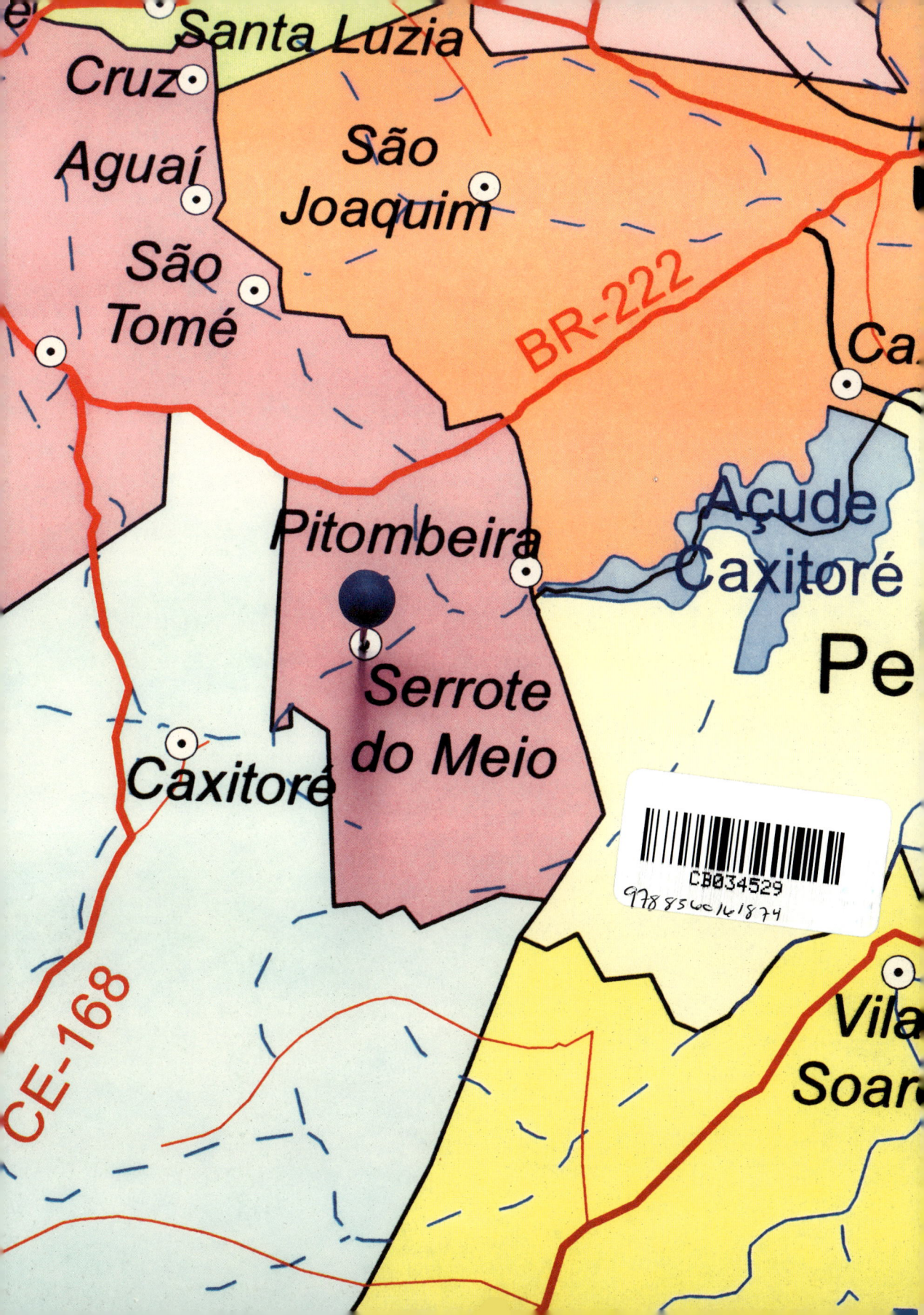

Na convivência com José Carlos Avellar, coordenador de cinema do Instituto Moreira Salles, era comum a conversa errática, encavalando livros, histórias do jornalismo, os mais recentes *gadgets* e, claro, filmes a mancheia. Em quase seis anos de um diálogo interrompido em março último, não tive pista de que ele trabalhava, fazia tempo, num longo ensaio sobre a representação da família no cinema brasileiro recente. Passar os olhos pelos originais, enviados por sua mulher, Claudia Duarte, de certa forma atenuou a dor enjoada que se instalou ao perdê-lo. ◖ As razões afetivas, abundantes, já seriam suficientes para adiantar na *serrote* trechos deste inédito que será publicado em livro pelo IMS. Mas a estas, perfeitamente legítimas, junta-se a extraordinária qualidade do texto, burilado com mão de fino ensaísta, aquele que vai de Glauber Rocha a Louise Bourgeois, faz escala em Kafka e dá uma passada em *Dois filhos de Francisco*, como se referências tão díspares sempre estivessem lá, juntas, fluindo. Nada estranho se, ao passar os olhos pela *serrote* #8, você descobrir como ele fez encontrar Eisenstein, Picasso e Orozco em "O cavalo de três cabeças" (http://goo.gl/QUdca6), ensaio depois traduzido pela *New Left Review*. ◖ É a Avellar, com seus múltiplos interesses e invulgar capacidade de combiná-los, tornando o mundo mais inteligível e inteligente, que dedicamos este número. Nele estão, lado a lado, o Brasil em transe, a França dos imigrantes, o experimentalismo de Kenneth Goldsmith e um Sartre chapado de mescalina. Mistura que, sem dúvida, Avellar acharia perfeitamente natural. O EDITOR

RETRATOS DO BRASIL, 2016

5 Gabriel Jaguaribe Giucci
Desvio

8 Tales Ab'Sáber
Tradição da mentira, tradição do ódio

18 Angela Alonso
Intolerâncias, substantivo plural

28 Laymert Garcia dos Santos
Escutas em transe

36 Renato Lessa
Uma breve história natural da urna

46 ALUCINAÇÃO
Jean-Paul Sartre / Rico Lins
Anotações sobre os efeitos da mescalina

64 APROPRIAÇÃO
Leonardo Villa-Forte / Nicholas Rougeux
O autor como apropriador

80 RADICALISMO
Damián Tabarovsky
Literatura de esquerda

96 ENSAIO VISUAL
Wilma Martins
Dois cadernos

130 DIÁRIO
Julio Ramón Ribeyro / Walker Evans
A tentação do fracasso

166 CINEMA
José Carlos Avellar / Theo Firmo
Pai país mãe pátria

188 NÃO FICÇÃO
Juan Villoro / Javier Sáez Castán
O ornitorrinco da prosa

200 RELATO
Emmanuel Carrère
Em Calais

Retratos do Brasil, 2016

Tentativa de fixar a combinação do que é permanente e fugaz em indivíduo ou grupo, o retrato é forma sutil de interpretação. Pela exposição do que é evidente, busca o que não se dá de imediato. Nasce provisório e, mesmo que expire, vira documento eloquente de acertos e equívocos. É nesse espírito que quatro intelectuais e um artista flagram aqui ideias, rostos, comportamentos e estratégias de um momento grave do país. Procuram imobilizar um movimento, contar parte de uma história inconclusa. São emoldurados por incerteza e assertividade, ambas imprescindíveis quando se quer docilizar o espírito crítico pelo massacre do senso comum.

Tradição da mentira, tradição do ódio

Tales Ab'Sáber

De Vargas a nossos dias, passando por 1964, a falsificação do real é peça fundamental no pensamento autoritário

Um momento extraordinário de revelação do Brasil, de um modo muito íntimo do país produzir a si próprio, nos foi dado pela conjunção de um documento concreto com um importante filme nacional. Como não poderia deixar de ser em momentos significativos de aprendizado de nós mesmos, é uma das obras fortes que a cultura crítica e exigente do Brasil de tempos em tempos remete à outra cultura do país – a prática, imediata, anti-intelectual, quando não basicamente autoritária – que deve nos servir de baliza, de referência para que não nos percamos no sentido do que é o Brasil.

Em uma cena mínima do imenso *Cabra marcado para morrer* – como se sabe, um filme feito por Eduardo Coutinho e seus companheiros de viagem em dois tempos, entre 1964 e 1984 –, temos recuperada pelo rico espaço de razões que ele apresenta *uma pequena notícia de jornal* publicada pelo *Diário de Pernambuco* a respeito da intervenção do exército nas filmagens, realizadas por estudantes cariocas e camponeses do engenho da Galileia. O projeto original do filme era uma rara mistura de ficção e documentário, concebido por uma vanguarda estética realmente engajada, em que os atores que viveram as violências das relações de trabalho no latifúndio nordestino, de uma história que levou ao assassinato de uma liderança camponesa, *encenariam suas próprias vidas* como personagens. Tratava-se de mais uma das experiências de modernidade cinematográfica e de compromisso social ante o problema do trabalho, da miséria e do atraso no Nordeste brasileiro, um filme que possivelmente viria a ser obra-prima de nosso cinema moderno, o cinema novo.

O filme dos anos 1980 recuperava a história e a vida dispersa de seus atores pelo golpe e pela ditadura civil/militar e contava também a história do próprio empastelamento da filmagem original pelos militares pernambucanos, com as correlatas perseguições, prisões e fugas da equipe e com a posterior recuperação, quase milagrosa, de parte do material filmado que havia sido apreendida. A intervenção se deu poucos dias depois do infame 31 de março de 1964 – a filmagem registra o golpe *na própria carne*. Todo o trabalho social daquele pacto entre Sul e Norte, classe média e vida popular, estudantes e trabalhadores, é simplesmente destruído pelo exército brasileiro, em um gesto de força que é bem mais do que uma metáfora do destino do país, das imensas clivagens e das forças que de fato importariam a partir daí. Os estudantes precisam fugir às pressas, as atividades políticas camponesas são proscritas. As lideranças populares são perseguidas, presas e torturadas e precisarão *se exilar no próprio país*, em uma atualização radical e de baixo da famosa sentença de Sérgio Buarque de Holanda, que dizia respeito à nossa própria experiência cultural.

Mas segundo a narrativa daquela pequena notícia, o exército brasileiro havia desbaratado, na região da Galileia, *um foco de treinamento de esquerdistas internacionais* – de fato, o exército *acreditava* que se tratava de uma milícia cubana. O núcleo guerrilheiro seria fortemente armado, teria sofisticado aparato técnico de propaganda para a realização da lavagem cerebral dos camponeses locais e estaria preparando uma série de assassinatos na região, com base no filme de propaganda que era exibido, *Marcados para morrer*. Por fim, o suposto treinamento seria contínuo, acontecendo dia e noite.

Afora o ridículo, o patético e o cômico da situação distorcida, da realidade explícita e extrema da mentira pública, a nota era, mais precisamente, trágica e agônica, já que violenta ao extremo – e, vista à luz do filme, tal *pulsão à mentira* era intensamente reveladora. Pessoas foram presas, torturadas e mortas com base naquelas falsificações radicais próprias da época, atos simbólicos torpes e comuns, bem articulados com a ditadura real e que jamais foram reparados ou julgados. Tratava-se da real cultura da mentira de nosso fascismo nacional comum, extremamente importante no jogo político que fundamentou o golpe de força à direita e sua ditadura fundada nessas mesmas bases simbólicas.

Das grandes violências históricas descritas, ou escritas, sobre momentos de terror do avanço autoritário brasileiro, a falsa notícia documentada no filme de Coutinho tem verdadeira correspondência com o momento de *transe*, horror e grande mentira descrito com tensão limite no início de *Memórias do cárcere*, quando o dedicado e democrático funcionário da educação pública de Alagoas e autor do livro, Graciliano Ramos, é preso pela ditadura Vargas sob a acusação de ser comunista, quando, de fato, a prisão se dava pelo fato de ele não ter concedido vantagens indevidas a uma sobrinha do famigerado tenente que o deteve. Essas são as formas das violências extremas brasileiras, simbólicas e reais, tradicionalmente franqueadas ao espírito autoritário conservador do pior brasileiro, violências que pensadores e artistas se esforçaram para deixar claras, apontando para a natureza desse fundo não ultrapassado da vida brasileira.

A mínima notícia de jornal em estado de plena mentira sobre *Cabra marcado para morrer* é boa formação simbólica, material e objetiva, ainda que comum, de algo de nossa vida pública e política. Essa formação permite que avaliemos *desde cima* os modos de ser da nossa tradição de ódio e violência, que durante muito tempo não pôde ser responsabilizada publicamente, julgada ou condenada. Fundado narcisicamente no mesmo princípio de mentira liberada, pudemos ver, em abril de 2016, o honrado deputado Jair Bolsonaro dedicar seu voto pelo impedimento de Dilma Rousseff ao honrado coronel Carlos Alberto Brilhante Ustra, único torturador do exército de torturadores do Estado de terror de 1964 declarado como tal pela justiça da democracia brasileira. Assim como as filmagens de *Cabra marcado para morrer* eram um foco de guerrilha cubana, Ustra não foi um torturador, mas, segundo Bolsonaro, um homem bom. E o próprio deputado não é um fascista, mas um democrata. Como temos visto todos os dias, muitos no Brasil pensam desse modo, em um movimento regressivo demente que só aumenta e põe muita coisa em risco.

Esse movimento ainda funciona no pleno registro da mentira interessada, que confunde linguagem com força, e deu o tom da notícia da guerrilha cubana na Galileia. A má informação, a má-fé absoluta, era parte necessária do sistema do horror real, no qual o plano simbólico é reduzido ao plano da ação criminosa de um Estado real. Um Estado de terror e antissocial que se estabeleceu em 1964, com base naquele tipo de ação desonesta e numa mentalidade – consentida e promovida – que autenticava a repressão sem limites, falsa em seu próprio fundamento.

Das muitas grandezas que *Cabra marcado para morrer* expõe e revela sobre o Brasil, não é das menos importantes essa pequena passagem de *montagem intelectual*, da notícia plenamente mentirosa, da pura falsificação, da afirmação de uma guerra inexistente, de uma invasão cubana inexistente, com armas e treinamentos de guerrilhas inexistentes, feitas pelo exército brasileiro, o jornal pernambucano e seus donos – estes, sim, violentos. Revela a contrapartida do Estado de terror, que também é sua fundamentação ideológica, presente no *terror da falsificação* da vida simbólica partilhada, advinda do desejo de poder no limite do delírio. Foi esse tipo de movimento que o ditador Diaz, o vitorioso da crise política do Brasil alegórico de *Terra em transe*, nomeou em seu famoso discurso final sobre o país: "Aprenderão, pela força...".

Se a notícia era mentira em todas as linhas e em todos os termos, era construção de imaginário e vida pública real, e era verdadeira como ação, na direção da redução da vida política ao novo estado de guerra. Redução de toda a tensão e do trabalho político *do outro* e dos múltiplos outros, que caracteriza a democracia, ao estatuto de inimigo extremo e objetificado, pronto para ser exterminado, porque, segundo a própria ideologia, ele visa ao *nosso* extermínio. E extermínio aqui é a palavra adequada: nessa mentalidade, a vida política se torna guerra real, apoiada na expansão simbólica sem controle de uma guerra fria mundial, o continente simbólico de onde se sonhava tal sacrifício primitivo. O inimigo está na posição do mal absoluto, o risco originário à própria civilização do poder, e por isso deve ser simplesmente extirpado, destruído, exterminado.

Quando falamos em fascismo diante de ações simbólicas como essas não estamos sendo condescendentes com os conceitos: Wilhelm Reich lembra, em seu livro sobre a psicologia do nazismo, que o modo de Hitler situar politicamente em *Mein kampf* o lugar dos judeus no processo civilizatório era exatamente este, o de um absoluto negativo que punha em risco toda a vida e o desenvolvimento da civilização positiva, ocidental, ariana, que tinha o seu ápice nele próprio.

A pequena notícia de jornal do *Diário de Pernambuco* é plena mentira histórica. Mas é também plena ação política, positiva e de ódio. O plano da ação e da violência alcançou e modulou o plano do imaginário, da história e da linguagem. Esse tipo de objeto da cultura é sintoma de sua dimensão autoritária e perversa a um tempo, mas é ato de violência preciso de quem o opera, bem construído.

O que estou tentando sugerir é que todo ódio é também uma mentira. No Brasil de hoje, temos muitos cidadãos que fizeram política pesada baseada em suas *visões do inferno*. Eles viram no Brasil uma Venezuela, no PT um aparato estalinista, em Lula um protoditador chefe de quadrilha, nas políticas sociais e culturais do governo de esquerda o prenúncio da revolução comunista de 2015 no Brasil. Nos tratados comerciais com a China, nos médicos cubanos do programa Mais Médicos, bem como no recebimento de meia dúzia de miseráveis haitianos pelo Brasil, uma evidente invasão do país pela China, por Cuba e pelo Haiti, de guerrilheiros que ocupariam o país para iniciar a revolução comunista de hoje.

Muitos gritaram nas ruas, em pleno 2015 do fim do governo de Barack Obama, que pessoas como eu deviam *ir para Cuba*, que o PT cindiu o país e inventou a corrupção organizada no Brasil. Em um nível ainda mais escandaloso, essas vozes também tomaram periódicos e jornalistas radicalmente parciais, unilaterais e, sendo assim, positivamente antiéticos. Estes são produtores de *meios atos* degradados e mais do que patéticos, daquele mesmo tipo de ação política da mentira, justificativa de violência real, da notícia do jornal pernambucano de 1964. Todas essas ações da mentira tentaram colocar o PT no lugar de inimigo absoluto da civilização, o que o PT simplesmente não é. Os problemas do PT, por mais sérios que sejam, são exatamente os mesmos problemas de nosso sistema político geral.

Esse é um mecanismo de violência que o Brasil cultivou e sobre o qual ele fundou a sua modernidade contemporânea, e que criticou de modo insuficiente, superficial. A democracia conviveu com a suspensão da crítica a essa ordem de violências, fechando cuidadosamente os olhos à coisa. Permitiu o elogio e a proteção dos mecanismos de recusa e de distorção da realidade política de seu próprio tempo através de sujeitos específicos e da produção simbólica que visam à implementação da violência na política e no discurso. Agora, a democracia colhe os frutos dessa reserva brasileira *da mentira* como ação política. A pulsão à mentira de hoje justifica a interrupção, com argumentos jurídicos frágeis, mas com uma ideologização feroz e espetacular à direita, de um governo eleito.

É a ordem da tradição autoritária brasileira se apresentando novamente em nosso novo mundo, o da cidadania e do *fascismo de consumo*.

Tales Ab'Sáber (1965) é psicanalista e professor da Universidade Federal de São Paulo. Entre seus livros mais recentes, estão *Ensaio, fragmento: 205 apontamentos de um ano* (Editora 34, 2014) e *Dilma Rousseff e o ódio político* (Hedra, 2015). Dele, a ***serrote*** publicou "A voz de Lula" (***serrote*** #10) e "R de Repressão" (***serrote*** #15).

Intolerâncias, substantivo plural

Angela Alonso

No Brasil dividido, a comunidade dos iguais se protege da ofensa máxima impingida pelo diferente: sua existência

"Não é a diversidade de opiniões (o que não pode ser evitado), mas a recusa de tolerância para com os que têm opinião diversa, o que se poderia admitir, que deu origem à maioria das disputas e guerras que se têm manifestado no mundo cristão por causa da religião." Segue valendo esse diagnóstico de John Locke, de 1689, embora sua *Carta acerca da tolerância* versasse tão somente sobre intolerância religiosa. O fenômeno extravasa essa trincheira. É democrático: alenta todos os tipos de conflito.

Antiga e ecumênica, a intolerância se ancora no rebaixamento do diferente, naturalizado como inferior e nocivo. Um de seus mecanismos é a desumanização. Na escravidão, conforme David Brion Davis conta em *O problema da escravidão na cultura ocidental*, funcionava por antonomásia: o "moleque", a "cria", a "ama", o "preto" substituíam o nome próprio. Apagava-se a pessoa. Restringida ao físico, podia ser tratada como animal no eito, na casa, na cama. A animais, é opcional o trato humano. O nazismo abusou da estratégia, ao definir os judeus como ratos, uma praga. No Brasil, há quem se refira a beneficiários de programas sociais como parasitas do erário. Já a população em situação de rua se ignora – ou teme-se, como se temem bestas selvagens. Em contraponto, os *pets* se pessoalizam, com nutrição, divã e afeto jamais dispensados a subalternos – o porteiro, a faxineira, a babá, o motorista – socialmente invisíveis.

Outro processo facilitador da intolerância é o deslocamento: transfere-se a identidade da pessoa a um objeto. É como no vodu. Assim se malha o Judas e se queima o Pixuleco. Os não humanos, qual as bruxas da Idade Média e os "anormais", segundo Jair Bolsonaro, exterminam-se sem compaixão. E sem culpa, basta repartir a operação em pequenas etapas, como no percurso às câmaras de gás. Cada indivíduo se exime da responsabilidade, mera peça de engrenagem coletiva. Age a multidão. É essa a lógica dos linchamentos, mostra José de Souza Martins. A comunidade dos iguais se protege da ofensa máxima impingida pelo diferente: sua existência.

Na impossibilidade de eliminar, pode-se apartar os intoleráveis. A segregação espacial é método eficiente. Norbert Elias, em *Os estabelecidos e os outsiders*,[1] aponta a distribuição residencial como meio de garantir a hierarquia social. Seu caso era o inglês, mas o princípio opera de costa a costa nos Estados Unidos, com cada etnia no seu canto. Funciona na Cidade do Cabo, com negros morando fora do perímetro branco, e em São Paulo, com a lonjura avalizando a distância social. Gera efeitos até na minimalista versão carioca, onde quem pode se posta à beira-mar, quem não, pendura-se no morro. Fiéis à ideia de segregar, os poderes públicos trataram as manifestações pró e contra impeachment ao estilo alemão: erigindo e pondo polícia para guardar mais a barreira que os apartados.

Passo decisivo na produção social da intolerância é justamente fincar a fronteira: nós e eles, coxinhas e mortadelas. Cerca divisora de identidades que só existem no contraste: "nós" probos, ilibados, justos, retos, em suma, bons; *versus* "eles", corruptos, conspurcados, parciais, pecadores e, naturalmente, maus. A intolerância requisita uma identidade contra a outra, a despeito da outra, que não se reconhece. O discrepante ofende. Por hipérbole, a autodefinição de certa comunidade étnica, estrato social ou grupo político se absolutiza, e vira a "pátria". Nacional por extrapolação.

O foco na nação incapacita para pensar a política como conflito de grupos, interesses, valores. Como apenas admite o homogêneo, o intolerante apela ao que flutua sobre clivagens sociais, diferenças morais, partidos políticos. Apela à pátria e a Deus, entes certos e superiores, autorizados a abater os desconformes – como nos videogames ou na Inquisição.

———

Os mesmos mecanismos operam em toda parte, mas cada contexto tem intolerâncias à moda da casa. Veja-se o 17 de abril de 2016, esse dia desassossegado de votação do impeachment de Dilma. A raríssima lotação máxima do parlamento oferece amostra da opinião média do país, que, afinal, os elegeu por representantes. Amostra de intolerâncias para todos os gostos.

Grassou a primordial, mãe das outras, a religiosa. A maioria dos deputados evocou Deus específico – o "quadrangular", a "nação evangélica" – para justificar a saída da presidente.

Veio a cavalo a intolerância quanto à sexualidade. Bolsonaro, sempre indisposto contra liberdades pessoais, vociferou sua intransigência visando a Jean Wyllys, sua perfeita antítese. Insatisfeito, festejou notório torturador, aquele que seviciou a presidente.

Mesclou-se a intolerância de gênero, que o Congresso exprime de jeito suave, pela ausência. Contam-se nos dedos as deputadas. E o quesito decerto pesa na fúria contra a única mandatária do sexo feminino da história da República.

O fato de a maioria dos varões trazer tez branca ou quase, quando a maioria dos brasileiros é negra, evidencia outra intolerância muito eficaz, porque bem encoberta, a étnica. A tese de Gilberto Freyre sobre o "equilíbrio de antagonismos", auferido via mestiçagem, as estatísticas teimam em desmentir: negros superlotam penitenciárias e necrotérios e são minoritários nas universidades, incapazes as quotas de incluí-los em volume nos enclaves do prestígio social: a medicina, o direito, a engenharia – que dirá no parlamento.

Last but not least, os deputados expuseram a intolerância de classe. Os estratos altos nunca assimilaram Lula por completo. Trata-se de *parvenu* rebelde aos modos da elite social, o que sua ascensão política deveria ter corrigido, não teimasse ele, mesmo em versão paz e amor, em manter seus costumes. Seu *habitus* de pobre, para recorrer a Pierre Bourdieu, patente no assassinato dos plurais, em tropeços nas boas maneiras e na fartura de latinhas de cerveja em caixa de isopor, dificultou a total deglutição do "Sapo Barbudo". O regurgitamento tomou a lapela dos deputados anti-Dilma, em *bottons* proibindo, com um risco, a mão à qual falta um dedo, aquele perdido na prensa, marca física da condição original, dedo de operário.

Esse ódio de classe abarca os beneficiários das políticas petistas. Nos governos Lula, programas redistributivos, expansão da escolaridade e ares benfazejos da economia internacional – ou razões que especialistas debaterão por décadas – abalaram a hierarquia social, quase imóvel ao longo da história brasileira. Menos que o necessário para corrigir a abissal desigualdade, mas o bastante para empurrar um estrato social inteiro para dentro de um universo que frequentava como penetra eventual. A gente do alto passou a encontrar a gente de baixo no shopping, na universidade, no avião, na televisão, na Disney. E não tolerou. Daí a guerra aos tidos por responsáveis pelo abalo de seu status de "gente diferenciada".

Mexidas sociais profundas têm sempre algo de paradoxal. A maioria dos ascendentes, ao contrário de Lula, mimetiza padrões de consumo social e político dos estabelecidos, numa sofreguidão de apagar os vestígios da origem humilde. Nesse afã, esquecem de onde vieram e quem os beneficiou. Tornam-se emuladores, emulando inclusive o alvo do veneno, sejam políticas, sejam lideranças. O irônico é que tampouco são bem recebidos no andar de cima. Os perdedores de prerrogativas os recepcionam com a censura do esnobismo.

O processo de modo algum se restringe ao flanco direito da política e da sociedade. Atinge o outro lado, que, ansiando por um país ilustrado, desprezou deputados cujo perfil se lastra em parte expressiva da nação: os incultos, os simplórios, os evangélicos. Pululam memes, *gifs*, *posts* com piadas e recriminações aos que, avessos ao universalismo, reduziram o político ao particular, com homenagens singelas ao rincão e à família, caso do parlamentar que se esbaforiu para retomar o microfone: esquecera de mencionar um dos filhos.

Como num livro de Lewis Carroll, as intolerâncias armam jogo de reflexos, nos quais todos se espelham e ninguém se reconhece.

―

Lá nos tempos da Inquisição, quando a tônica era a intolerância, nasceu seu contrário. A ideia, mostra Stuart Schwartz, em *Cada um na sua lei: tolerância religiosa e salvação no mundo atlântico ibérico*,[2] surgiu onde Locke detectara seu oposto: na religião. A tolerância estava lá, difusa no cotidiano, quando cérebros do calibre de Locke, Voltaire e Montaigne a formalizaram – não veio da pena de teólogos ilustrados, mas de costumes dos comuns.

É que a gente do povo se importava menos que a elite social com as carteirinhas de católico, judaico ou muçulmano. A convivência humaniza, pessoaliza, vincula. A tolerância nasce dos misturados, dos que não tendo, como os poderosos, o remédio de segregar o próximo, são compelidos a viver juntos, e juntos vivendo incorporaram como basilar o direito mútuo de existir. É visível, por paradoxal que soe, nos nichos gerados pela intolerância: na pobreza, no ostracismo, na guerra.

A tolerância prescinde da máxima do cristianismo, amar ao próximo como a si mesmo. Dispensa o júbilo na copresença, basta que não se matem. Exige apenas que se respeitem os dessemelhantes. A coexistência é seu ponto de fuga. A não ser que a palavra tenha feito a volta inteira do círculo e readquirido sentido que, registra Schwartz, teve quando do tráfico negreiro. Naquele tempo, um dos navios carregados de carne humana se chamava justamente *Tolèrance*.

―

[1]. Norbert Elias e John L. Scotson, *Os estabelecidos e os outsiders: sociologia das relações de poder a partir de uma pequena comunidade*. Tradução de Vera Ribeiro. Rio de Janeiro: Jorge Zahar, 2000.
[2]. Stuart B. Schwartz, *Cada um na sua lei: tolerância religiosa e salvação no mundo atlântico ibérico*. Tradução de Denise Bottmann. São Paulo: Companhia das Letras, 2009.

Angela Alonso (1969) é presidente do Cebrap (Centro Brasileiro de Análise e Planejamento). É livre-docente do Departamento de Sociologia da Universidade de São Paulo e autora de *Joaquim Nabuco – Os salões e as ruas* (2007) e *Flores, votos e balas – O movimento abolicionista brasileiro (1868-1888)* (2015), ambos publicados pela Companhia das Letras. Na **serrote** #3, publicou "15 vezes 15 – A instauração da República no Brasil segundo seus protagonistas".

Escutas em transe

Laymert Garcia dos Santos

Entre *hackers* e procuradores, o país vive o embate de estratégias políticas para transformar em palavra pública o que é dito em privado

Em tempos sombrios, quando imperam o crime e a violação às leis, quando vigora o Estado de exceção, quando a linguagem se encontra pervertida a ponto das palavras dizerem o contrário do que significam, o sentido usual do termo "escuta" se vê igualmente transfigurado. Por isso, hoje, num Brasil que se encontra de ponta-cabeça, a escuta parece designar dois tipos de operações: o exercício de uma atividade secreta e clandestina, seja ela efetuada por quem se opõe à "ordem" estabelecida, ou pelos próprios agentes das instituições; e a prática daquilo que o poeta Armand Robin qualificou como "ultraescuta", isto é, a capacidade de extrair sentido para além do mar da linguagem totalitária da propaganda política e da manipulação da mídia, que Jacques Lacan chegou a nomear como "muro de linguagem", loucura.

Em ambas as acepções, estamos, portanto, lidando com uma escuta a-normal, fora da norma. Sinal dos tempos.

Vejamos como a escuta secreta e clandestina se manifesta na Terra em Transe. Basicamente, seus operadores se classificam em duas categorias: os *hackers* que se insinuam nas redes digitais de comunicação para nelas garimpar o que está sendo dito pelos poderosos e o que estes não querem ver tornado público de jeito nenhum; e os funcionários do Estado – juízes, procuradores e policiais – que, em princípio, só poderiam recorrer a ela nos termos da lei, mas que o fazem passando por cima do próprio Estado de direito que deveriam honrar. Vale lembrar que, em ambas as categorias, a escuta frequentemente vem acoplada a uma outra atividade, que lhe é complementar: o vazamento. Assim, essas duas categorias de escuta se inscrevem em estratégias de captação e de difusão de informações. Vale dizer: estratégias de transformação em palavras públicas do que é dito em privado.

No caso brasileiro, a escuta *hacker* parece ter se concentrado nas atividades de Snowden e do WikiLeaks. Através dela, tomamos conhecimento de questões muito graves: primeiro, que a espionagem estadunidense na NSA (National Security Agency, órgão de dados de criptologia) não só estava grampeando as comunicações da presidente Dilma, como tinha enorme interesse em escutar o que se dizia na Petrobras, por razões de interesse econômico, geopolítico e geoestratégico. Ao vazar os dados e a correspondência da espionagem americana, Snowden alertou os brasileiros para a necessidade de o governo e a estatal se precaverem contra a invasão de seus sistemas informacionais por uma potência estrangeira. Para além dos conhecidos constrangimentos diplomáticos, sabe-se que a escuta *hacker* da escuta da NSA teve pelo menos um importante desdobramento: o desejo de Dilma de construir, no âmbito do Brics, uma infraestrutura informacional que permitisse o tráfego internacional das comunicações brasileiras sem passar pelos Estados Unidos – o que desagradou imensamente Washington. O alerta, no entanto, não bastou para levar as autoridades de Brasília a adotarem sistemas de criptografia para as conversas do Planalto. Assim, três anos depois, a presidente Dilma, o ex-presidente Lula e o ministro Jaques Wagner foram ilegalmente escutados pelo procurador-geral da República, Rodrigo Janot, e pela força-tarefa da operação Lava Jato, que replicaram internamente os grampos estadunidenses. O que levou Snowden a escrever, em sua conta no Twitter: "'*Going dark*' é um conto de fadas: três anos depois das manchetes das escutas de Dilma, ela continua fazendo ligações não criptografadas". Em linguagem cibernética, *going dark* pode ser traduzido por *entrar na sombra*, na intransparência, passar para as comunicações indecifráveis por terceiros. Mas, aqui, isso não passou de um conto de fadas...

Há um outro episódio de escuta *hacker* que merece ser lembrado. Trata-se de um despacho diplomático dos Estados Unidos, captado e vazado pelo WikiLeaks, intitulado: "Brasil: conferência de finança ilícita usa com sucesso a palavra 'T'". Através dele, ficamos sabendo como se articulou, em outubro de 2009, a "cooperação" entre os funcionários americanos especializados em "contraterrorismo" e, do lado brasileiro, Sérgio Moro e os procuradores do Ministério Público Federal. Porém, não foi a partir daí que a escuta ilegal dos agentes da lei começou; representação da Polícia Federal admite que, nos primórdios do que um dia viria a ser a Lava Jato, em 2006, a operação tem início com a escuta de uma conversa grampeada ilegalmente entre o advogado Adolfo Góis e seu cliente, Roberto Brasiliano, então assessor do deputado José Janene, para instaurar um procedimento criminal que investigasse as relações entre o deputado e o doleiro Alberto Youssef, peça central no escândalo da Petrobras.

Voltemos à conferência.

O despacho vazado reporta que os funcionários do contraterrorismo estadunidense tinham um objetivo principal: oferecer tecnologia jurídica e policial aos agentes da lei brasileiros, em troca de sua total adesão à luta contra o terrorismo. E lograram seu intento, como afirma o próprio título do despacho, que se refere "à palavra 'T'". Diferentemente do Ministério das Relações Exteriores e do Executivo, escreve o autor do despacho, o Judiciário brasileiro não só considerava o tema muito importante, como queria receber treinamento sobre coleta de indícios, interrogatórios e depoimentos, ferramentas para os tribunais e o modelo de constituição de força-tarefa. Assim, não por acaso, os participantes apontaram como o ponto alto da conferência a aula prática de simulação de interrogatório de testemunha. Interessados no engajamento direto na luta contra o terrorismo, muitos deles acreditavam necessitar dessa instrução para combater a lavagem de dinheiro. Esse era o ponto: americanos e brasileiros viam nexo entre os fluxos de dinheiro ilícito e o financiamento do terrorismo. Era preciso se preparar. Por isso também foi discutido que São Paulo, Campo Grande ou Curitiba deveria se tornar o centro de um treinamento aprofundado, com a constituição de uma força-tarefa a ser acompanhada da investigação até o tribunal e a conclusão do caso. Focada no longo prazo e em ilícitos financeiros, essa força-tarefa permitiria que os brasileiros se exercitassem no que haviam aprendido, assessorados por conselheiros estadunidenses ao longo de todo o processo.

O leitor ingênuo do despacho poderia perguntar: mas contra quem o Judiciário brasileiro investiria? É claro que existem ilícitos financeiros no Brasil, aos montes. Entretanto, como é patente a inexistência de terrorismo no país, em que base estabelecer o nexo fundante da cooperação? Não é preciso ser muito esperto para saber que, não havendo terrorista, inventa-se um, criminalizando forças políticas, transformando-as em inimigo interno. Assim, o despacho deixa transparecer que, desde os primórdios, o alvo da Lava Jato não era nem é o combate à corrupção, mas sim a criminalização de determinadas forças políticas através da ferramenta do combate ao ilícito financeiro. E não adianta tentar desqualificar a descoberta da escuta *hacker* como parte de uma teoria conspiratória. Agora mesmo, no início de abril de 2016, a revista *Época* deixou vazar traços da "cooperação" na reportagem "PF acha prova de que Lula, presidente, atendeu a pedido de lobista da Odebrecht", ao apontar que o Departamento de Justiça dos Estados Unidos recuperou dados da caixa de e-mails de Alexandrino Alencar, ex-diretor da Odebrecht, que foram entregues à força-tarefa brasileira. Sua caixa de e-mails havia sido apagada, mas foi recuperada graças a uma investigação do Departamento de Justiça dos Estados Unidos, motivada pela Lava Jato.

A escuta *hacker* merece, portanto, ser evidenciada como contraponto à *escuta* ilegal das autoridades judiciárias e policiais, com seus vazamentos meticulosamente programados, verdadeiras bombas informacionais detonadas em operações de puro terrorismo midiático, porque voltadas para a desestabilização do país. Não é o caso de enumerar tais petardos aqui, pois são do conhecimento de todos – já foram inventariados por diversos juristas e advogados, bem como tornados públicos pelos chamados "blogs sujos" na internet. Cabe, porém, registrar: no futuro, essa *escuta* ilegal e ilegítima passará à História como prova, manifestação incontornável do Estado de exceção, que suspendeu na prática a vigência da Constituição de 1988, sob o silêncio dissimulado do STF. E, para terminar, não há como deixar de mencionar: o toque mais grotesco desse tipo de escuta terá sido o áudio autovazado por Michel Temer, em seu pronunciamento antecipado como "estadista" usurpador.

Vejamos, por fim, a "ultraescuta". Cunhado pelo poeta e tradutor francês Armand Robin, o termo foi empregado na obra *La Fausse parole*, publicada pela primeira vez em 1953. Seu autor, que falava 24 línguas, foi, com certeza, o maior ouvinte da história do rádio, particularmente durante a Guerra Fria.

Num estudo inédito, Stella Senra, que traduziu o livro de Robin para o português, escreve:

> A palavra poética é para Robin o melhor antídoto contra a propaganda política. Com esta finalidade, o poeta inventa um ofício original: aproveitando de seu extraordinário dom para as línguas, passa noites a ouvir em ondas curtas os programas de propaganda política de todos os países. A partir das informações recolhidas, redige um boletim de escuta que ele próprio mimeografa e entrega a alguns assinantes, entre os quais o próprio Ministério da Informação. Capaz de inusitados cruzamentos, Robin executa sozinho o trabalho de uma equipe inteira de especialistas. [...] Apesar de repousar sobre um minuciosíssimo trabalho de interpretação, *La Fausse parole* não é uma obra teórica, mas uma espécie de poema em prosa, em que cabe, à veemência do poeta, a função de nos *tocar* e *comover*. Com efeito, se somos capazes de nos impressionar com o vulto da

operação de dominação espiritual empreendida pelo totalitarismo, e de avaliar a extensão do mal por ela causado, isto se deve ao empenho da palavra de Robin, à sua força poética.[1]

Nesse sentido, o livro é uma espantosa reflexão sobre o que hoje designaríamos como tecnologia de desinformação. O que Robin escutava, decifrava e tentava compreender, para combater, era o envenenamento dos espíritos pela "linguagem da dominação". Pois se a *falsa fala* é uma *sublíngua* à qual a poesia, a *ultralíngua*, se contrapõe, a *ultraescuta* é o método pelo qual o poeta encontra o antídoto a esse envenenamento. A *ultraescuta* seria a capacidade de ouvir além das palavras maltratadas e feridas, de estar em contato permanente com o verbo, para além das suas manifestações arbitrárias e, portanto, de desfazer o mal, uma vez que a propaganda política é uma guerra que se trava diretamente no espírito.

Em que consiste a principal operação da *falsa fala*, que a *ultraescuta* capta e revela? Robin escreve:

> Aquele que mente deseja que acreditem nele, isto é, respeita nos outros o sentido da verdade e frequentemente até o estimula. Mas um empreendimento gigantesco, que tem por desígnio escolher sistematicamente uma afirmação na exata medida em que se tem certeza de que ninguém acreditaria nela, dissolve radicalmente a possibilidade de compreensão do real, fazendo com que ele pareça risível e infinitamente inútil. Mesmo usando toda a imaginação possível, é difícil conceber melhor maneira de fazer com que os homens sintam que sua consciência não tem mais razão de ser, que ela não passa de um vestígio grotesco. Trata-se de uma liquidação do entendimento humano.[2]

Tudo se passa, então, como se os senhores da *falsa fala*, dirigindo-se diariamente ao espírito de seus ouvintes dissessem: "Constatai dia e noite, e sabei que deveis viver conosco, com nossas palavras e apenas com nossas palavras, e que vos tornareis semelhantes a nós, pronunciando as mesmas palavras que nós e não conhecendo mais outras falas".

Não há espaço, aqui, para apontar como a *falsa fala* tem sido a linguagem única da mídia brasileira, como ela cria leitores/espectadores desmiolados, como compromete o entendimento da trágica situação do Brasil, como instaura uma submissão subjetiva inominável – e, com ela, o fascismo. Mas é preciso, pelo menos, deixar a indicação para aqueles que, inconformados com o que veem, ouvem e leem, porventura quiserem provar da ultraescuta, medida de sanidade.

---

1. Stella Senra, "Ofício de ouvinte, ofício de poeta". Texto inédito, acompanhado da tradução em português de *La Fausse parole*. Comunicado pela autora, São Paulo, 1993.
2. Armand Robin, *La Fausse parole*. Paris: Éditions de Minuit, 1953. [A tradução, ainda não publicada, é de Stella Senra.]

Laymert Garcia dos Santos (1948) é professor titular do Departamento de Sociologia da Unicamp. Autor de *Tempo de ensaio* (Companhia das Letras, 1989), *Politizar as novas tecnologias* (Editora 34, 2011) e *Amazônia transcultural: xamanismo e tecnociência na ópera* (N-1, 2013), estuda as relações entre tecnologia e sociedade sob os mais diversos aspectos.

Uma breve história natural da urna

Renato Lessa

Quando eleição é sinônimo de captura de voto por predadores políticos profissionais, convém rever as origens do recipiente que é o coração da política

Não tem mesmo jeito. Nos tempos que correm, o termo "urna", antes de evocar o belo "Ode sobre uma urna grega", de John Keats, dirige-nos ao coração da política, na suposição de que algo equivalente ao órgão pode ser encontrado em meio ao ofidiário. A palavra "urna" denota o ritual pelo qual um conjunto de seres humanos expressa-se politicamente, ao designar quem o governará ou representará. A associação da palavra com a coisa naturalizou-se; parece mesmo que foram feitos um para o outro: tudo passa pela urna, sem ela não há política. É pelo que depositamos nas urnas que parte do sistema político e representativo se configura.

Um breve exercício de arqueologia política nos revelaria uma espécie de *história natural da urna*, um objeto que teria sido introduzido na semântica política em uma eleição isolada – uma *by-election* – em Pontefract, pequena cidade do condado de West Yorkshire, na Inglaterra, em 1872. Rezam os registros que ali, naquela altura, deu-se um experimento original, o da prática do voto secreto. Naquele mesmo ano, o parlamento inglês, através do *Ballot Act*, consagrara o princípio, propugnado pelo movimento cartista da década de 1830.

Nessa possível origem britânica, dá-se, pois, uma associação necessária entre *urna* e *voto secreto*. Quem diz voto secreto diz urna: o princípio exige o segredo e o silêncio da manifestação individual, e nada como encerrá-la em algo que viria a merecer o qualificativo extremo e duvidoso de "inviolável". Bem sabemos que as datações são confusas, e na matéria em apreço há mais um motivo para o estabelecimento de querelas entre ingleses e franceses. De fato, a Constituição francesa, promulgada no ano III da Revolução de 1789, estabelecera em seu artigo a generalização do voto secreto, sem efeito prático. Nova incursão foi feita na Constituição de 1848, mas a França só viria a ter alguma regularidade eleitoral após a queda em 1870 do Napoleão *sans phrase*, no dizer furioso de Karl Marx no *18 Brumário de Luís Bonaparte*, como efeito da Guerra Franco-Prussiana, e com a III República.

Do outro lado da Mancha, o princípio do voto secreto decorreu do progressivo alargamento do eleitorado britânico, por meio de sucessivas reformas eleitorais. A primeira, ocorrida em 1832, desvinculou o direito de voto da propriedade agrária aristocrática, fazendo-o depender da renda, ainda que com linha de corte alta, e tornando o voto mais urbano. De todo modo, plebeus ricos e mais do que remediados são incluídos naquilo que a crônica um tanto autocongratulatória britânica designou como *The Great Reform Act*. Quebrado o monopólio aristocrático, as pressões pela abertura de acesso à representação se fazem crescentes, por todo o século 19 britânico. Tema aliás tradicional naquelas ilhas. Já os niveladores – *levellers* –, radicais reformadores do século 17, haviam advogado o "sufrágio universal masculino", expressão na verdade um pouco contraditória.

De qualquer forma, em 1867, ocorre uma importante reforma política no Reino Unido, o *Representation of the People Act*, com a incorporação ao eleitorado de homens adultos pertencentes ao que hoje descreveríamos como as classes médias.

Tal ampliação altera a paisagem política, pela duplicação do eleitorado e a consequente emergência de um "mercado político" de votos, abertos à captura e à utilização de meios tão clássicos quanto eficazes: suborno, intimidação e chantagem. A eficácia dos meios era garantida pelo voto a descoberto, julgado por muitos como a forma "máscula" e "corajosa" de exprimir opções eleitorais. O voto secreto, portanto, decorre desse duplo processo: alargamento dos eleitorados e necessidade de proteção das escolhas eleitorais dos cidadãos. A urna é o aplicativo preferencial que viabiliza a convergência daqueles processos. O *Ballot Act*, também de 1872, introduz a "tecnologia" que viabiliza o voto secreto.

No caso brasileiro, as urnas foram generalizadas a partir das eleições para a Assembleia Constituinte de 1933, após a promulgação do Código Eleitoral de 1932, elaborado pelo bravo gaúcho Joaquim Francisco de Assis Brasil, com o acolhimento do voto obrigatório, do sufrágio feminino, do voto secreto, do voto proporcional e da criação da Justiça Eleitoral independente. Uma revolução para ninguém pôr defeito. Cada país terá sua história a respeito e sua experiência específica com as caixas invioláveis.

Com o tempo, deixaram de ser caixas e transformam-se em máquinas – mecânicas ou eletrônicas. Nossas geringonças eletrônicas, no entanto, conservaram o uso do termo urna. De fato, uma estranha expressão: "urna eletrônica". O Brasil destacou-se como um dos países mais avançados no que diz respeito a processos de alimentação das urnas. Há dúvidas sobre a proficiência nacional no que diz respeito ao que fazer com o que sai delas.

———

Se é verdade que a urna é inglesa, é importante registrar que naquelas ilhas jamais se empregou o termo para designar o objeto. Em notação local, trata-se de uma caixa, mais precisamente de uma *ballot box*. Na deflação metafísica que assola aquelas paragens, nome e coisa em geral andam a par. No caso em questão, trata-se de uma designação pela qual o nome aparece colado à coisa: uma "caixa de votos" é a expressão justa que precisamos para indicar o objeto dotado de tal finalidade. Foram seguidos nessa economia simbólica pelos seus vizinhos imediatos, falantes de diferentes modalidades de gaélico: *bosca ballóide*, em gaélico irlandês; *blwch pleidleisio*, em galês; e *bogsc baileit*, em gaélico escocês.

A escolha de nome assim tão deflacionado de simbologia não se deveu à ausência da palavra urna, adotada em várias línguas como aplicável ao objeto em questão. A palavra *urn*, afinal, está disponível no léxico inglês, mas, segundo o bom e velho Longman, aplica-se a duas dimensões sagradas: como urna funerária e como recipiente para guardar o chá. Como se depreende com facilidade, finalidades cujo nome não pode ser atribuído a algo tão mundano quanto uma caixa de votos. Nada de conspurcar signo tão nobre com tão comezinho artefato.

Latinos, acompanhados por falantes de outras línguas, preferiram associar o objeto a um velho nome: *urna* (italiano, espanhol, português), *urne* (francês). De todo modo, ao associarmos o termo *urna* ao objeto em questão, fazemos com que vários dos sentidos que acompanharam a história e a errância do signo se apresentem diante do recipiente.

Primo Levi, em um curto e inspirado ensaio – "Una bottiglia di sole" –, definiu os humanos como *construtores de recipientes*. Uma proposição simples, sobre a qual uma sofisticada antropologia se constrói: para ele, a vida dos humanos está associada à criação de artefatos que delimitam experiências e expectativas. Primo Levi derivou a necessidade desse traço antropológico a partir da experiência com um mundo onde os significados humanos ordinários foram destruídos, assim como os modos tradicionais de "recipientizar" a vida: o campo de extermínio.

O recipiente urna dá, portanto, sentido a uma experiência com o mundo. A memória do signo evoca a guarda de conteúdos preciosos e não ordinários, com exigências de inviolabilidade. Tal é o caso das urnas funerárias, recipientes de visitação interditada, mas que guarda nos seus estreitos limites o sentido e o mistério da morte. A urna grega – "inviolada noiva de quietude e paz" – de Keats, em tradução de Augusto de Campos, pode ser assim tomada como protótipo do objeto encoberto pelo signo: há ali coisas guardadas que transcendem a materialidade e a utilidade das pequenas coisas. A questão que se põe é saber de que recipiente se trata; o que ali se deposita, para além dos pedaços de papel recolhidos às *ballot-boxes*.

Uma urna é um objeto que se impõe quando algo deve ser guardado e ocultado. Uma caixa se abre de modo não cerimonioso; uma urna impõe aos que a abrem uma certa reverência. Indo ao ponto: *a urna é o recipiente que encerra em si o povo político*, algo bem distinto do povo demográfico. Por meio da urna – e por nela entrarmos –, acabamos transfigurados em partes de um corpo político. A urna, portanto, é o recipiente que nos contém; nós somos a urna.

A cultura da urna veio substituir uma miríade de modos de configuração do povo político: aclamações, mãos levantadas, sorteio, caucus e voto a descoberto cumpriram galhardamente tais funções. É enorme a criatividade humana na invenção de modos de instituição do corpo político. Vejam que curioso exemplo de criação de sujeitos políticos em um mundo sem urnas: em Newcastle upon Tyne, de acordo com a Carta Real de 1345, o prefeito e quatro *baillifs* (autoridades locais) elegem sete homens; o conjunto de 12 (5 + 7) escolhe quatro, que a seguir escolhem oito; os 12 resultantes (4 + 8) elegem mais 12, e os 24 que daí resultam elegem os quatro *town officers*, para cuja escolha todo esse engenho foi desenhado. Trata-se de um sofisticado modelo de escolha eleitoral baseado em conjuntos distintos de eleitores, que se elegem sucessivamente até a decisão final.

Dada a existência da urna, talvez seja o caso de adotá-la como ponto de observação a respeito da qualidade da política. Basta acompanhar os seus fluxos: o que entra nas urnas e o que delas sai. O primeiro aspecto diz respeito à qualificação dos eleitores e define o modo pelo qual entramos no recipiente. O segundo também é de grande gravidade: abertas as urnas, contabilizados os votos, que mecanismos configuram a passagem da expressão do povo político para o de sua representação? Há muitos modos em ação no mundo. Os mais generosos procuram minimizar o desperdício daquilo que o recipiente encerra, ao mesmo tempo que ponderam os resultados com base na distribuição proporcional das opções. Os irlandeses, por exemplo, possuem um sistema eleitoral – o *Single Transferable Vote* –, uma espécie de orgulho nacional, pelo qual os eleitores podem ordenar suas escolhas, de forma que o voto pode ser transferido para outras opções, por indicação de seus titulares. A regra é não desperdiçar votos. Já os ingleses contabilizam apenas os votos majoritários, os que vencem eleições e levam todo o prêmio, de acordo com a regra *"the winner takes all"*. Possuem o mais primitivo de todos os sistemas eleitorais, designado por alguns como o "Modelo Westminster".

Apesar de nossa bela tradição proporcionalista, desde os idos de Assis Brasil, aqui permitimos que o voto migre para candidatos e partidos que não são de escolha expressa dos eleitores. O destino dos votos, com frequência, discrepa das intenções presentes no seu ponto de partida. Trata-se de um modelo de captura de sufrágio, praticado por predadores políticos profissionais. Mais do que isso, cabe falar de um *modelo de negócios*, calcado em engenhosa máquina de conversão cambial, pela qual o valor agregado da expressão política de um conjunto de seres humanos transmuta-se em estoque de valor, aberto à apropriação privada.

Pobre urna, pobre povo político. O que será de nós quando não mais coubermos nesses recipientes?

Renato Lessa (1954) é professor titular de teoria política da Universidade Federal Fluminense e investigador associado do Instituto de Ciências Sociais da Universidade de Lisboa. Foi presidente da Biblioteca Nacional e é autor de, entre outros, *Presidencialismo de animação e outros ensaios sobre a política brasileira* (Vieira e Lent, 2006) e *A invenção republicana: Campos Sales, as bases e a decadência da Primeira República Brasileira* (Topbooks, 2015).

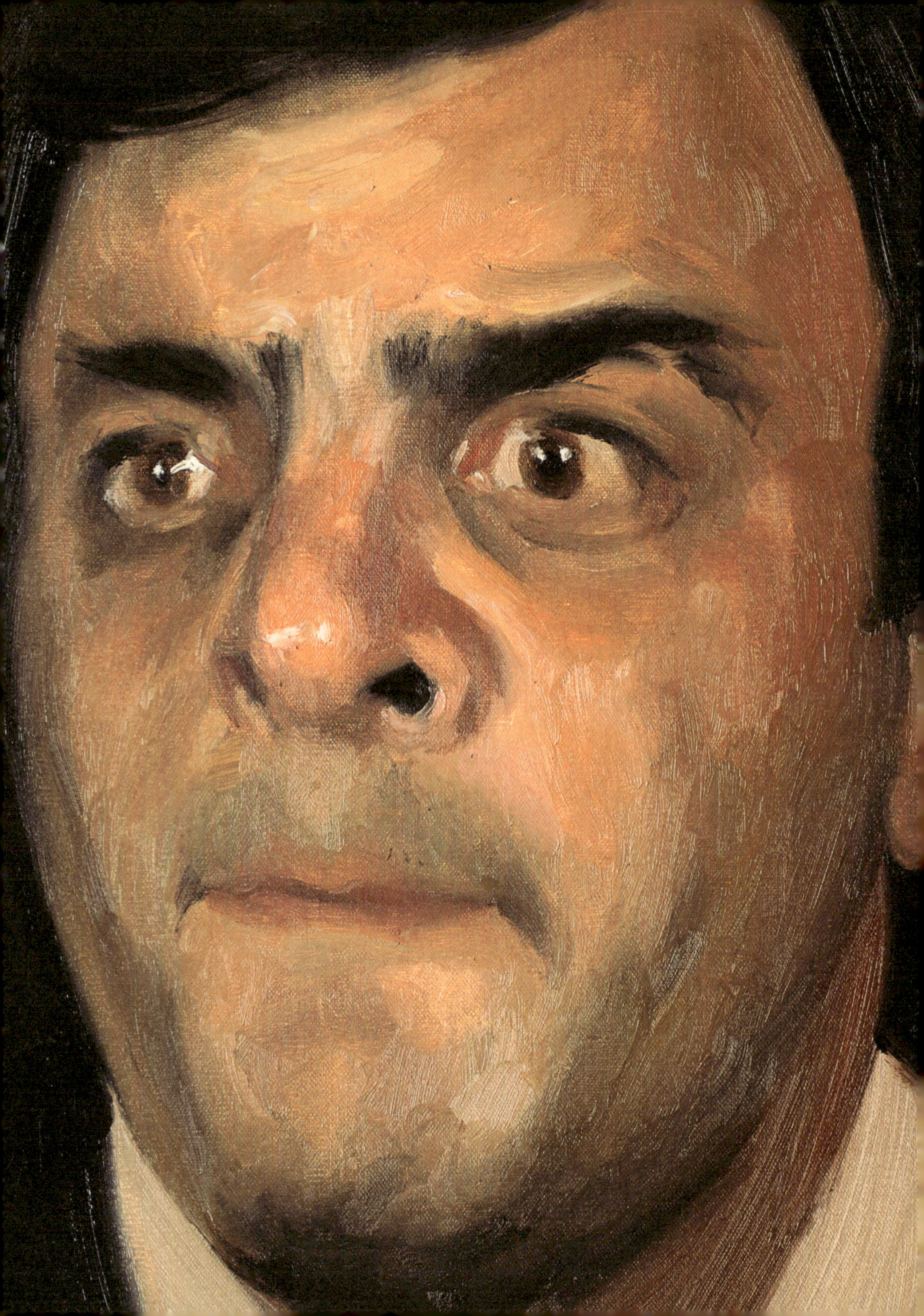

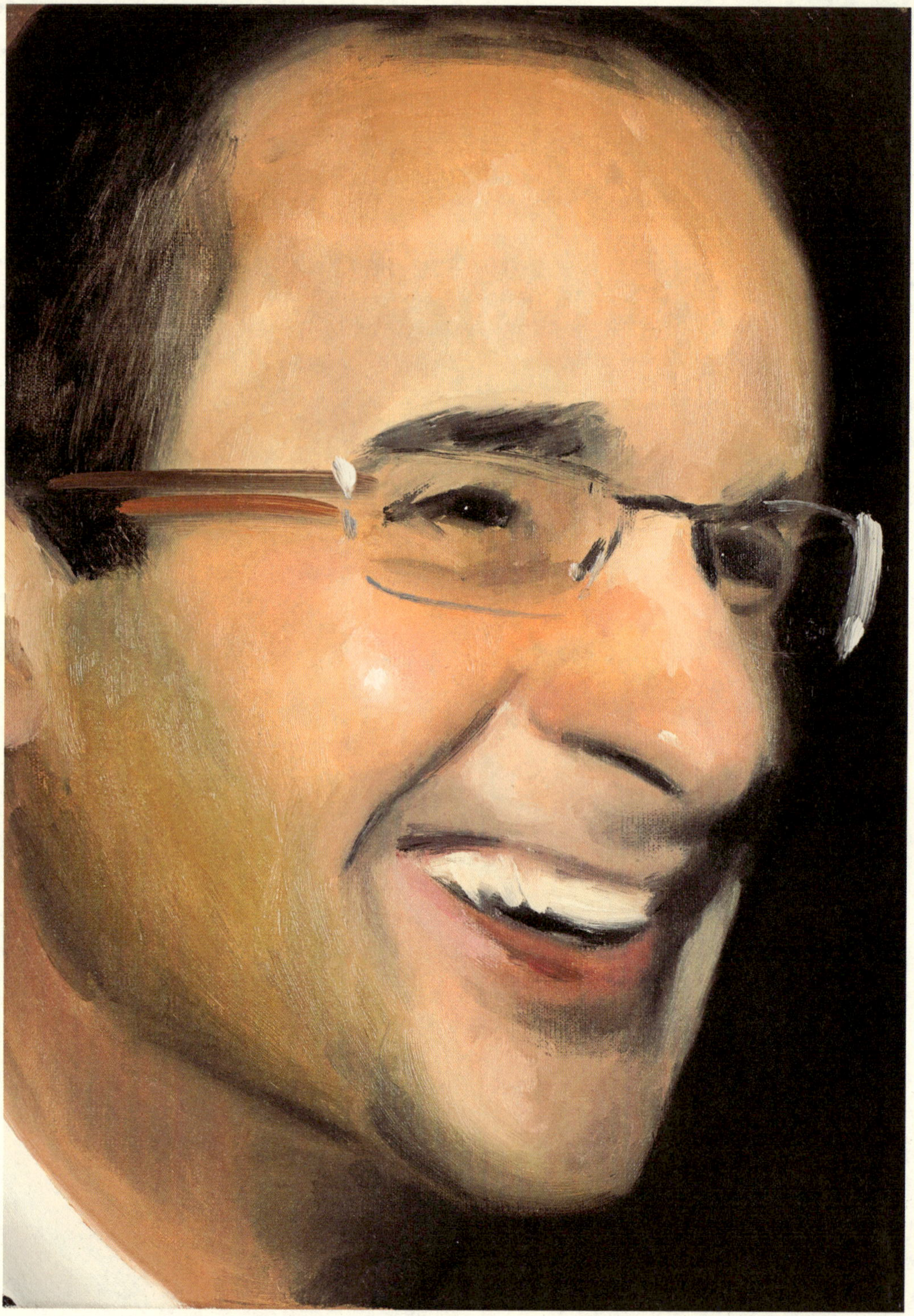

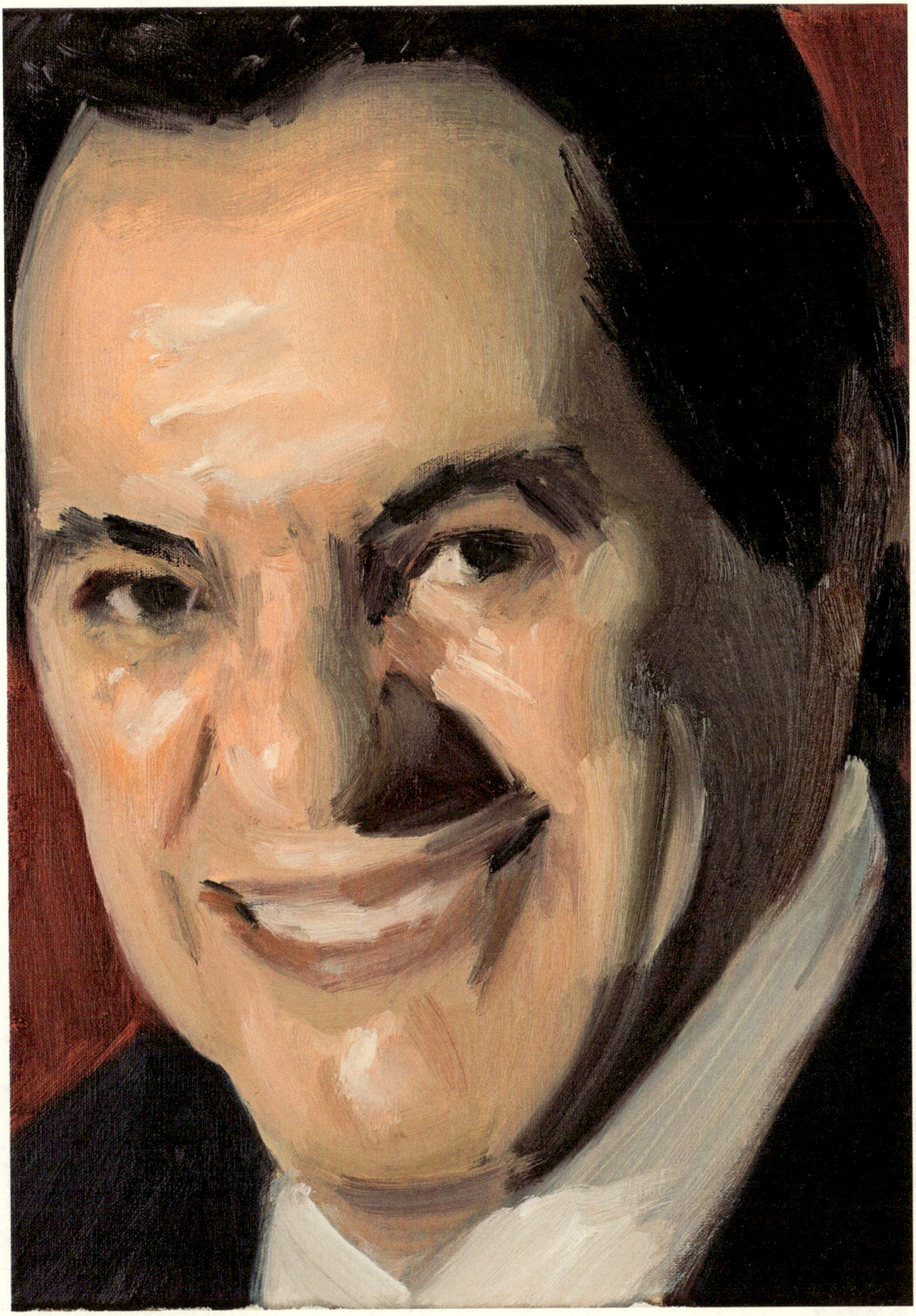

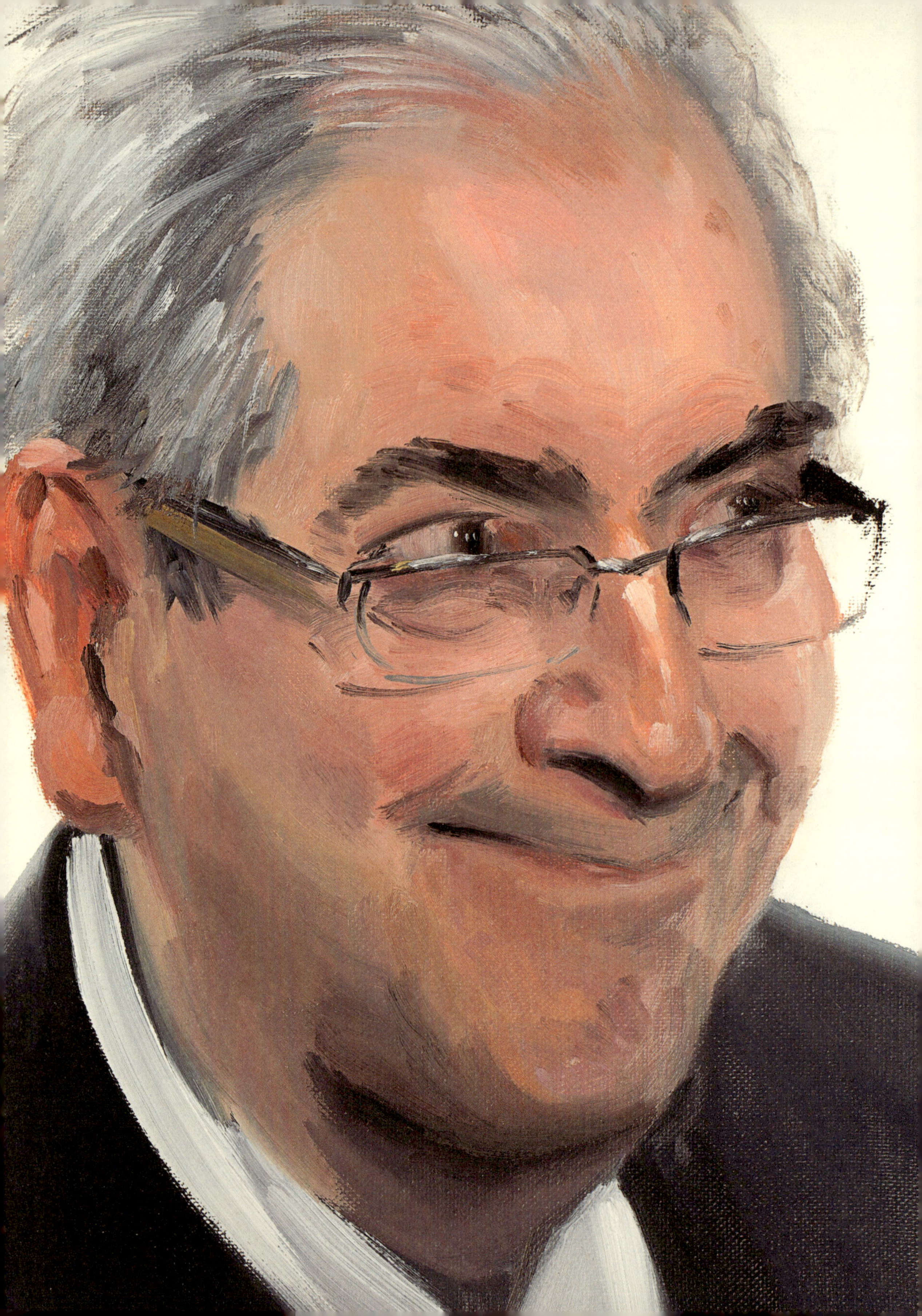

Gabriel Jaguaribe Giucci (1987) é artista plástico. Nasceu em Princeton, nos Estados Unidos, mas cedo veio para o Brasil. Fez cursos de pintura na UFRJ e na New School, em Nova York, e em 2015 foi indicado ao Prêmio Pipa. Na Galeria Portas Vilaseca, no Rio, expôs *Monolitos* (2011) e esta série, *Desvio* (2016), composta por retratos de personagens envolvidos na Operação Lava Jato.

Anotações sobre os efeitos da mescalina

Jean-Paul Sartre

Em 1935, antes de Henri Michaux e Aldous Huxley, o filósofo, então jovem, submeteu-se a aplicações da droga buscando compreender os mecanismos da imaginação

PRIMEIRA INJEÇÃO (30 cg) ÀS 11h10
SEGUNDA INJEÇÃO ÀS 12h EM PONTO

Rico Lins

[1] Daniel Lagache é considerado o introdutor da psicologia clínica na França, disciplina associada tanto ao naturalismo quanto ao humanismo e que ele define, em *L'Unité de la psychologie* (sua tese de medicina, defendida em 1934 e publicada em 1949), em termos que atestam, em seu domínio, uma proximidade com Sartre, decorrente de sua cultura comum. A psicologia clínica é um modo de estudo ›

Eu nada sabia sobre os efeitos da mescalina. Desconhecia as pesquisas sobre o assunto. Por ocasião de uma conversa que tive com o dr. Lagache[1] em setembro, quando resolvemos fazer esta experiência, eu guardara que um dos efeitos da mescalina podia ser angústia acompanhada de imagens horripilantes. Essa recordação por fim prevalecera sobre as demais, e eu conservara a ideia de que o uso da mescalina, num estado ansioso, provocava alucinações terríveis. Embora determinado a ter a experiência, não deixava de me

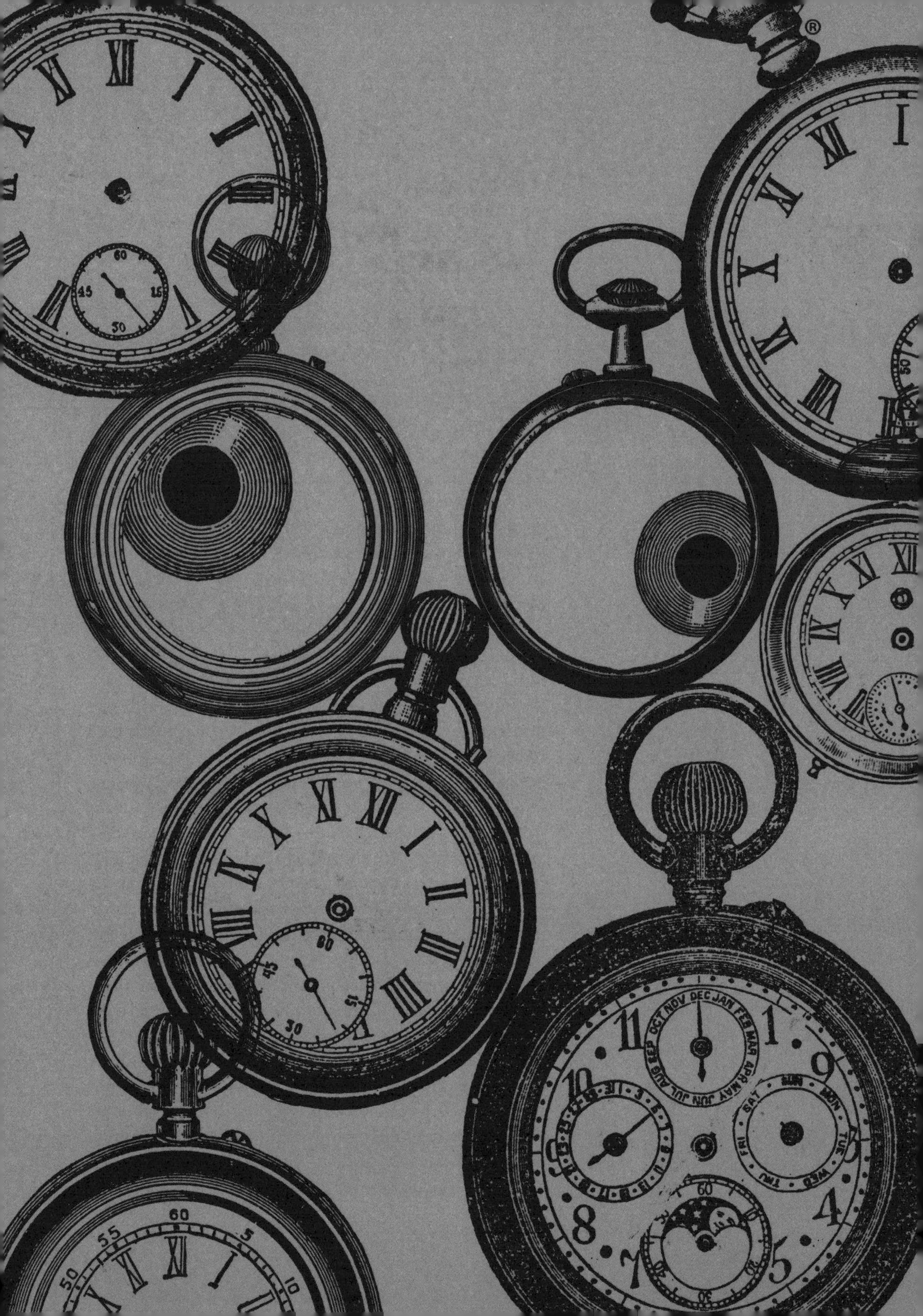

> que totaliza comportamentos individuais sob uma conjuntura socioafetiva e cultural determinada, utilizando não só técnicas psicométricas, como uma abordagem fenomenológica. [Esta e todas as notas seguintes são de Juliette Simon, elaboradas para a Bibliothèque de la Pléiade]

sentir um pouco apreensivo e um tanto propenso a imaginar espetáculos horríveis, e me perguntava se teria alucinações desse gênero. É o que, em certa medida, explica o viés singular de minhas interpretações. Acrescento que estava profundamente persuadido de que as alterações – caso existissem – se dariam sobre os objetos de minha percepção e que, portanto, não me ocorreria, como ao dr. Rouault, perder-me em devaneios. No início da experiência, perguntei-me: o que vai acontecer no quarto, o que *verei*? Daí pode ter resultado o fato de minhas imagens mentais terem sido extremamente pobres. Com efeito, tudo, "no quarto", aconteceu como eu esperava.

Das 11h10 às 12h, um forte enjoo. Comportamento e faculdades psíquicas normais. Conversei com algumas pessoas e fiz diversas observações atestando que a faculdade de observação permanecia intacta.

Às 12h, após injetar outra dose, instalei-me numa poltrona, num pequeno consultório do centro hospitalar Sainte-Anne. Dr. Rouault e dr. Lagache estavam sentados ao meu lado e conversamos. Nada de muito anormal, a não ser por alternâncias entre tensão e relaxamento. Determinadas frases de um ou outro interlocutor me interessavam vivamente, me animei e lhes respondi. Sentia-me normal até esse momento, e inclusive bem à vontade para uma conversa intelectual. Mas tão logo o interesse arrefeceu, senti-me deslizar para aquém do meu nível normal: fiquei distraído, não compreendia direito o que falavam. *Grosso modo*, posso dizer que captava toda frase endereçada diretamente a mim, mas não conseguia acompanhar o que os doutores Rouault e Lagache falavam entre si.

Às 13h, almoçamos no refeitório do hospital. Constatei certo desequilíbrio ao me levantar: tontura, ligeira dificuldade para caminhar. Segundo Lagache, nada disso transpareceu em minha conduta. Atravessamos um pátio radiante de luz. Nenhuma fotofobia. Mas imagens complementares intensas e persistentes. Ao subirmos a escada do pavilhão Capgras, eu ainda tinha nos olhos uma forma brilhante e clara, que era a imagem complementar de um objeto que eu devia ter visto *pelo menos* 30 segundos antes. Minha impressão, aliás, é que durante toda a tarde minha vista não ficou inteiramente livre de imagens complementares. Não posso, contudo, garanti-lo. Em todo caso, estou certo da longa persistência de uma delas por volta das 20h30. Voltarei a isso.[2]

Durante o almoço (éramos uns dez, eu não conhecia ninguém a não ser Lagache e Rouault), pouco falei. Sentia como se de repente estivesse em estado de embriaguez. Perguntava-me se os outros percebiam alguma coisa de estranho em meu aspecto, mas – ao contrário do que acontece normalmente comigo – a opinião deles pouco me importava. Diferentemente do que ocorrera ao meio-dia, eu era incapaz de fazer observações sobre essas diferentes pessoas. Não as julgava nem antipáticas nem simpáticas, aceitava-as passivamente. O barulho e o movimento me divertiam um pouco, mas eu não conseguia acompanhar nenhuma conversa. Seja porque Rouault e a mulher que estava ao seu lado – à minha esquerda – falavam muito baixo, seja por eu ser mais surdo desse ouvido (operei de mastoidite, do lado esquerdo, há 14 anos, mas nunca tinha sentido nada parecido com isso), não conseguia *ouvir* nada do que eles diziam, a não ser com muito esforço. Por outro lado, escutava perfeitamente o que Lagache dizia à mulher ao seu lado, porém sem compreendê-lo. Atenção muito instável. Acompanhava por um instante, depois recaía nos meus pensamentos. Estava satisfeito comigo e com as raras respostas que, como um bêbado, dava a Lagache. Lembro-me deste curto diálogo:

Lagache: Você é ciumento? (Lagache desenvolve um trabalho sobre o ciúme mórbido.)

Eu: Não. Eu não seria útil para sua tese.[3]

Tive a impressão de que minha réplica tinha sido sutil e inteligente. Estava eufórico, com reações alérgicas na região lombar e nos braços, como tenho quando exagero no café. A cabeça estava superpesada, e a nuca, um pouco dolorida. Sentia-me ligeiramente apreensivo com a ideia de voltar àquela salinha escura, onde me esperava uma série de impressões desagradáveis. Perguntei bruscamente (mal tinha tocado em alguns legumes, seguindo o conselho de Lagache e Rouault):

"Será que posso jantar esta noite?"

A pergunta deve ter soado um tanto disparatada. Lagache respondeu serenamente:

"Claro que sim, não se preocupe."

A partir desse instante, tive a impressão de que Rouault (que já experimentara mescalina) e Lagache (que conhecia

[2]. É sobre esse caráter complementar, lateral e marginal da alucinação que Sartre evoca a experiência de 1935 em *L'Imaginaire*, p. 302.

[3]. Daniel Lagache defendeu em 1947 uma tese de doutorado intitulada *La Jalousie amoureuse* [Ciúme amoroso].

todos os estudos sobre o assunto) sabiam exatamente, fase a fase, tudo o que aconteceria comigo, e que todas as minhas palavras eram interpretadas não como eu queria que eles as compreendessem, mas como indicações do momento preciso da intoxicação em que eu me encontrava. Espreitei-os uma ou duas vezes para ver se trocavam sinais cifrados e me pareceu que Lagache tinha dado uma piscadela para Rouault, mas não tive certeza.[4] Na verdade, agora tenho certeza de que não houve piscadela. Não *vi* Lagache fazer isso. Vi, lateralmente, sua fisionomia se alterar, sem conseguir determinar exatamente que mudança tinha sido aquela, e me perguntei se essa alteração não tinha sido um piscar de olhos.

Em torno das 14h, voltamos para o consultório, e, a conselho de Rouault, deitei-me na cama, com a cabeça bem baixa, observando o teto e a porta de vidro. A persiana da janela estava abaixada.

No início, um pouco de sono. A ideia de fechar os olhos, porém, me causou repugnância. Mirei o teto e a parede acima da porta. Como o aposento estava mergulhado na penumbra, e como sou muito míope, eu via um fundo cinza uniforme sobreposto por algumas imagens a mais, sem nada capaz de prender minha vista. Isso fez com que meus olhos permanecessem em constante movimento. Bem à direita, na lateral do meu campo de visão, havia os pés de uma mesa; sob a mesa, os pés de uma cadeira e outros detalhes. Chama atenção o fato de eu só conseguir ver esses detalhes, dada a posição de minha cabeça, com o canto do olho direito. Ora, há 25 anos meu olho direito está coberto por uma película que sempre me impediu de determinar corretamente a natureza dos objetos quando eu olho apenas com ele.

Comecei a "ver" formas, que na hora chamei de "arabescos egípcios", as quais surgiam e se desmanchavam contra o fundo cinza uniforme. Quando digo *ver*, o termo é evidentemente inapropriado. Tentarei mostrar, a seguir, que, ao longo de toda a experiência, não *vi* nada, no sentido próprio do termo.[5] Porém, ainda que aceitássemos o termo *ver* para designar os fenômenos posteriores, teríamos, em todo caso, de negá-lo a essas primeiras aparições. Em primeiro lugar, tenho certeza de que o tema "Egito" preexistiu às aparições. Por outro lado, essas aparições

[4]. Ver em "O quarto" a maneira como Pierre descreve a Eve-Agathe a atitude de seu padrasto, sr. Darbédat, a quem chama de "o sujeito" – o homem "normal" (*Oeuvres Romanesques*, p. 251).

[5]. Sartre recusa de maneira repetitiva a pertinência do termo "ver". A visão, com efeito, é da esfera da percepção e da alucinação, de outro modo de consciência. A partir do momento em que há "visão", a alucinação desaparece, "o inferno" dá lugar a pés de mesa ou cadeira.

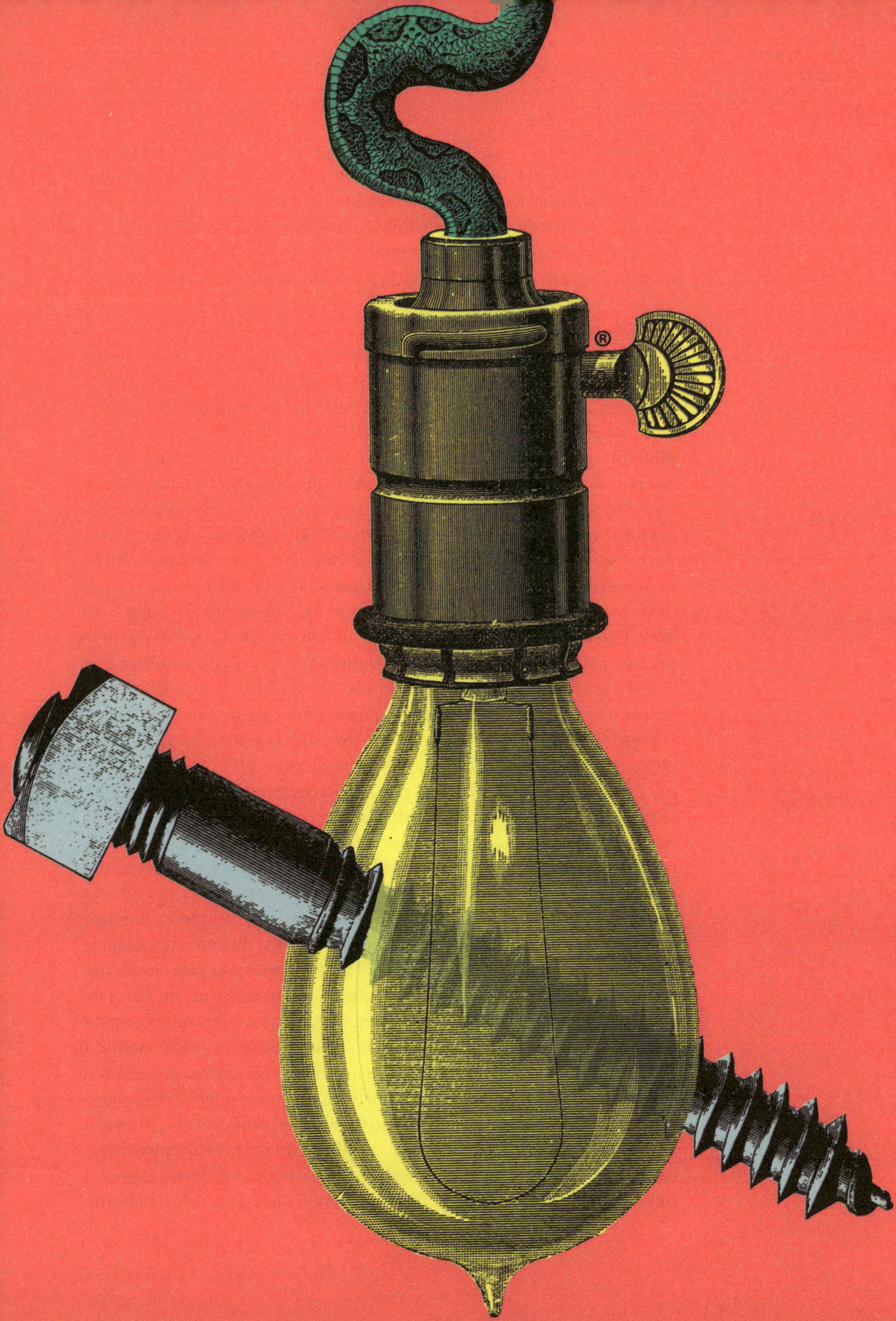

eram definições sem cor do fundo cinza, espécie de turbilhões difusos nos quais eu reconhecia, um pouco ludicamente e consciente disso, arabescos. Em contrapartida, justo quando se produziam, tais aparições me pareciam indignas de atenção. Eu as percebia como fenômenos preparatórios. Por fim, esses arabescos não exibiam nenhuma forma precisa. Não eram nem hieróglifos, nem desenhos egípcios, nem nada que se pudesse desenhar ou descrever. Eram na verdade turbilhões indeterminados que, eu sabia, eram formas egípcias.

Fosse como fosse, embora vagamente esperasse outra coisa, minha atenção estava concentrada na parede cinza. Foi nesse momento que a área lateral direita do meu campo de visão me pareceu como o *inferno*. Os objetos que constituíam essa aparição eram fornecidos a mim pelo olho direito (barras de cadeira, pés de mesa etc.). Por conseguinte, era-me impossível, exclusivamente com esse olho, determinar sua natureza. No estado normal, todavia, eu os teria facilmente reconstituído. Naquele instante, eles se ofereceram a mim como sendo o *fogo do inferno*. A bem da verdade, a interpretação, embora instantânea, era complexa e incorretamente determinada. Sem dúvida, tratava-se do inferno, mas os pés de cadeira também pareciam, nebulosamente, dentes de leão ou tigre. Na hora, o essencial dessa alteração me pareceu ser um distúrbio da interpretação imediata. Toda percepção implica uma operação sintética que confere sentido ao objeto. Perceber essa caneta é perceber um objeto brilhante e preto com a ponta amarela que tem o significado de "caneta". Foi esse significado que me pareceu sofrer uma alteração patológica. Por outro lado, cumpre notar que, a todo esse mundo sob a mesa, eu conferi uma coloração vermelha infernal que não correspondia a nada de real. Observe-se que eu estava longe de prestar atenção nesses objetos, uma vez que, além de estar olhando para a parede, não podia em absoluto discerni-los com clareza, considerando que meu olho direito simplesmente não consegue enxergar. Trata-se então de uma síntese autônoma efetuada à margem da síntese central. A aparição tinha um aspecto horrível. Não se deve entender, com isso, que eu acreditasse de fato na existência daquele inferno, nem que temesse cair nele ou qualquer outro acidente análogo. Meu medo tampouco se traduziu em uma disfunção física de que eu pudesse tomar consciência: quer dizer, não era efetivamente medo. Tratava-se antes de uma apreciação que estava contida no próprio sentido do objeto. Da mesma forma que era o *inferno, goelas abertas* etc., era um objeto com a característica de algo horrível. No que se refere à crença propriamente dita, vale notar que ela não estava completa. Não era para mim, realmente, o Inferno. Tratava-se, na verdade, de uma crença provisória, que exigia verificação. Era como se eu tivesse pensado: "Puxa, parece o Inferno". Em seguida, virei a cabeça para enquadrar a mesa no centro de minha visão e, naturalmente, vi uma mesa e pés de cadeira. Eram mais ou menos 14h20.[6]

A partir desse momento, até as 15h15, embora o tempo parecesse se arrastar e, volta e meia, eu consultasse meu relógio de pulso, não saberia estabelecer com precisão a ordem de aparição dos fenômenos. Penso que a ordem em que aqui os dispus está próxima da verdade.

Voltei novamente os olhos para a parede e, dessa vez, vi motivos "assírios". Lembro-me que, numa espécie de jogo, discerni uma figura usando barrete e barba e me perguntei por que a considerava "assíria". Na hora, me pareceu ser por causa da barba. Nesse momento, penso, Rouault, que estava à direita e abaixo do meu campo de visão, transformou-se num objeto estranho e repugnante. Também ele era uma coisa indescritível. Parecia um homem de costas numa cadeira, que, no mesmo relance, eu julgava amarrado e do qual via apenas o cabelo louro. Esse cabelo, porém, composto de fios compridos e ralos, deixava o crânio descoberto "como uma ferida". Eu pensava vagamente que o homem fora escalpelado. A cabeleira tinha mais ou menos o tamanho de um homem e, na verdade, estava integralmente amarrada à cadeira. Na hora, achei que aquela aparição não era arbitrária e que remetia à minha própria história. "Vi uns cabelos assim." Havia ali, penso, uma alusão ao cabelo de M.G., um chefe civil que tive durante meu serviço militar e que, de fato, tinha fios ralos sobre um crânio cor-de-rosa e um pescoço gordo. Aquele cabelo sempre me repugnara. A partir desse momento, de uma maneira geral, a maioria das interpretações ocorreria como se contivessem um sentido profundo, como vagas referências à minha própria história.

Obviamente, tão logo voltei os olhos para Rouault, a cabeleira desapareceu. Mas Rouault não me pareceu ser como realmente era. Escrevia na penumbra, e eu mal distinguia seu rosto. Conhecera Rouault naquela manhã e ainda não "individualizara" seu rosto. Com efeito, muitas vezes notei que, quando conheço uma pessoa nova, interpreto o novo rosto por intermédio de um antigo. Por um momento, esse rosto tem para mim o sentido de um ou outro rosto que eu já conheço. Em seguida, o rosto novo vai conquistando sua individualidade e passa a reportar-se exclusivamente a si mesmo. No caso de Rouault, eu

---

[6]. Devo dizer que, dois dias antes, ao entrar numa sala de aula e notar que os tubos da calefação, incandescentes, iluminavam a sala escura com estranhos reflexos "infernais", eu me perguntara se teria impressões daquele tipo durante a experiência. [N. do A.] [Sobre a dúvida inerente à fé na alucinação, ver "O quarto": "Em outros momentos, Pierre parecia inventar. 'Ele sofre. Mas até que ponto acredita nas estátuas?'"(OR, p. 255).]

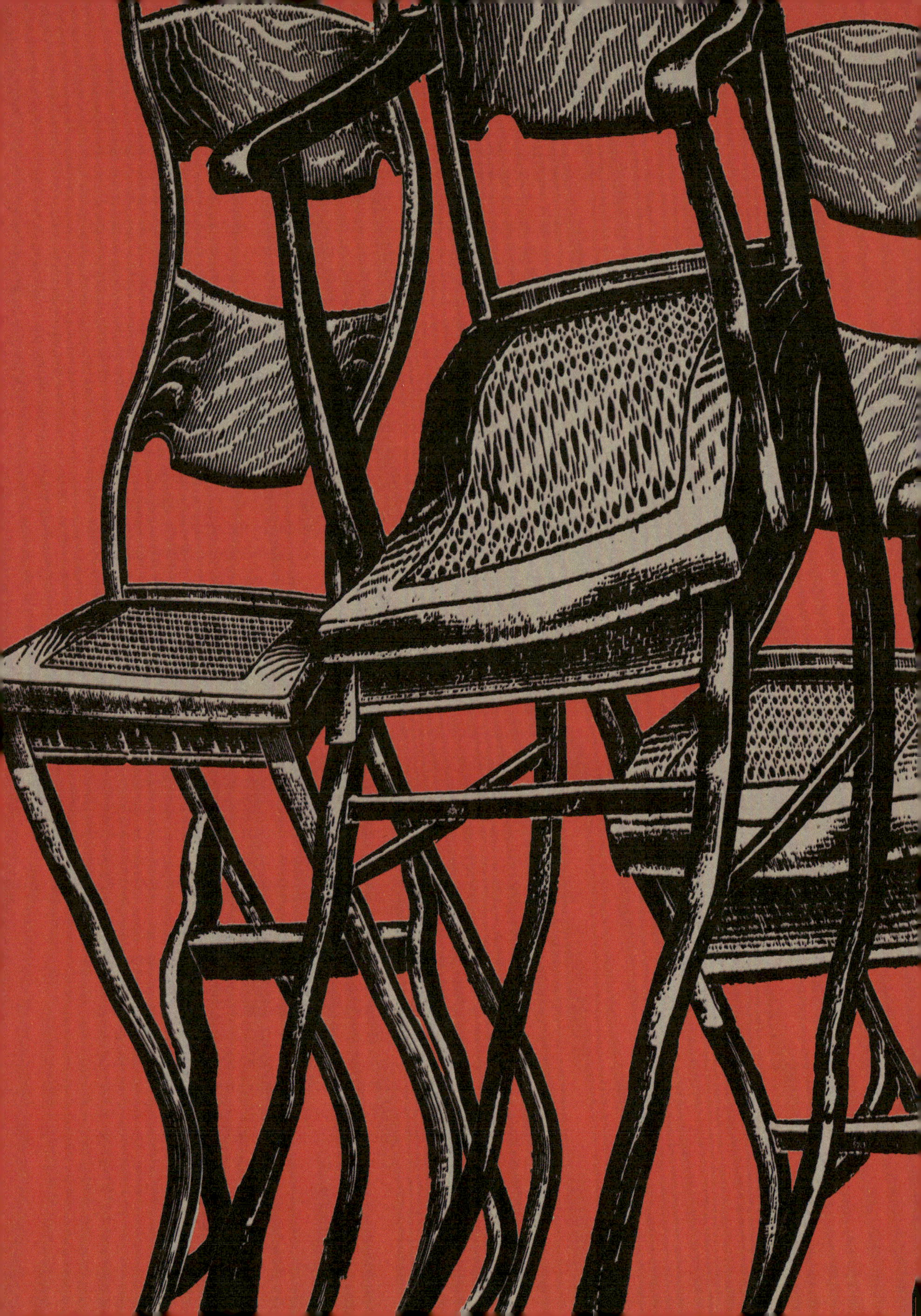

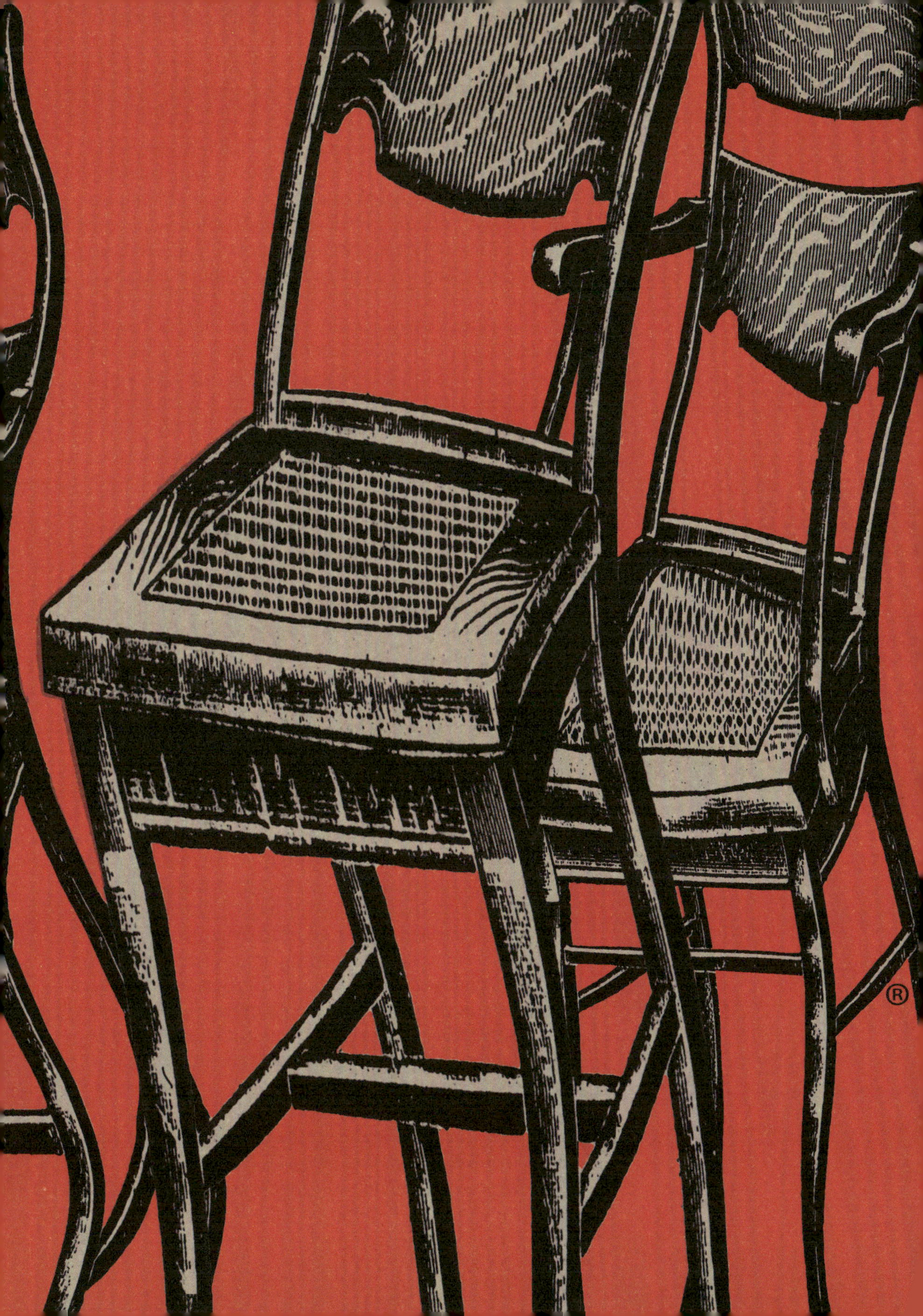

ainda não chegara a esse conhecimento direto. Não tivera tempo para isso e, depois, estava absorto demais em me espiar. Assim, dirigindo os olhos para seu rosto, vi uma fisionomia esgarçada e sinistra *que eu conhecia*. O que havia de impressionante é que aquela fisionomia comportava vários sentidos ao mesmo tempo, que se deixavam dissociar com relativa facilidade: primeiro, havia o rosto do próprio Rouault, depois, o de um aluno B., depois, o de um colega C., que eu não via há dois anos. Nenhum desses rostos é hediondo. O de Rouault é muito simpático, os outros dois, bem menos, porém bastante toleráveis isoladamente. O que determinava a feiura repugnante desse corpo era certamente essa síntese contraditória e falsa, que, de resto, continha a unidade de um sentido próprio. A relação entre Rouault e os outros dois é bem remota, talvez um modo de contorcer a boca. O cabelo escuro de Rouault se diluía na penumbra: o que fez com que o modo como via sua espessura e seu comprimento variasse constantemente. O rosto que então "vi" me pareceu não estar exatamente localizado. Era de fato exterior a mim e, *grosso modo*, era de fato o rosto de Rouault. Contudo, ele era suscetível apenas de uma localização aproximada. A partir desse instante, até as 17h30, não parei mais de deformar o rosto de Rouault e esgarçá-lo.[7] Mas parei de identificá-lo com os de C. e B.

Mais ou menos nesse momento, ao observar acima de minha cabeça uma luminária regulável pendendo do teto, igual à que havia no quarto de minha avó (morta há três anos), vi-a mover-se vagamente. Na realidade, seria preciso falar aqui de "movimentos imóveis" e deformações congeladas. A luminária parecia antes atravessada por linhas de força. Ao mesmo tempo, vi (da mesma maneira que os arabescos egípcios e assírios) losangos no teto cinza que me remetiam à mesa de marchetaria que, no quarto da minha avó, era iluminada por aquela luminária regulável. A relação entre a marchetaria, a luminária e o quarto de minha avó também se manifestava como o sentido profundo dos objetos e uma referência à minha história. Porém, pude julgar, com certa arbitrariedade de minha parte, uma espécie de boa vontade em todas essas construções.

Talvez a primeira grande oscilação tivesse acabado de chegar ao fim. É mais ou menos dessa forma, com efeito, que devemos representar o desenvolvimento psíquico da

[7]. Ver, em *A náusea*, a passagem em que Roquentin se olha no espelho (*Ibidem*, pp. 22-23).

experiência. Pareceu-me que, no momento a que me refiro, operou-se uma espécie de dissociação entre as interpretações e as percepções. Por exemplo, o guarda-chuva pendurado num cabide à minha frente me pareceu um abutre.[8] A própria comparação era bastante estranha. O cabo encurvado de madeira clara seria o pescoço desnudo e a cabeça do abutre, com o tecido preto representando o corpo e as asas. Eu não via o guarda-chuva como abutre, mas sentia diminuir aos poucos a distância que separava os dois fenômenos, isto é, a interpretação e a percepção. No fim, durante o lapso de um quarto de segundo, talvez, os dois elementos se reuniram. Mas logo outra coisa qualquer atraiu minha atenção, e o abutre desapareceu enquanto eu pensava, "ele vai voar".

Mais ou menos nesse momento, teve início a nova oscilação. Foi a mais forte. Todos os fenômenos assumiram um caráter nitidamente desagradável. Podiam ser *14h50*. Ela terminou às 15h15. O tempo me pareceu terrivelmente longo.

Convém estudar separadamente, durante esse período, o mundo da percepção, as funções superiores e a afetividade geral.

A) O MUNDO DOS OBJETOS

O fundo cinza escuro da parede e do teto se enche de repente de cruzinhas vermelhas e verdes, milhões de cruzinhas vermelhas e verdes, que ora se agitam, ora permanecem imóveis. Por menos que pense nelas, verei essas cruzes durante um longo tempo. Mas o termo *ver* aqui ainda não é exato. Com efeito, se olho para o rosto de Lagache, não vejo mais as cruzes. Só posso vê-las com a condição de, mantendo os olhos voltados para Lagache, não mais procurar vê-lo. As cruzes não são localizáveis com relação a nenhum objeto. Ou o espaço é urdido exclusivamente com elas ou não há mais nenhuma. São vermelhas e verdes, e "é frequente nessas visões", observa Rouault, "deparar com as cores complementares". Mas imediatamente me dou conta de que não *vejo* nem vermelho nem verde. Não existe vermelho *e* verde. Mas as cruzes são verdes e vermelhas ao mesmo tempo e completamente. Vaga evocação dos anúncios de néon. Nesse caso, também, não se trata de um pensamento que eu formo *sobre* as cruzes, mas de uma qualidade das próprias cruzes.

[8]. A raiz de castanheira que faz Roquentin descobrir a contingência aparece como "garra de abutre".

9. As alucinações de Sartre são notavelmente previsíveis, a crer no relato que Ludwig Lewin fez a respeito de um aluno seu que experimentara mescalina: os "arabescos", as "formas geométricas" – em Sartre, losangos –, as "cruzes" (que voltarão em Artaud), a "serpente" são elementos frequentemente mencionados (Ludwig Lewin, *Phantastica*, 1924, pp. 119-121, citado por Patrick Allain, *Hallucinogènes et société: cannabis et peyotl, phénomènes culturels et mondes de l'imaginaire*, Payot, 1973, p.38). Uma vez que Sartre afirma ignorar tudo das características dos efeitos da mescalina, podemos supor que não leu nada dessa literatura especializada e que reproduz tais estereótipos alucinatórios com toda a ingenuidade.
10. Característica do olho humano de se acomodar para, em diferentes distâncias, obter uma melhor acuidade visual dos objetos focados. [N. do T.]
11. Em *A náusea*, a mão do Autodidata aparece para Roquentin, que a aperta sem ter consciência desse gesto banal de polidez, como uma "gorda minhoca branca" (OR, p. 9).

Durante esse tempo, Rouault escreve. Observo-o, então alguma coisa se mexe sob a mesa. É o pé de Lagache, e é uma serpente. Um peixe também, que acaba de dar com a cabeça no vidro de seu aquário. O vidro não está ali, mas a parte inferior da mesa é um aquário. É também um oceano, a profundeza dos mares. Por um momento, olho para o sapato sob a mesa. Sei que é um sapato e sei também que é um animal (réptil, peixe e sapo ao mesmo tempo), porém não consigo formar completamente nem a interpretação de peixe nem a de sapato.[9]

Olho para a mão de Rouault, que segue escrevendo: quando vem em minha direção é uma mão de esqueleto, quando se afasta é uma mão deformada por uma espécie de eczema. Na verdade, não vejo nem eczema nem mão de esqueleto. A interpretação em si não chega ao fim. O que há é antes um distúrbio real da percepção: de longe, a mão parece esfumada, como quando, nas gravuras baratas, a cor de um objeto borra e transpõe o contorno. De perto, ao contrário, parece muito precisa e seca, e é essa precisão oposta àquela indeterminação que interpreto como "esqueleto". Sem dúvida trata-se de uma lentidão no processo de acomodação.[10] Não me adapto ao vaivém da mão.[11]

Aliás, a partir desse momento, todas as minhas percepções ganharão um aspecto bizarro e rígido. E as interpretações, por outro lado, passam a ser menos numerosas. Em primeiro lugar, toda e qualquer expressão facial é deformada por mim até virar caricatura. O rosto de Lagache parece "de madeira". Suas expressões não variam com fluidez: a um rosto congelado, maciço e caricato sucede um rosto novo igualmente congelado e maciço. Em segundo lugar, todas as mudanças de objetos, movimentos, variações de luz etc. que acontecem no limiar do meu campo visual são estranhas e inquietantes; preciso de um tempo para reconduzi-los a ser isto ou aquilo.

Em terceiro lugar, os movimentos de uma parte de um sistema nunca se reportam ao sistema inteiro, mas a parte dele. Quando Lagache mexe seu pé, é o pé de Lagache que se mexe; quando Lagache coça o nariz, é a mão de Lagache que acaba de lhe coçar o nariz. Cada elemento de sua percepção tende a se isolar. Assim, absorve minha atenção e me parece tão estranho quanto uma palavra em que nos detemos longamente. Lembro-me em especial de ter olhado com interesse e espanto as pregas do jaleco de Lagache. Elas tendiam a se isolar num todo.[12]

Foi quando produziu-se duas vezes um fenômeno curioso, que eu aproximaria de certos fenômenos hipnagógicos. Por exemplo, quando durmo, acontece-me ter visões que, sem exceção, apresentam o mesmo caráter perceptivo: noto um mundo de bolhas ou um mundo de hachuras etc. É como se bruscamente mudassem a chave de minha percepção e me fizessem *perceber em hachura* ou *perceber em bolha*, tal como tocamos um trecho em dó ou em si bemol. Aconteceu a mesma coisa, só que de olhos abertos. De repente, acreditei que estava vendo uma lâmpada de vidro no lugar do parafuso de cobre de um aparelho sobre um armário, ou melhor, uma dessas protuberâncias que obtemos beliscando uma bexiga de borracha depois de soprar. Nesse instante, toda a minha percepção se transformou e, por um segundo, "percebi em forma de lâmpada de borracha". Isso significa que não vi mais nada? Não, mas me sentia tão "alto" que não conseguia perceber de outra forma. Fui invadido pela crença de que o mundo era assim; essa alteração na matéria perceptiva era deveras agradável. Mais tarde, se deu outra mudança bastante parecida, porém desagradável: tudo me pareceu viscoso e escamado ao mesmo tempo, como grandes serpentes cujos anéis vi se desenrolando no zoológico de Berlim. Nesse momento, me veio o medo de estar numa pequena ilha cercada de serpentes.

B) FUNÇÕES SUPERIORES

Observo perfeitamente. Não perco nada do que aparece para mim. Como explicar o paradoxo de crer que um pé é uma víbora e, ao mesmo tempo, assistir como espectador à aparição e ao desenvolvimento dessa crença? É que essas crenças sempre aparecem à margem. São fugazes, desaparecem quase instantaneamente. Penso nisso ou naquilo e, de súbito, tenho a impressão instantânea disso ou daquilo à minha direita e à minha esquerda. Dou uma espiada. Não há mais nada. Entretanto, minha percepção central não está de forma alguma intacta. Está lenta, parcial, constitui artificialmente sistemas isolados. Esses sistemas, apreendo-os assim como no próprio centro, no foco de minha atenção. Mas não interpreto o que

---

[12]. De certa forma, essa é a instância que Roquentin designa como "náusea": as partes são extraídas do todo que lhes dá seu sentido usual e, tornando-se elas próprias "tudo", agem com autonomia; os exemplos são incontáveis, a começar pela famosa raiz de castanheira que se separa da árvore e a domesticação do jardim público que vira garra ou serpente; mas, desde o início, a rede de utensilidade se rompe, e os instrumentos se revoltam, "é o garfo que, agora, tem certa maneira de se fazer pegar" (*Ibidem*, p. 8), garfo que é igualmente uma questão estratégica entre Pierre e o sr. Darbédat; o sexo da patroa do Rendez-vous de Cheminots, com quem Roquentin acaba de fazer amor, se transforma em selva povoada por insetos repugnantes; como as de Lagache, as mãos de Roquentin têm vida própria na ponta de seus braços, elas coçam, se coçam. E, a exemplo de Sartre, Roquentin sabe que basta ver para que a náusea se dissipe e o mundo normal se restabeleça: percepção e alucinação são radicalmente contraditórias, uma faz a outra desaparecer. "Enquanto eu pudesse fixar os objetos, não se produziria nada; eu olhava tudo o máximo possível, as casas, os calçamentos, os bicos de gás; meus olhos iam rapidamente de um a outro para surpreendê-los e detê-los em meio à sua metamorfose" (*Ibidem*, p. 94).

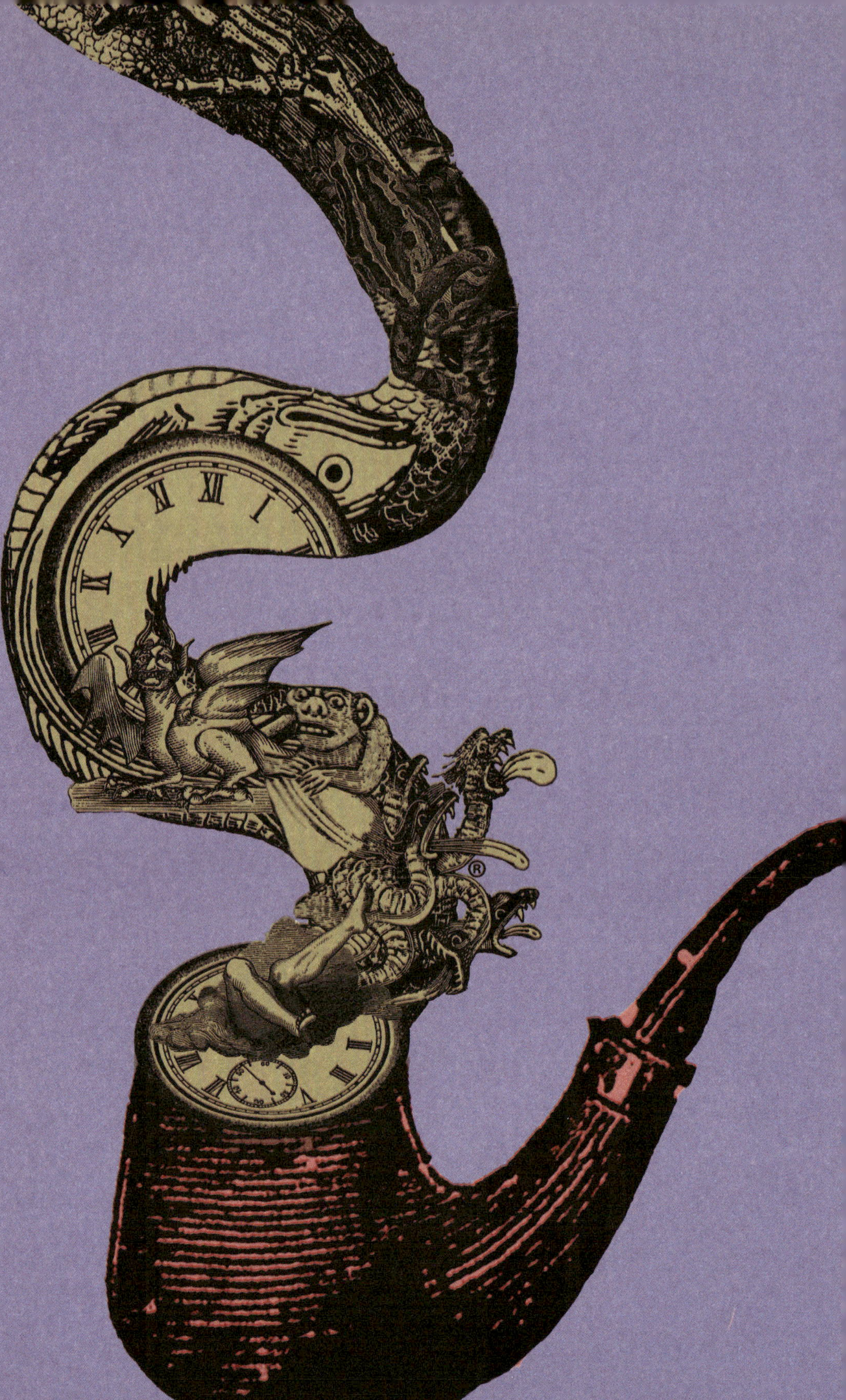

está no centro. Por exemplo, essa mão de Rouault nunca foi realmente tomada por esqueleto ou eczema. Tudo se passa como se, a certa rigidez e lentidão da percepção central, houvesse se juntado uma espécie de desintegração dos elementos marginais, que teriam vida própria. Logo, somente a atenção focal permanece saudável. Falo o tempo todo, observo-me e descrevo-me com prazer. Chega a beirar a tagarelice, a incontinência. Esse fluxo inesgotável indica certo relaxamento em meu autocontrole. Ao mesmo tempo, contudo, é um meio de não perder inteiramente contato com os homens. Tenho medo de ficar definitivamente isolado no mundo para o qual deslizo. Enquanto estou deitado, aliás, tenho a impressão (falsa) de só ceder a esse mundo que me atemoriza na medida em que de fato o desejo. Parece-me que, se me puser de pé, tudo voltará ao normal. Daqui a pouco, portanto, vou para o chão. Ainda assim, não consigo recuperar o controle sobre os elementos marginais nem devolver plasticidade à minha percepção. Constato com certa angústia que só a minha atenção central está intacta, é como uma ilha minúscula na qual me encontro refugiado, cercado por um mar que sobe.

As funções superiores, por sinal, estão nitidamente abaixo do nível normal.[13] Em primeiro lugar, apesar de ter gravado com precisão todos os acontecimentos do dia (prova disso é que eles me vêm facilmente enquanto escrevo), sinto uma espécie de amnésia de utilização; não me recordo de nada. Quer dizer, como Lagache me aponta um pouco mais tarde, não consigo fazer o esforço necessário para evocá-los. Além disso, a ideação é lenta e confusa. Encontro as palavras com dificuldade. Emprego constantemente a palavra "símbolo" para qualificar minhas interpretações. Lagache por fim me pergunta o que entendo por "símbolo" e explico de modo confuso. Mais tarde, Rouault me sugere deitar na cama e pensar numa ideia abstrata. Penso em "bondade", mas as reflexões normais que faço sobre tal qualidade não me ocorrem. Vem a mim a imagem ingênua e estereotipada de uma senhora dando moedas a um menino que estende uma cumbuca. Em vão me torturo, não consigo apreender o sentido da palavra.

Por fim, perdi o principal, ou seja, o sentido do real. Em primeiro lugar, não sei mais muito bem por que estou aqui, não situo direito Lagache na minha história. Parei

13. "Há [...] formação brusca de um sistema psíquico parcial e absurdo. Esse sistema é necessariamente parcial porque não pode ser objeto de nenhuma concentração da consciência. Não há mais centro consciencial nem unidade temática, e é precisamente por isso que ele aparece. [Os sistemas alucinatórios] são correlatos de uma nivelação da consciência, só aparecem numa consciência sem estrutura" (*L'Imaginaire*).

completamente de pensar no mundo exterior, nos amigos, nos parentes etc. Alguém deve me telefonar às 17h, mas não espero esse telefonema; alguém falou que passaria para me ver, mas não penso nisso. Aqui, trata-se sem dúvida não só de atonia afetiva, como também de apatia intelectual:[14] não penso em todas essas pessoas; não penso que existe um mundo exterior. O mundo para mim se reduz a esse quarto estreito, onde, obedecendo um tanto automaticamente às instruções, continuo a me analisar. Contudo – e isso é o mais importante –, em relação a todos esses fenômenos, tenho de fazer um esforço para sentir profundamente a verdade de minhas percepções verdadeiras. Mais de uma vez perguntei a Lagache e a Rouault se a luz mudara efetivamente, se víamos de fato a sombra de um homem através da porta de vidro etc. Tudo isso era verdade, e bastava um esforço um pouco mais aplicado para me persuadir disso. Tal esforço, porém, eu não podia mais produzi-lo. De modo que o estado em que eu me encontrava foi sentido não só como uma dificuldade de discernir o falso, mas também como uma imensa dificuldade de discernir o verdadeiro. Tudo se desmanchava como um *real* menor, opressivo, porém superficial e sem raízes.

C) AFETIVIDADE

Distúrbios leves. Primeiramente, o nível geral caiu. A espécie de medo que sinto de mim mesmo, "O que mais vou ver", "O que poderei inventar", assemelha-se bastante ao que sentimos nos pesadelos. Não corresponde a nada de normal. É acompanhado de uma sensação de impotência. Ao mesmo tempo, tendo a considerar Lagache e Rouault como hostis. Amplifico o fato de que eles estão mais bem informados do que eu sobre os efeitos da mescalina. São carrascos, sabem tudo que vai acontecer comigo. Seus rostos, que sofrem as deformações que anotei acima, me parecem antipáticos e ameaçadores. Quando Lagache toma o meu pulso, fico muito sensível à situação (eu deitado, ele em pé, a me dominar com toda a sua envergadura) e tenho a impressão de que ele me oprime. Quando pressiona os polegares com força sobre os meus globos oculares para examinar o reflexo óculo-cardíaco, reajo com veemência à dor, quase me debato. Ainda

14. Em *L'Imaginaire*, Sartre evoca essa apatia e essa atonia ao se referir ao "caráter neutro" da consciência alucinatória.

interpreto como fogo do inferno o monte de estrelinhas que vejo, penso que são garras que me fustigam os olhos e afasto-as com as mãos. Peço desculpas imediatamente, recobrando uma consciência mais clara de minhas relações com aqueles dois homens. Por fim, minha angústia se manifesta por uma agitação motora. Levanto-me, dou alguns passos, permaneço em pé. O mais forte da experiência passou.

Devo mencionar agora, creio, um fenômeno muito rápido de alucinose. Observo a calefação, cujos tubos me parecem engraçadíssimos. De repente, ouço alguém cantar ou caminhar (não lembro direito) no corredor. Presto atenção ao barulho. Nesse momento, surgem brumas leves e alongadas no meu campo visual. Aqui, o fenômeno da lateralidade ganha outra forma. Sem dúvida, as formas são percebidas no próprio centro do meu campo de visão. Mas eu não *olho*. Toda a minha atenção está absorvida pelo barulho. E, enquanto eu escuto, muito rápida e furtivamente, vem a impressão de ter visto três formas. Olho: não estão mais lá.[15]

Lagache sai para fazer uma perfusão. Converso com Rouault, que me parece de volta a seu estado normal. Um pouco embotado. A náusea. Apático, a despeito de outras alucinações.

Lá pelas 16h30, Lagache volta. Leves acessos de distúrbios psíquicos. De tempos em tempos, revejo as cruzes. Rumino: "E se Lagache tivesse um bigode?". Imediatamente "vejo" na penumbra o rosto de Lagache enfeitado com um bigode. Mas, para ser franco, não é quando olho para o seu lábio superior que o vejo imberbe. E, sim, quando tenho uma percepção global do rosto.

[15]. Essas brumas laterais são explicitamente mencionadas em *L'Imaginaire* como ligadas ao uso da mescalina. Ver *Ibidem*, p. 302; ver também *Os sequestrados de Altona*.

Jean-Paul Sartre (1905-1980) manteve estas notas inéditas por toda a sua vida. O original, organizado por sua filha adotiva e inventariante, Arlette Elkaïm-Sartre, foi publicado pela primeira vez em 2010 no volume da Bibliothèque de la Pléiade dedicado à sua obra autobiográfica – *Les Mots et autres écrits autobiographiques*.
Tradução de **André Telles**

Designer, diretor de arte e ilustrador, **Rico Lins** (1955) atua há mais de 30 anos no Brasil, nos Estados Unidos e na Europa. É membro da AGI, Alliance Graphique Internationalle.

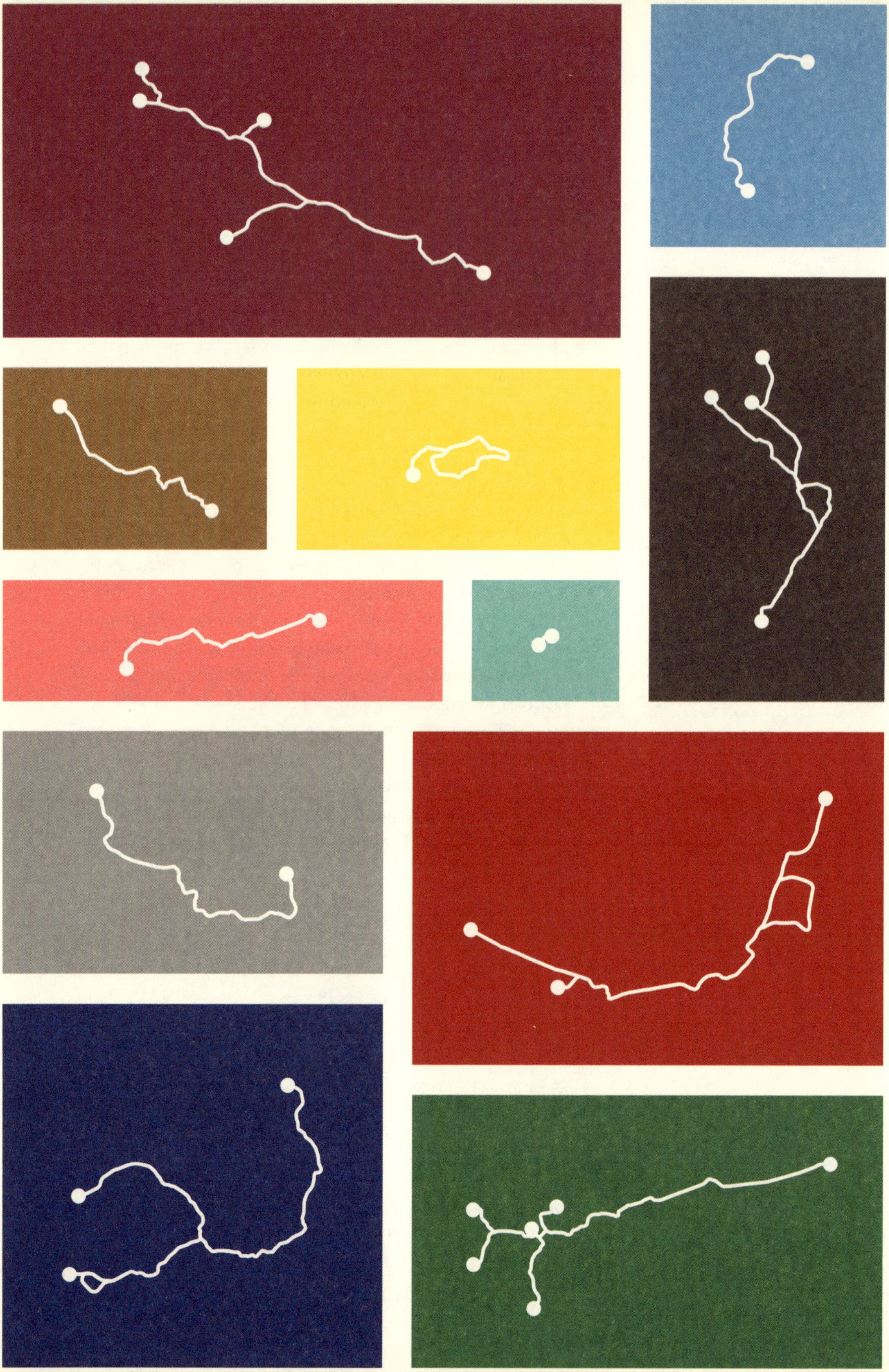

O autor como apropriador

Leonardo Villa-Forte

No limite entre invenção e impostura, a escrita não criativa de Kenneth Goldsmith quer repetir no universo do texto o que Marcel Duchamp fez no mundo da arte

O ano de 2016 nos deu a primeira versão brasileira de uma obra de Kenneth Goldsmith, poeta e artista americano que criou e difunde a ideia da chamada "escrita não criativa". A versão – e não tradução, logo veremos por quê – de *Traffic* é assinada pelos poetas Marília Garcia e Leonardo Gandolfi, que também são editores do livro *Trânsito* (Luna Parque). A dupla transporta para São Paulo, à sua maneira, o procedimento que Goldsmith utilizou em Nova York: transpor para texto, para as páginas de um livro, os boletins de trânsito transmitidos por uma rádio. No original, de 2008, *Traffic* reúne boletins emitidos durante um dia inteiro, véspera de feriado, cobrindo algumas das vias mais movimentadas de Nova York. Para o que chamam de "versão dublada", os tradutores gravaram três horas de boletins emitidos na véspera de um fim de semana em São Paulo e selecionaram, a cada dez minutos, três minutos de áudio para transcrever. É o primeiro desdobramento, como prática artística e não apenas conceitual, do interesse e da curiosidade despertados no

Nicholas Rougeux
Transit Palettes
www.c82.net

Linhas do metrô de Londres

Brasil por Goldsmith. Sua obra – em torno de uma dezena de livros teóricos, literários e antologias – tem sido encarada com suspeita: para alguns, trata-se do marco de um novo campo artístico; outros a consideram uma simples impostura ou mesmo charlatanismo. Mas do que é feita a obra de Goldsmith?

Traffic faz parte de "A trilogia americana", em que o autor se apropria de conteúdos simbólicos do cotidiano por meio dessas transcrições de rádios – completam a trinca *Sports*, extraído da narração de uma partida de beisebol, e *The Weather*, que tem como fonte boletins de previsão do tempo. Ele não escreve, mas transcreve, transpondo o texto do meio oral/auditivo para a escritura/leitura. O procedimento envolve percorrer, digitando, todas aquelas palavras que alguém proferiu e deslocá-las de suporte e contexto. Como não há significado que não mude quando se altera o contexto, o conteúdo das transmissões adquire então novas e múltiplas dimensões. Vejamos o primeiro parágrafo de *Sports*:

> – 1.800 LAW CASH *reminds you that this copyrighted broadcast its presented by authority of the New York Yankees and may not be reproduced or retransmitted in any form. And the accounts and descriptions in the game may not be disseminated without the express written consent of the New York Yankees. Have a lawsuit? Need money?* 0800 LAW CASH *will get you money right now. Don't wait for your case to settle. You or your attorney should call* 0800 LAW CASH *today.*[1]

1. Kenneth Goldsmith, *Sports*. Los Angeles: Make Now Press, 2008, p. 1.

Desde o início, estamos em terreno pantanoso: Kenneth teria pedido autorização das rádios? Oito anos depois de publicado, o livro seria uma prova de violação de *copyright*? O autor não nos dá nenhuma indicação. A narração instala, no primeiro parágrafo, desconforto ou excitação pelo gesto proibido. Por e-mail, perguntei a Kenneth Goldsmith se ele havia pedido permissão para reproduzir o conteúdo da transmissão de uma partida em *Sports*: "Não, eu simplesmente fiz. Ninguém falou nada comigo depois da publicação", respondeu. "*Copyright* não existe."

O segundo parágrafo segue com a descrição do momento esportivo vivido pelos Yankees, uma espécie de panorama da situação do time, sua posição no campeonato, o resultado da última partida, enfim, à maneira do que os locutores fazem antes do início de um jogo. Só aí percebemos: o primeiro parágrafo era uma mensagem pré-gravada, liberada no início da transmissão. Não era a voz do locutor, mas uma emissão de praxe feita no começo de toda transmissão de jogos dos Yankees. Uma referência ao próprio método de composição do livro: pré-decidido o conteúdo, basta apertar as teclas.

Vejamos outro trecho de *Sports*:

– Runners lead off of first and second. It'll be a 2-2 to Damon. He struck him out swinging. No runs, one hit, and two left. And now at the end of four and a half innings of play, the ballgame is tied at 7 on the Yanks Radio Network.

I'll never forget my wedding day. My car ran into a ditch because I didn't get my brakes checked.

Don't let this happen to you. Come into Meineke for our oil change special and receive a filter and five quarts of oil, a tire rotation, a balance check and a break check for $19.95.

This is George Foreman. Now for most cars and light trucks at participating Meineke locations. Disposal fee and shop supplies may be extra. Ask store managers for details. Offer ends August 13th, 2006. Visit Meineke car care center for all your care needs.[2]

2. *Ibidem*, pp. 57-58.

Em meio à narração da partida, o leitor é exposto ao comercial de uma oficina mecânica. Na transmissão, a inserção é distinguida de imediato pelo ouvinte, geralmente porque é lida por uma voz que não é do narrador ou do comentarista; é precedida por um som/bordão/sinal já conhecido dos ouvintes ou surge num volume mais alto. Tudo indica que não se trata mais da locução da partida, mas de publicidade. No livro de Goldsmith, a diferenciação é feita apenas por um travessão no início do parágrafo. Quando se trata de publicidade, não há travessão.

No momento em que estamos vendo/lendo uma partida de beisebol, por exemplo, nunca estamos vendo/lendo somente este ou qualquer outro esporte – a experiência total envolve outros contextos, como a publicidade. Uma coisa faz parte da outra, não existe transmissão esportiva sem propaganda. Consumimos os dois. *Sports* evidencia com um mínimo de recursos a centralidade da propaganda na comunicação de massa. O narrador da transmissão, geralmente visto como o condutor do programa, é identificado por um travessão. A publicidade não, pois ela é, poderíamos supor, a voz que conduz, que vem de lugar nenhum: de cima, do lado, de baixo, de todos os cantos, não se sabe; mas está lá, se fazendo ouvir nas brechas das falas do narrador e do comentarista.

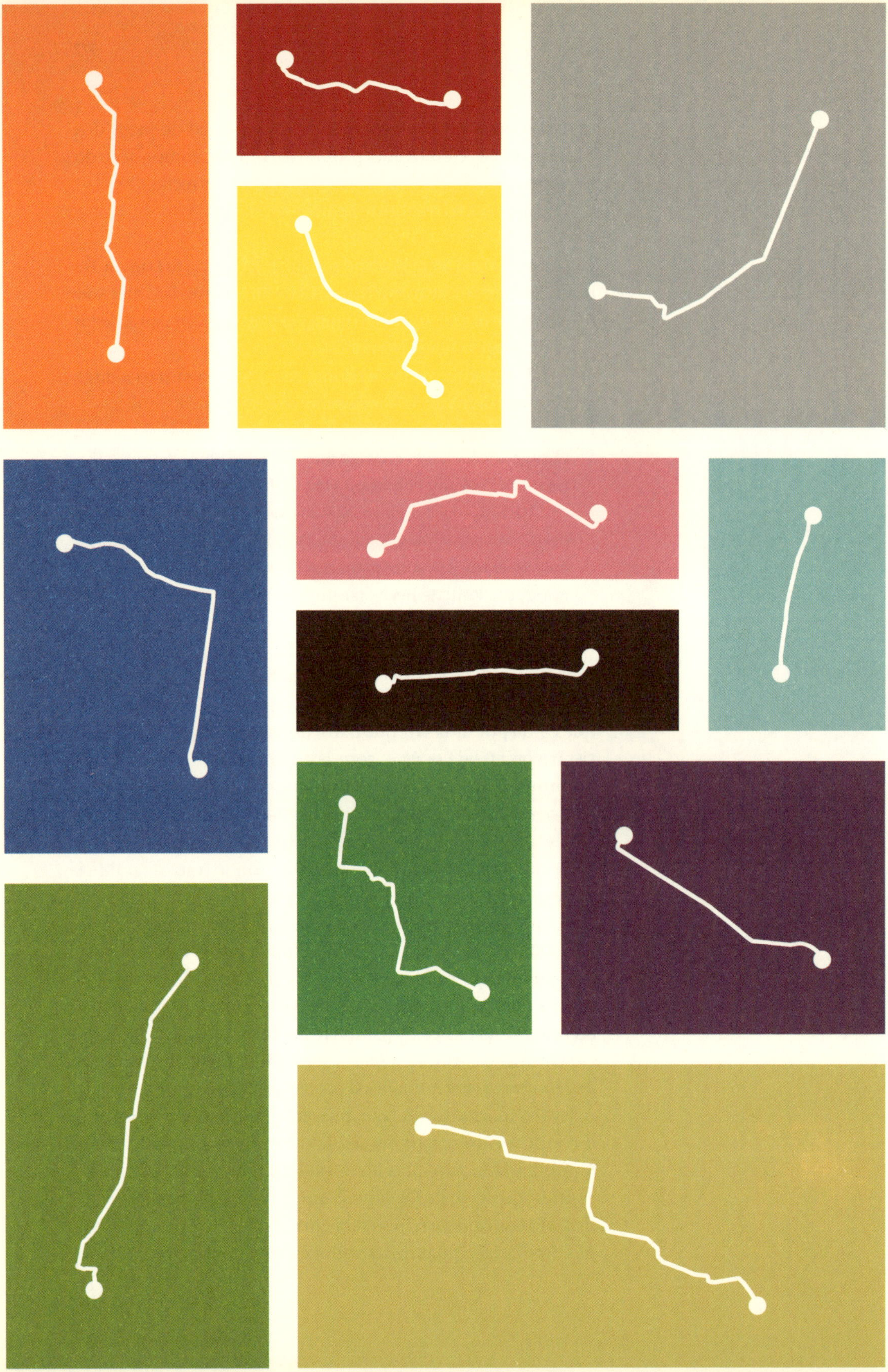

MATERIALIDADE E EXPERIÊNCIA

A transformação do áudio em texto e o deslocamento desse conteúdo para o livro confere tridimensionalidade a um material que não existia fisicamente. *Sports*, por exemplo, dá peso, tamanho e volume à quantidade de informação transmitida, imaterialmente, durante uma partida inteira de beisebol. Após ver/ler *Sports* ou *Traffic*, a experiência de ouvir um jogo ou noticiário sobre o trânsito nunca mais será a mesma. Começa-se a ouvir e ver as transmissões pensando no que elas têm de criação e no volume que representam no total de informação que absorvemos cotidianamente.

O mesmo se dá com *Day*, fruto da transposição para livro de todo o texto da edição do *New York Times* de 1º de setembro de 2000. O resultado é um catatau de mais de 800 páginas, que pesa mais de dois quilos. *Day* desnaturaliza nossa relação com a ideia do que é um jornal, mostrando, fisicamente, materialmente, o quanto uma pessoa lê, geralmente de manhã, quando passa os olhos por todos os cadernos. O deslocamento operado revela que uma edição de jornal pode equivaler, em tamanho, a um livro imenso.

A fartura de informação de um periódico é um agrupamento de diversas autorias. Algumas assinadas, às vezes acompanhadas por fotos do autor, outras não, anônimas, não relacionadas a um jornalista e cuja autoria, como a dos editoriais, só pode ser atribuída ao próprio jornal. O nome de Kenneth Goldsmith na capa de *Day* cria, portanto, um desequilíbrio, um estranhamento profundo. Como assim, alguém – uma pessoa!, uma! – pode assinar todos os textos de um jornal? Mas, ora, é para isso que aponta o nome do "autor": em jornais, há autorias e visões pessoais. *Day* explicita o fato de que tais publicações, a começar por seus nomes (*New York Times, O Globo, Folha de S.Paulo, O Povo, A Tribuna* etc.), pretendem-se impessoais e coletivizantes, buscando falar por cidades, grupos, estados. Conferem, assim, certa invisibilidade ao seu caráter de meios emissores de uma determinada interpretação.

A prática que Goldsmith estabelece é fundamentalmente baseada na ação da recepção e do reaproveitamento. O autor é um receptor, tão receptor que sua obra é constituída daquilo que ele consome, não do que ele "cria". Ele consome, reformula e emite de volta por um outro caminho. A pergunta não é "o que criar?", mas "o que fazer com o que chega até mim?",

Linhas do metrô da Cidade do México

"como tratar essa quantidade enorme de conteúdo?", "como falar algo quando já estou tão soterrado de informação?". O receptor é um emissor, e o emissor é um receptor.

Quando a fotografia surgiu, no século 19, a pintura teve que abandonar a pretensão de refletir a realidade. Se quisesse sobreviver, era preciso tomar rumos não orientados pela imagem referencial, a função mimética. "Com o advento da fotografia e com a possibilidade da reprodução exata da realidade por caminhos mecânicos, atrofia-se a função mimética nas artes plásticas", escreve Peter Bürger em *Teoria da vanguarda*, de 1974. "Tornam-se claros, no entanto, os limites desse modelo explicativo, se se tem presente o fato de ele poder ser transposto para a literatura; pois não existe no âmbito da literatura nenhuma inovação técnica que tenha produzido um efeito comparável ao da fotografia nas belas-artes."[3]

Para Goldsmith e Craig Dworkin, no entanto, essa inovação chegou: é a internet. A proliferação de testemunhos, depoimentos, registros, pronunciamentos e reportagens, alguns tão absurdos que chegam a ser inverossímeis, faz com que a ficção perca seu lugar privilegiado como fonte textual de uma boa história. É esta a base do trabalho de Kenneth Goldsmith: se a ficção continuar tentando imitar a realidade, criando histórias mais ou menos realistas que pedem ao leitor que esqueça por alguns momentos que aquilo é fabulação, ela seguirá perdendo terreno. Nossa necessidade de histórias, diz ele, já estaria sendo preenchida de outras maneiras. A literatura deveria se reservar um outro lugar neste momento. Lugar este que, para ele, é contaminado pela arte conceitual. Essa é a aposta de Goldsmith como artista, poeta e pensador.

Dado que, a seu ver, a ficção de prosa referencial não faz mais sentido, Goldsmith acredita que a prática de escritura atual não deveria se tratar de "criar melhor", numa disputa com outros artistas e escritores por "criar obras mais belas, mais bonitas, melhores", mas sim "criar diferente", "trabalhar de outra forma". Se escrever "certo" é escrever de próprio punho, sem se apropriar, ele defende o princípio de que se escreva "errado". Nem por isso deixa de haver intervenção autoral, manifesta na escolha do que será apropriado e na forma de fazê-lo.

Goldsmith costuma dizer que foi preciso tomar algumas decisões durante a escritura de *Day*. O que fazer, por exemplo, com matérias que trazem indicações do tipo "continua na

---

3. Peter Bürger, *Teoria da vanguarda*. Tradução de José Pedro Antunes. São Paulo: Cosac Naify, 2012, edição de bolso, p. 69.

página 11"? A segunda parte da matéria deveria aparecer junto com a primeira parte, ou seja, como um texto contínuo na mesma página de *Day*; ou seria mais adequado que essa segunda parte permanecesse separada da primeira, aparecendo numa página mais adiante, à maneira do jornal original? Uma decisão que mudaria os rumos do trabalho, mas que não diminui sua potência, já que não é necessário que se leia o texto para que *Day* se realize como arte. Por isso, a obra de Goldsmith pode ser classificada como escrita conceitual.

ESCRITA CONCEITUAL

André Breton e William Burroughs acreditavam que os objetos do mundo possuem determinada intensidade, ainda que não identificável, banalizada pela utilização cotidiana. Eles desejavam reanimar essa intensidade adormecida, de modo a pôr a mente em contato com a matéria de que era feito o mundo. Breton via beleza no "encontro casual de uma máquina de costura e um guarda-chuva sobre uma mesa de operação". Para ele, a simples reunião de objetos em um contexto inesperado já revigorava suas qualidades misteriosas ou despotencializadas pelo cotidiano.

Em "O êxtase da influência: um plágio", ensaio publicado na **serrote** #12, em 2012, Jonathan Lethem lembra que essa "crise do olhar" já havia sido diagnosticada por Martin Heidegger, para quem a essência da modernidade seria encontrada em determinada orientação tecnológica, a que chamava *Gestell* (enquadramento). *Gestell* seria uma tendência à funcionalização que nos leva a enxergar os objetos apenas da maneira como eles indicam que podem nos servir. Seria tarefa da arte apontar maneiras de nos reposicionar diante dos objetos, nos fazer enxergá-los como coisas destacadas, em relevo, contra um fundo que é a determinação de sua funcionalidade. Assim, a arte reanimaria certo objeto, conferindo-lhe um novo efeito. É isso que Goldsmith faz ao dispor um jornal em mais de 800 páginas de livro.

O termo "escrita conceitual", cunhado por Craig Dworkin, poeta e professor americano com quem Goldsmith pensou a proposta da escrita não criativa, não aponta, no entanto, apenas para obras feitas por meio de apropriação. Na corrente da escrita conceitual podemos listar diversos trabalhos em que a escrita não se dá por apropriação, deslocamento ou outro tipo de pós-produção. "Eu cunhei a expressão 'escrita conceitual' como uma maneira de assinalar a escrita literária que poderia funcionar confortavelmente como arte conceitual e também para indicar o uso de texto em práticas de arte conceitual", escreve Dworkin, explicitando assim como a categoria nasce híbrida.

É difícil imaginar alguém com uma obra de Goldsmith diante dos olhos dizendo "não consigo parar de ler, esse cara escreve muito bem". A curiosidade, que talvez fizesse um leitor pular páginas e ir direto ao final do livro, se dá

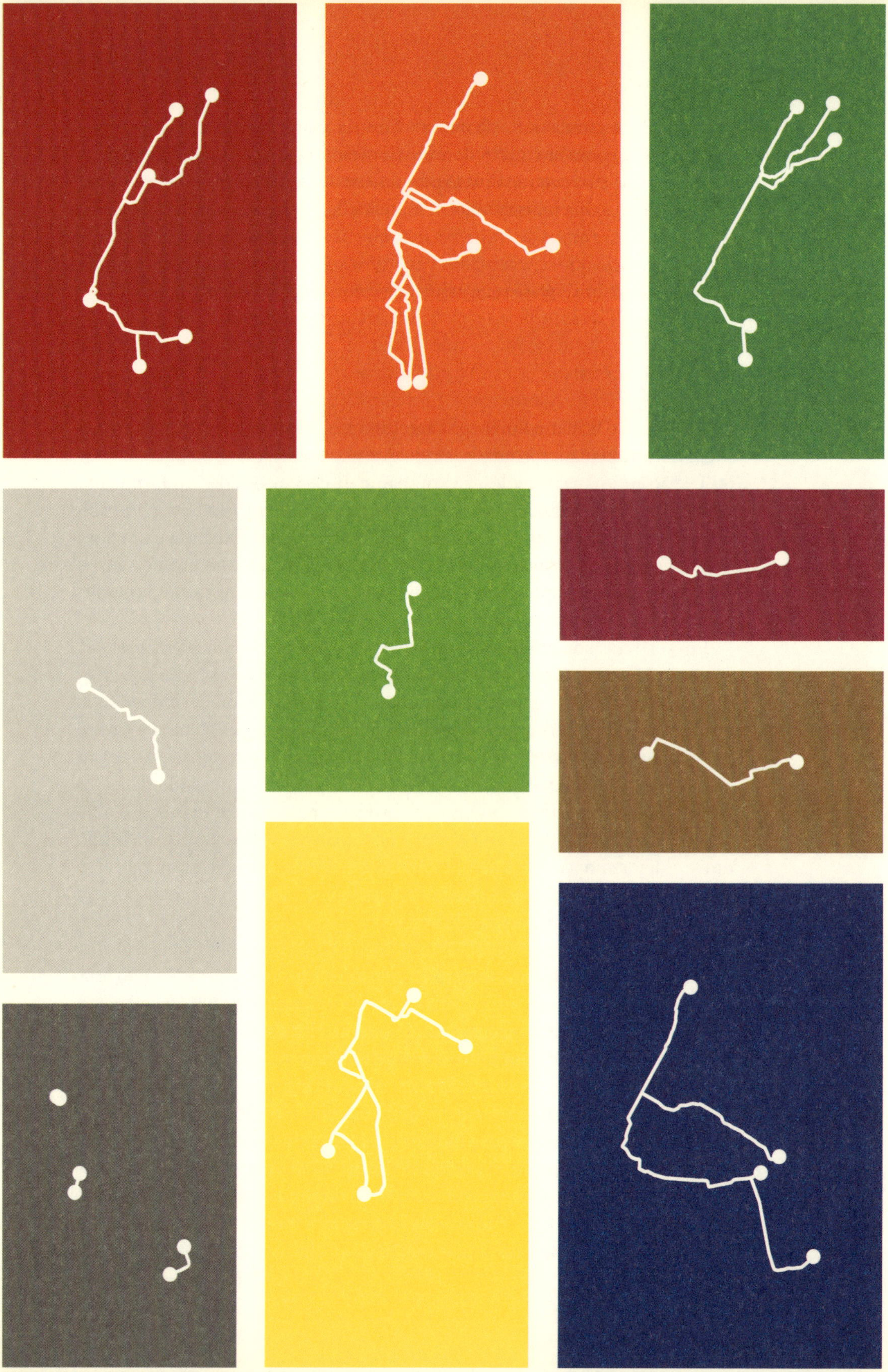

não pelo "quero saber como acaba", mas pelo "quero ver se o livro é realmente isso até o final". Em *A transfiguração do lugar-comum*, Arthur Danto imagina a experiência do leitor diante de um exemplar do catálogo telefônico de Manhattan de 1980. Danto aposta que, ao se deparar com a listagem, o leitor se interessaria por se certificar de que o autor foi fiel à suposta intenção de concluir o épico com uma coluna de nomes iniciados pela letra Z.[4] Por isso, ficaríamos bastante surpresos se encontrássemos na última página uma fileira de nomes iniciados por M, como se descobríssemos que o culpado é o jardineiro e não o mordomo, ou que a heroína feminista finalmente preferiu o casamento a buscar uma realização pessoal por meio da cerâmica. O mesmo espanto nos assaltaria se, no fim do primeiro volume, que normalmente vai do A ao M, encontrássemos o T na última página.

Caso *Sports* não terminasse onde originalmente termina a transmissão de uma partida, o leitor se sentiria frustrado, assim como se, depois da narração do jogo, o livro prosseguisse com a transmissão de comerciais de sabão. O mesmo vale para *Day*, que se encerra onde o jornal real se encerraria. Do contrário, em ambos, a proposta não se manteria, o encanto da restrição a um conceito se perderia. A narratividade é aqui um conceito pertinente, não se trata da adoção de procedimentos aleatórios, de feitio dadaísta, sem controle. O método, portanto, confere às obras a evocação de uma estrutura clássica de um conto ou uma novela, por exemplo. É esse jogo entre uma forma clássica e um gesto e conteúdo imprevistos que gera certa dissonância cognitiva. É como se aquele texto não devesse estar ali, apresentado sob aquela forma. E é como se aquela forma não fosse feita para dar suporte a tal texto. O texto de jornal não está em jornal, a forma livro não traz em si o conteúdo que esperamos ver num livro. Há uma desvinculação conceitual entre suporte e texto, a fim de criar um novo vínculo, que nos surpreende e nos faz questionar percepções acomodadas.

O livro é identificado com a alta cultura, é um suporte auratizado. O rádio e o jornal, ao contrário, simbolizam a cultura de massa. A transposição deste conteúdo para aquele suporte gera o choque, a provocação e, também, profana o suporte. A operação ganha maior valor e poder simbólico quando lembramos, a partir do Walter Benjamin de "O autor como produtor", que o jornal impresso foi o meio de massa que começou a embaralhar as figuras de autor e leitor. Por

[4]. Arthur Danto, *A transfiguração do lugar-comum*. Tradução de Vera Pereira. São Paulo: Cosac Naify, 2006, pp. 197-198.

Linhas do metrô de Nova York

meio dos espaços reservados às "Cartas dos leitores", os jornais trouxeram para dentro de si o texto daqueles que ficavam do lado de fora. O leitor que via uma carta sua publicada num jornal transformava-se, ele também, num autor daquela edição. Diversas notícias e pequenos artigos podiam não levar assinatura, mas não a carta do leitor: ela era associada a um nome. Assim, o jornal se transforma num trabalho textual com dezenas, centenas de autorias, tanto aquelas pagas pelo jornal e reconhecidas no seu meio de trabalho quanto aquelas autorias espontâneas, de pessoas que escreviam sem qualquer retorno financeiro, apenas pelo desejo de se expressar ou de aparecer ao lado de nomes mais conhecidos. Em 1934, Benjamin via o jornal como "o cenário dessa confusão literária". Destacava ainda que, para a imprensa burguesa ocidental, a falta de distinção entre leitores e autores nunca caiu muito bem – o que persiste até hoje em alguns setores críticos.[5]

Day ganha ainda maior força simbólica ao levarmos tais fatos em conta – é como se Kenneth Goldsmith se colocasse como um nome que aglutina todas aquelas vozes do jornal, ao mesmo tempo em que não se responsabiliza pelo que dizem, uma vez que o que dizem e como dizem não expressa exatamente nem sua opinião nem seu estilo. Mas isso, de fato, importa?

CÓPIA, IMITAÇÃO, PLÁGIO

O espanhol Enrique Vila-Matas vive copiando trechos de outros autores e deslocando-os para o espaço de seus livros. Mas ele escreve essencialmente sem copiar, "à mão própria". Já nos livros de Goldsmith, não há nenhum texto, absolutamente nenhum, que ele tenha criado. Tudo se origina em outros lugares. Assim, sua obra questiona permanentemente o gesto da escritura. Como se escreve? Copiar é escrever? E copiar e deslocar? Quem faz isso pode ser chamado de escritor? Seria Goldsmith um imitador, um copista, um plagiador?

Vejamos: o objetivo de uma imitação é ocultar do observador que se apresenta algo não original ou "legítimo", que se trata, enfim, de uma imitação. Já a cópia é um exemplar que busca atingir o máximo de semelhança com outra obra, sem que haja intenção de se fazer passar por ela. *Day* ou *Traffic* buscam fazer com que seu texto seja equivalente ao discurso do

[5]. Veja-se o exemplo do historiador e cientista político americano Andrew Keen, autor de *O culto do amador* (Rio de Janeiro: Zahar, 2009, na tradução de Maria Luiza Borges), no qual defende que vivemos uma decadência de valores gerada em grande parte pela produção de informação, sobretudo na web, por mãos de "amadores".

locutor de rádio apenas gramaticalmente, não na forma e no suporte, o que faz delas uma nova obra, e não uma imitação. Muito menos trata-se de plágio. Seria plágio do quê? O que a rádio veicula é som. *Traffic*, *Sports* e *The Weather* são trabalhos de texto. As transmissões originais não eram obras, mas emissões radiofônicas de caráter informativo. Os dois objetos (transmissão de áudio informacional e texto em livro artístico) pertencem a categorias distintas. Foram emitidos de maneiras diferentes. Nunca estaríamos falando da transmissão do jogo dos Yankees pela rádio Wins de Nova York se não houvesse *Sports*. Fora a grafia, são completamente diferentes, cada um com seu objetivo.

Na medida em que se baseia na transcrição de conteúdos preexistentes – e se desconsiderarmos algumas decisões sobre a formatação –, poderíamos afirmar, em princípio, que qualquer um poderia publicar aqueles textos em livro. A questão é que Goldsmith o fez primeiro. Qualquer outra tentativa semelhante estaria em diálogo, mesmo involuntário, com sua obra – que assim se torna curiosamente singular. No célebre "Pierre Menard, autor do Quixote", conto de Jorge Luis Borges que se refere a um autor que reescreveu o clássico de Cervantes repetindo-o literalmente, sem qualquer intervenção, é impossível falar da intenção de Menard sem falar do Quixote original, visto que a "autoria" de Menard estaria precisamente na ideia de reproduzir o Quixote. O resto ficaria a cargo do tempo. O tempo muda um texto, já que as novas interpretações e contextos geram novas percepções. De acordo com Menard, o texto em si nem precisaria ser diferente do original. O novo contexto gera o novo conteúdo. Essa é uma ideia central na prática artística de Goldsmith.

Ao final de *Traffic*, deparamos com a seguinte nota: "Existem mil cópias desta edição, das quais 24 estão assinadas e numeradas pelo autor". Com isso, Kenneth Goldsmith torna sua obra mais próxima do mercado de arte do que do mercado editorial. Neste, é comum a grande tiragem, sendo os exemplares numerados destinados a colecionadores, sem que seu valor artístico tenha qualquer relação com o tamanho da tiragem. Como lembra Arthur Danto, pode-se queimar um livro, mas não o poema. A obra, o poema, não é necessariamente identificado com as páginas em que está impresso. Já no mercado da arte – exceto no campo da arte conceitual, relacional e das performances, no qual há ideia, situação e encenação –, geralmente existe um objeto original, a escultura, o quadro, a gravura, a colagem. Se queimarmos o objeto-suporte, queimamos a obra. Por serem assinados pelo autor, esses 24 exemplares de *Traffic* ganham importância distinta, como se fossem mais "originais" do que os 976 restantes. Dessa maneira, Kenneth Goldsmith joga tanto com o mercado de arte quanto com o mercado literário, numa espécie de contágio entre a lógica de um e de outro, não se inserindo completamente em nenhum dos dois. Ao se apropriar das duas categorias, escapa de uma e de outra, criando para si um *entrelugar*.

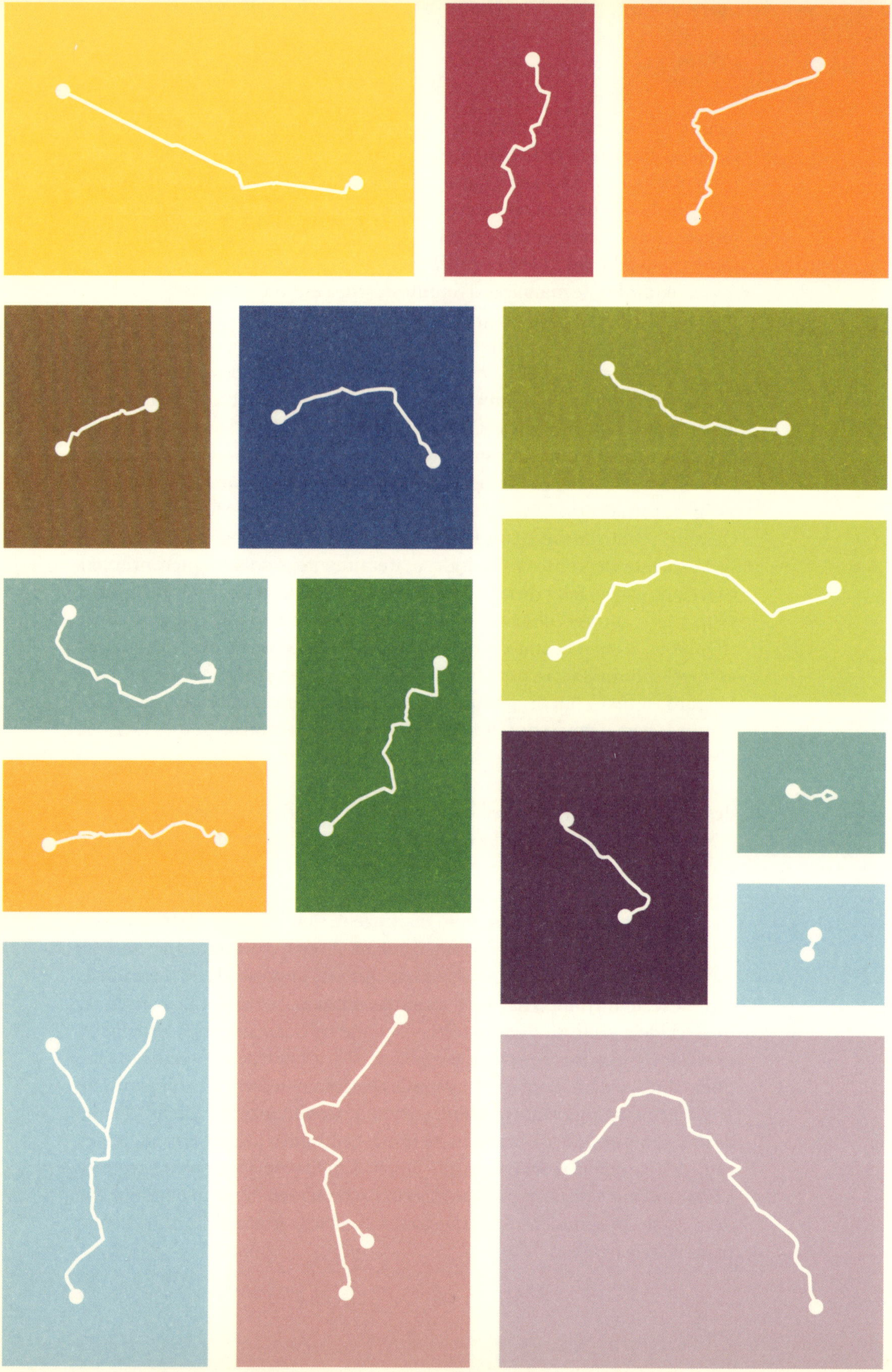

BRECHAS CRIATIVAS

Para Sol LeWitt, um dos nomes fundadores do minimalismo, referência para o campo da escrita não criativa, "trabalhar com um plano preestabelecido é uma maneira de evitar a subjetividade [...]. Quanto menos decisões forem tomadas enquanto a obra é feita, melhor".[6] Nessa concepção, o artista seria um propositor e, caso seja ele quem produz materialmente a obra, ocupa também o papel de executor de instruções, autômato que segue orientações criadas por ele mesmo. Ele cria uma máquina que gera o texto autonomamente e que tem o escritor como meio. Essa máquina é o procedimento escolhido pelo autor: ambos se fundem num veículo, de modo que regra e método venham à luz.

Na escrita de apropriação, o escritor se transforma num gerenciador de informação, um processador de texto, um banco de dados em permanente arquivamento e manipulação de diversas categorias de linguagem: a fala cotidiana (*Delírio de damasco*, de Veronica Stigger, parte dessa proposta), documentos frios (como em *Statement of Facts*, de Vanessa Place, uma reprodução de autos jurídicos de processos que envolvem molestadores sexuais), o discurso anônimo na internet (visto nos "3 poemas com auxílio do Google", de Angélica Freitas, e no poema "Your Country Is Great", de Ara Shirinyan), jornais impressos (*Newspaper Blackout*, de Austin Kleon, tem neles suas fontes) e textos literários, seja um único livro (*Tree of Codes*, de Jonathan Safran Foer é derivado de *Street of Crocodiles*, de Bruno Schulz; *Nets*, de Jen Bervin, é derivado de *Sonnets*, de Shakespeare) ou vários (da minha biblioteca pessoal, misturada e recortada, fiz a série de contos-colagens *MixLit*). Porém, como a seleção e o manejo das informações é sempre diferente de pessoa para pessoa, é impossível não haver brecha criativa mesmo dentro dos processos de escrita não criativa.

Cada método de manipulação resulta num diferente grau de intervenção autoral. Há aqueles em que a premissa inicial gera o trabalho sem que haja muitas etapas entre o início e a conclusão – módulo em que se inserem as obras de Goldsmith –, e aqueles em que a premissa inicial é um primeiro passo que exigirá tantos outros no decorrer do processo, até se alcançar a forma final.

6. Esta citação é de um texto do artista Sol LeWitt, publicado na revista *ArtForum*, de Nova York, em 1967. O texto se chama "Paragraphs on Conceptual Art" (www.corner-college.com/udb/cproVozeFxParagraphs_on_Conceptual_Art._Sol_leWitt.pdf).

Linhas do metrô de Paris

IDEIAS E GESTO ARTÍSTICO

O ideário das obras de Kenneth Goldsmith é filhote de Joseph Kosuth, mais especificamente das ideias manifestas em *Art After Philosophy*, ensaio publicado em 1969. Kosuth defende que a obra de arte contemporânea não necessita de esmero técnico, mas de potência conceitual, força de ideia, intensidade de percepção. Essas dimensões são provenientes de seu conteúdo, seu suporte e sua intenção. Por isso, não é possível isolar o conteúdo, já que, sem considerar o suporte e as intenções, cegamo-nos para a arte. A obra de Goldsmith não requer grande esmero técnico, mas sua intenção, seu gesto, guardam refinamento conceitual e geram uma mudança de percepção, ou seja: apresentam uma ideia.

Como Kosuth em sua exposição chamada *Titled (Art as Idea as Idea)*, de 1966, na qual o artista apresentou uma série de fotocópias ampliadas de diferentes definições de dicionário para a palavra "nada", Goldsmith não deseja apresentar ao mundo uma determinada habilidade técnica, tal como um talento soberbo para a pintura ou para a gravura. Trata-se de fazer pensar, não de embevecer.

Marcel Duchamp buscava fazer arte não retiniana, ou seja, arte que não tomasse como função agradar aos olhos ou tê-los como alvo principal. Arte que, por fim, não fosse em si a imagem que apresenta. Perguntado sobre como escolhia os objetos que transformara nos menos de 20 *ready-mades* realizados ao longo de sua carreira, Duchamp disse ter como critérios a indiferença e a total ausência de bom ou mau gosto, objetos que não lhe despertassem sentimentos intensos ou mesmo nenhum sentimento. Sobre as obras de Goldsmith das quais falei aqui, é possível dizer algo semelhante: o texto está lá e o autor não optou por um texto menos ou mais acessível ao "bom" ou ao "mau" gosto. O autor não trabalha com a noção de qualidade literária. Assim como Duchamp não primava pelo esmero visual, Goldsmith não prima pelo esmero textual; as obras de ambos não têm seu fim no prazer estético ou na legibilidade. "Tentei constantemente encontrar alguma coisa que não lembrasse o que já aconteceu antes", disse Duchamp nas célebres entrevistas a Pierre Cabanne. Ele se referia à sua obra anterior e também às obras de outros artistas, claro, explicitando a ideia da arte como uma luta com seu passado imediato, passado que para ele era a arte retiniana dos pós-impressionistas e cubistas. Marjorie Perloff recorda que, "como não queria (ou não poderia) emular as técnicas de pintura de Picasso ou Matisse, Braque ou Gris, ele decidiu, num momento crítico, 'fazer alguma outra coisa'". Essa parece ser uma premissa da escrita de apropriação: fazer alguma outra coisa, escrever de outra maneira, criar textos de uma forma diferente.

A prática interessou tanto a Perloff que ela chegou a chamar a onda de apropriação de "poética da citacionalidade". O que *Traffic* faz é citar não uma frase ou um parágrafo ou três acordes de uma canção, mas sim toda uma transmissão radiofônica. É uma grande citação, transcrita das ondas de áudio para ser realocada num contexto entre capa e contracapa. Mas não devemos parar na contemplação mental e visual dos frutos dessa prática. A ideia de que as obras de Goldsmith não requerem leitores é apenas parcialmente verdadeira. Se as lermos, de todos os modos, seremos levados para além do choque e da provocação.

É fácil contagiar-se pela promessa de que a escrita não criativa pode ser produzida por qualquer um. Mas não nos enganemos, ela é tão acessível e possível quanto a escrita de próprio punho. Pode-se argumentar, é claro, que a escrita não criativa é mais democrática, uma vez que não requer o polimento de um estilo, a construção de estruturas narrativas e personagens, o uso de metáforas ou a busca de uma musicalidade do texto. Teoricamente, basta apertar as teclas de copiar e colar ou mesmo manejar tesoura e cola. Trata-se de um erro: a criação recairá sobre uma decisão complexa do autor em torno do que selecionar e de como e por que apresentar determinado conteúdo. Isso faz toda a diferença.

O que parece estar em jogo é a construção de um sentido pessoal em meio ao excesso de fontes e possibilidades que a sociedade contemporânea tecnológica nos oferece. Estamos mergulhados em inúmeras opções de livros, sapatos, sucos de caixinha ou canais de vídeo. Diante de tantos produtos, a diferença entre os consumidores/leitores/autores é estabelecida pelo que uns e outros selecionam e deixam de fora e pela forma como traçam seus percursos.

Leonardo Villa-Forte (1985) é autor de *O princípio de ver histórias em todo lugar* (romance), *O explicador* (contos), ambos publicados pela Editora Oito e Meio, e da série de colagens *MixLit*. Idealizador do *Paginário* (intervenção urbana), é mestre em literatura, cultura e contemporaneidade pela PUC-Rio.

O designer americano **Nicholas Rougeux** (1982) explora as possibilidades estéticas de transposição entre linguagens gráficas. Ele extrai, de mapas, diagramas e textos, formas que reelabora artisticamente fora de seu contexto original. Em *Transit Pallets*, série que acompanha este ensaio, Rougeux transforma em ilustrações as linhas que compõem o sistema de metrô e trem de grandes cidades do mundo, imprimindo à imagem a cor que a identifica nos mapas reais.

Literatura de esquerda

Damián Tabarovsky

RA QUE NÃO PENS
TICA, CIRCULAÇÃ
TESE DE DOUTOR

R UMA LITERATU-
EM PÚBLICO, CRÍ-
POSTERIDADE,
DO, SOCIOLOGIA

Certa vez perguntaram a Alejandra Pizarnik por que nunca havia escrito um romance, ao que ela respondeu: "Porque em todo romance sempre há um diálogo como este: – Oi, como vai? Quer uma xícara de café com leite?"

É curioso, pois, afinal, Pizarnik acabou escrevendo narrativa, e além disso, segundo soube depois, a frase é apócrifa. Dá no mesmo. Retomo a ideia do café com leite: por que seria verossímil que Pizarnik tivesse dito essa frase? Seria porque encarnava a típica poeta que desconfia da prosa? Seria somente uma *boutade*? Expressava, por denegação, sua própria incapacidade para o romance? Seria porque simplesmente não lhe agradava o café com leite? Todas as hipóteses são consistentes e deviam ser levadas em conta na hora de decifrar o enigma. Gostaria, entretanto, de adiantar outra possibilidade: quem sabe essa frase – supostamente pronunciada por uma poeta que enfim se lançou à prosa – revele algo sobre certo estado do romance contemporâneo: época em que a prosa começa a abrir concessões à linguagem, tempo em que o romance faz da concessão sua norma.

Ao mesmo tempo contemporânea tardia do *nouveau roman* e do descobrimento na Europa ocidental de Gombrowicz, Pizarnik é sobretudo testemunha do surrealismo pós-guerra – de sua conversão em múmia –, do realismo mágico e do êxito de Cortázar. Isto é, do momento em que a vanguarda se cristaliza, se converte em literatura banal, do momento de sua *divulgação linguística*, da perda de sua potência expressiva. Momento em que a literatura deixa de se expressar como dúvida e se escreve como certeza (é paradoxal, mas a vanguarda, que à primeira vista surge afirmativa, programática e prescritiva, como uma cadeia de certezas, é, na verdade, um *tatear no escuro*, um zigue-zague, um perambular sempre precário, uma verdade sempre em processo de abandono, enquanto a poesia de Pizarnik, que se apresenta como uma proeza da dúvida, da indecisão e da precariedade, como a extrema unção do dogma, expressa na realidade o último coquetismo de *Sur* e *La Nación* mesclado às verdades *kitsch* do preceito romântico em sua versão "menina dos anos 1960").

Volto ao tema, se é que ele existe. Esse estado de mediocridade expressiva da narrativa, que nos anos 1960 supostamente aterrorizava Pizarnik, hoje adquire um caráter não apenas literário como também cultural. O que apavorava Pizarnik poderia definir-se sob um rótulo de política literária: o café com leite como verdade última da narrativa. Mas, fora da literatura, em outra parte, havia um estado da cultura que dissimulava esse fracasso literário. Não penso em cair eu também na mitificação sem fim que se abate sobre os anos 1960, muito menos no desejo homogeneizador que suprime as tensões e antagonismos desses anos (que supõe que o Guevarismo, o Di Tella e Tato Bores pertencem à mesma episteme), mas sem dúvida *algo aconteceu* nesse ínterim. O que acontecia talvez tenha a ver com isto: a primazia da cultura sobre a literatura. Se lermos hoje qualquer um desses livros, digamos *O jogo da amarelinha*, para citar o coração desse tempo, se o lermos hoje desprovidos da couraça cultural que então o protegia, o que sobra? Tão só o vazio e a nostalgia dessa couraça. O que *salvava* o texto não acontecia na literatura, mas no bar La Paz, e a frase de Pizarnik, em sua infelicidade, parece dar conta desse estado de coisas. E, no entanto, o fracasso, a derrota ou a extinção dessa couraça cultural, a *desaparição* dos anos 1960, não implicou nenhuma revisão literária, nenhuma mudança profunda nos rumos centrais da narrativa. Testemunhamos, hoje, a mesma política literária do café com leite, agravada pela ausência do clima cultural de então. Se nos anos 1960 a cultura dominava a literatura com tanta facilidade, não era devido à sua riqueza, mas ao sabor pasteurizado que havia atingido a narrativa. Se hoje cultura e literatura se equilibram em sua insignificância, é porque a pasteurização engloba as duas.

Faço um salto no percurso que vai dos anos 1960 à atualidade – ainda que seja um percurso bastante conhecido e até óbvio, não pretendo descrever passo a passo como se chegou a essa situação. Interessa-me, ao contrário, assinalar alguns aspectos da situação da literatura nestes tempos (sempre me agradaram os livros com títulos como *Literatura alemã de hoje*, ou *Atualidade da literatura*, pois essa atualidade rapidamente envelhecia e o título tornava-se anacrônico. Mas o interessante é quando, ainda que o título tenha envelhecido, o livro mantém sua potência: o momento em que o autor acertou na descrição de seu tempo. Quero dizer: quando um escritor escreve uma frase como a que escrevi mais acima – "Interessa-me, ao contrário, assinalar alguns aspectos da situação da literatura nestes tempos" –, está ciente de que corre o risco do ridículo, do envelhecimento prematuro; de que se coloca em uma dessas situações sobre as quais dirá mais tarde "quem mandou eu escrever isso?"; de que se situa no limiar da fragilidade – se expondo a bofetadas –, na mais absoluta solidão. Mas a veleidade do escritor reside no desatino do presente, e não no mito da posteridade). Pulo o desenvolvimento, portanto. Não haverá aqui uma descrição da passagem dos anos 1960 para a atualidade, mas sim alguns indícios de como as coisas funcionam hoje. Isto que a sociologia denominou campo cultural, ou campo literário, está rachado, partido, atravessado por dois polos de atração: a academia e o mercado. É claro que esses dois polos não são necessariamente antagônicos (são conhecidos os homens e as mulheres que circulam com êxito por ambos os mundos: catedráticos de manhã; assíduos articulistas de tarde; vencedores de *concursos de espejitos*[1] à noite;

---

[1]. Gíria derivada do escambo enganoso que os espanhóis praticavam com os índios americanos, oferecendo-lhes espelhos em troca de ouro. A expressão remete a uma troca fraudulenta, a um embuste. [N. dos T.]

como uma espécie de evocação cruel da utopia marxista de "pela manhã, carpinteiro, à tarde, pescador"), mas dois lugares que se identificam, cada um com suas marcas, com seus públicos, seus códigos e valores; dois lugares geralmente em estado de tensão, desatenção e fascinação mútua. Por isso, antes de avançar devem-se reconhecer duas questões: nem o mercado nem a academia são âmbitos homogêneos; cada um deles está constituído por desacordos internos, estilos divergentes, *targets* específicos e paradigmas contraditórios. Em segundo lugar: no estado atual do capitalismo, de uma maneira ou de outra, todos temos, tivemos ou teremos algum tipo de relação com o mercado (e também com a academia, uma vez que a circulação entre os dois espaços é tão intensa). Do ponto de vista pragmático, do que *realmente existe*, no momento em que um escritor publica (ainda que uma plaquete de dez exemplares, ou a tradução de um poema para compartilhar entre amigos), ele está operando no mercado. Dito e reconhecido. Contudo, me interessa outra coisa, algo além do realmente existente, uma abordagem que torne visível o invisível. Então, como defini-los? O mercado e a academia: dois lugares *garantidos*.

Para além de sua importância quantitativa (decrescente) e qualitativa (inexistente), o mercado e a academia funcionaram como a marca cultural da Argentina dos anos 1980 e 1990. Não importa se o mercado literário argentino é pequeno, em comparação com o de outras sociedades, e se a academia vernácula é apenas uma ilusão. O importante é que a maior parte da literatura e da crítica que se tem publicado há 25 anos foi escrita a partir desses dois lugares.

Houve nessas décadas uma vontade cultural tão forte para que realmente se instituísse um mercado literário, e para que se consolidasse um meio acadêmico, que o mais significativo não é se isso chegou a se concretizar (hoje, a academia funciona a todo vapor e o mercado quebrou, mas amanhã ninguém sabe como será), mas sim que o principal foi essa política, a própria existência dessa vontade capitalista de ter um mercado funcionando e uma academia pesquisando. Ao seguir de perto o discurso dos atores pertencentes a cada um desses polos, nota-se um alto grau de desconfiança e zombaria entre eles (os autores da academia que passam ao mercado mantêm um clássico discurso antimercantil, desmentido pela falsa inocência de suas próprias obras; e, ao mesmo tempo, nossos *best-sellers* mantêm um constante choramingo sobre a indiferença da crítica que não reconhece seu talento). Mas quando se pensa a cena a partir de outra perspectiva (isto é: quando simplesmente se pensa), torna-se muito simples perceber como ambos os polos estão ligados, não só pela correspondência de figuras (dado engraçado, embora menor), mas sobretudo pela relação que seus lugares mantêm com a literatura, pela ideia trivial que cada polo tem da escrita. Não seria muito difícil confeccionar uma tipologia, ou melhor, uma topologia, um mapa de diferentes estilos e estratégias que caracterizam cada polo (a autoridade do *editing*, a primazia da trama, os personagens, a novela histórica, o conto convencional, a desenvoltura estilística, a linguagem plana, justa, a ausência de excessos, a fábula moral, o romance com conteúdo humanista, a piscadela à época histórica e certo anacronismo *light*, de um lado; e de outro, o formalismo batido, o efeito *kitsch* da *citação culta*, o laboratório de ideias, a busca do controle absoluto, a convicção de que o humor é algo sério, a noção de autoridade, as benesses, o desprezo através da ironia, a construção de genealogias que funcionem como credenciais, o medo). Seria tão simples realizar esse mapa que o deixo de lado (menciono, sim, uma diferença importante entre os dois polos: mesmo que de um modo brutal – ontem Benjamin e Foucault, amanhã outros – e, portanto, de maneira duvidosa, na academia ainda se lê; mesmo que de forma precária e cheia de preconceitos, circulam por ali certos textos, certa impressão de que se está *diante de um texto* completamente ausente no mercado; enquanto a academia os trata como textos, o mercado não concebe que o produto seja mais do que o *livro*).

Volto ao que quero dizer: tanto um polo quanto o outro escrevem *a favor*. Li outro dia de esguelha no metrô o livro que o passageiro ao meu lado estava lendo: um livro de Jaime Barylko. Não me lembro do título, nem a frase exata, mas dizia algo assim: "Mandamos nossos filhos à escola porque sabemos que nela se reproduzem os valores e as normas nos quais nós, pais, acreditamos". Pois bem: do mesmo modo pode-se dizer que o mercado e a academia escrevem a favor da reprodução da ordem, de sua sobrevivência, a favor de suas convenções – escrevem *positivamente*. Está claro que – isso já é do conhecimento de todos – no capitalismo tanto o mercado como a academia necessitam da novidade para se reciclar (o caráter outrora radical do novo se converteu em mero valor de troca – no mercado –, ou em simples valor de uso, na academia). Portanto, escrever a favor da manutenção da ordem, do consenso, não exclui o gosto pelo novo, entendendo o novo sempre e apenas como o último, o mais recente, o recém-chegado, "a nova literatura argentina" ("traduzido em vários idiomas, *Respiração artificial* foi virtualmente reconhecido como um clássico da nova literatura argentina. Numa enquete realizada recentemente entre 50 escritores, foi eleito como um dos dez melhores romances da história literária de nosso país". Contracapa da reedição de 1988 de *Respiração artificial*), mas é o novo desprovido de seu próprio desejo: o desejo de novidade compreendido como inassimilável, como desestabilização de nossos sistemas de crenças. Depois de quase 150 anos de existência de *tradição do novo*, o mercado saldou o assunto – saldou em sentido literal –, entendendo o novo apenas como o último, como a mercadoria mais recente, esvaziando de densidade e perspectiva essa tradição; e a academia, consciente de que a mudança e o novo não formam mais que uma tradição, resolveu a questão historicizando o problema, incorporando-o a uma galeria de relativismos teóricos e culturais sem dúvida pertinentes, mas que exclui o que ainda subsiste – como problema que incomoda – na tradição do novo: o desejo louco de mudança. É como se a crítica e a narrativa acadêmicas viessem nos dizer: "Como sei que a mudança e a ruptura

DA RECEPÇÃO, CO
NHA NO OMBRO.
CRITOR SEM PÚ
VE PARA NINGU

NTRACAPA, TAPI-
SCRITA PELO ES-
LICO, QUE ESCRE-
M, EM NOME DE

são, a essa altura, somente uma tradição entre outras, então não busco seu efeito de novidade, pois sei que ele não existe e, portanto, me conformo com o que já existe, com o realmente existente". Com efeito, a mudança, a ruptura e a novidade hoje parecem não mais existir *realmente*. Mas sobrevivem como desejo, como pulsão. A sobrevivência do desejo louco pelo novo produz efeitos de escrita – romances e poemas *reais* – que nem a academia nem o mercado chegam a assimilar.

Enquanto o mercado e a academia escrevem a favor de suas convenções, a literatura que me interessa – *a literatura de esquerda* – suspeita de toda convenção, inclusive as próprias. Não busca inaugurar um novo paradigma, mas pôr em xeque a própria ideia de paradigma, a própria ideia de ordem literária, qualquer que seja essa ordem. Trata-se de uma literatura que escreve sempre pensando no lado de fora, mas num lado de fora que não é *real*; esse fora não é o público, a crítica, a circulação, a posteridade, a tese de doutorado, a sociologia da recepção, a contracapa, o tapinha no ombro. Esse fora nem sequer é a tradição, a angústia das influências, outros livros. Não. Tal fora convencional está vetado para a literatura de esquerda, porque a literatura de esquerda é escrita pelo escritor sem público, pelo escritor que escreve para ninguém, em nome de ninguém, sem outra rede além do desejo louco de novidade. Essa literatura não se dirige ao público: se dirige à linguagem. Não se trata da oposição romance de trama *versus* romance de linguagem – que é o mesmo que dizer: mercado *versus* academia –, mas de algo muito mais ambicioso: escolhe a própria trama para narrar sua decomposição, para pôr o sentido em suspenso; escolhe a própria linguagem para perfurá-la, para buscar esse lado de fora – o fora da linguagem – que nunca chega, que sempre se posterga, se desagrega (a literatura como forma de digressão) esse fora, ou talvez esse dentro inalcançável: a metáfora do mergulho (a invenção de uma língua dentro da língua); não mais o mergulho como busca da palavra justa, bela, precisa (o coral iluminado submerso), mas como o momento em que a caça submarina se extravia e se converte em lataria, ácido, vidro moído, coral de vidro moído (a exploração de um navio afundado).

Se a literatura não se acerta com a linguagem, então não há dúvida: não lhe cabe outro lugar senão a academia ou o mercado.

Há décadas Barthes expôs o problema. Cito este longo parágrafo:

Na língua, portanto, servidão e poder se confundem inelutavelmente. Se chamamos de liberdade não só a potência de subtrair-se ao poder, mas também e sobretudo a de não submeter ninguém, não pode então haver liberdade senão fora da linguagem. Infelizmente, a linguagem humana é sem exterior: é um lugar fechado. Só se pode sair dela pelo preço do impossível: pela singularidade mística [...]; ou então pelo *amem* nietzschiano, que é como uma sacudida jubilatória dada ao servilismo da língua [...]. Mas a nós, que não somos nem cavaleiros de fé nem super-homens, só resta, por assim dizer, trapacear com a língua, trapacear a língua. Essa trapaça salutar, essa esquiva, esse logro magnífico que permite ouvir a língua fora do poder, no esplendor de uma revolução permanente da linguagem, eu a chamo, quanto a mim: *literatura*.[2]

2. Roland Barthes, *Aula*. Tradução de Leyla Perrone-Moisés. São Paulo: Cultrix, 1988, pp. 15-16.

A definição de Barthes é impecável. Mas insuficiente, ou talvez incompleta. Incompleta na Argentina da década de 2000. Pois esse lugar no qual, segundo Barthes, se escreve e se inscreve a literatura, é o "esplendor de uma revolução permanente", esplendor que no *gauchisme* dos anos 1970 (a *Aula inaugural* é de 1977) radicaliza a herança de 1968. Mas aqui, agora, entre nós, a que remete esse esplendor? Informa-nos sobre o porvir? Localiza a literatura no plano do futuro? Estaria Barthes nos sugerindo que toda literatura é literatura do futuro?

Barthes expõe corretamente o problema geral: quando a literatura não se subtrai à hegemonia da linguagem, quando não a enfrenta, não a trapaceia, ela é apenas mera reprodução linguística do poder. Assim se escreve no mercado e na academia. Porém, para ir mais longe, é necessário fazer um forte exercício de interpretação, uma tradução profunda do enunciado de Barthes ao nosso aqui e agora.

Esse lugar no qual se escreve e se inscreve a literatura de esquerda, esse outro lugar que não é nem a academia nem o mercado, não existe. Ou melhor: existe, mas não é visível, e nunca será. Instalado na pura negatividade, a visibilidade é seu atributo ausente. Fora do mercado, longe da academia, em outro mundo, no mundo do mergulho da linguagem, em seu balbucio, se institui uma comunidade imaginária, uma comunidade negativa, *a comunidade inoperante* da literatura.

Há, sob essa ideia, a leitura de vários ensaios de diversas tradições, divergentes e até antagônicas (*A comunidade inoperante*, de Jean-Luc Nancy, *A instituição imaginária da sociedade*, de Castoriadis, *A comunidade inconfessável*, de Blanchot, *A angústia da influência*, de Harold Bloom). Trata-se de uma leitura livre, arriscada e até forçada (as leituras não falam, não dizem, eu é que as faço dizer). Certamente não se trata de edificar uma nova tradição erudita, mas de realizar uma tradução potente do nosso aqui e agora, na vertigem do presente (de fato, o livro argentino que chegou mais longe na descrição da comunidade inconfessável, *La operación Masotta*, de Carlos Correas, em vez de ser lido nessa vertente, foi lido apenas como um capítulo de história dos intelectuais).

Um desvio, então: pensar o tema da comunidade, do estar em comum da literatura, aqui e agora, é uma ideia desaconselhável: esse pensamento está ameaçado por tradições terríveis, como o cristianismo (a comunhão), o socialismo real (o comunismo) e inclusive o nazismo (a *volksgemeinschaft*, a comunidade do povo). Para não falar do *cocoliche*[3] autóctone dessas tradições: o peronismo (a comunidade organizada). Um passo em falso e *zás!*, o pensamento cai como uma mosca em qualquer um desses abismos. Portanto, como é de se supor, poucos autores trilham por esse caminho. De vez em quando a sociologia o retoma – sob o modesto título de "laço social" –, e também certos estudos culturais, nada muito além disso. A filosofia abandonou o assunto. Contudo, a literatura de esquerda não pode ser pensada de outro lugar que não seja o dessa comunidade negativa.

Eu não disse, porém, apenas comunidade. Evoquei a *comunidade inoperante*. Uma comunidade, certamente, só que inoperante: uma comunidade na qual o inacabamento é o seu princípio, mas tomado como termo ativo, designando não a insuficiência ou a falta, e sim o trânsito ininterrupto das rupturas singulares. Nessa linha, cada escritor inaugura uma comunidade. Mas este gesto inaugural não funda nada, não implica nenhum estabelecimento, não administra nenhum intercâmbio; nenhuma história da comunidade se engendra aí. Inaugura-se como interrupção. E ao mesmo tempo a interrupção empenha-se em não anular seu gesto, a recomeçá-lo outra vez.

A comunidade invisível onde se escreve e se inscreve a literatura de esquerda, comunidade literária que se institui de modo imaginário, pertence à tradição do dom. Não ao dom suposto como intercâmbio de interesses, como na economia política da doação. Tampouco à tradição vanguardista do dom como *potlatch*,[4] como liberador de energias reprimidas. A comunidade inoperante, tal como quis traduzi-la aqui e agora, ultrapassa lógica da vanguarda histórica: supõe o dom da literatura como uma interrupção, a interrupção de seu próprio mito, como o questionamento recursivo de seu próprio desejo. O que a literatura doa é sua própria inoperância, sua incapacidade de converter-se em mercadoria (como produz o mercado) e sua resistência a transformar-se em obra (como supõe a academia). Escapa ao plano da eficiência e da plenitude (o campo do mercado), mas também se subtrai ao da codificação (a academia). A comunidade inoperante supõe a

---

[3]. O *cocoliche* foi uma linguagem desenvolvida e falada na Argentina, desde meados do século 19, por imigrantes italianos. Consiste, basicamente, em uma mistura da língua espanhola com diversos dialetos italianos. [N. dos T.]

[4]. Cerimônia religiosa praticada por tribos indígenas da América do Norte na qual, entre outras coisas, se pratica o desapego e a oferta de presentes. [N. dos T.]

instituição literária do porvir entendido como demora, como suspensão, como passo adiante; sua existência não necessita de provas (como delas necessitam o mercado e a academia: números, citações, colóquios, exemplos); nessa comunidade negativa a leitura não é imposta sob o modo de distribuição (como no mercado), nem pela circulação (como na academia); mas como generalidade imaginária de uma particularidade. Expressa-se como indeterminação. Quem pertence à literatura da comunidade inoperante integra a comunidade dos que não têm comunidade.

A comunidade inoperante, a comunidade da literatura de esquerda, se institui sob dois preceitos opostos, sob o combate sempre real entre duas ordens contraditórias: a *fratria* e o *polemos*.[5] Combate sem resolução, é claro, mas de forças que se imbricam uma à outra, se emaranham. A *fratria* é indissociável do *polemos*. É certo que no mercado e na academia há polêmicas, entabulam-se discussões entre pares. Mas elas acontecem sob o modo da comunicação, se estabelecem no espaço público. De uma maneira ou de outra, o público instaura a transparência como normatividade ou até como utopia (ver: o devir do pensamento progressista local), designa a argumentação como seu *modus operandi*. Nesse ato instaura também sua dupla necessária, o privado e os pontos de contato entre ambos os mundos, os modelos de fricção (a justiça e a moral). Assim, no mercado e na academia, quando se estabelece, o *polemos* acontece de modo que uma *fratria* responda à outra, e esta, por sua vez, apresente seus argumentos em resposta à primeira. Quando os argumentos não bastam (os argumentos nunca bastam), geralmente a discussão passa para outra cena. Mas, em vez de se tornar mais interessante (todo deslocamento deveria implicar também um desvelamento), reduz-se a suspeitar das razões da discussão (compreendida agora como ataque). A *fratria* em questão desvela – agora sim – seu caráter de associação ilícita, seu comportamento se torna faccioso (luta pela sobrevida de suas conquistas e regalias), e até a fraca noção de argumento é abandonada por ser arriscada demais. A comunicação sempre impõe o triunfo de uns sobre outros.

A comunidade inoperante se subtrai de ambos os polos: rechaça o público e abomina o privado; funciona na linha de fuga do porvir; suspende a argumentação, rejeita a comunicação, já que *fratria* e *polemos* seguem juntos: seu pertencimento

5. Palavras gregas que deram origem a "fraternidade" e "polêmica". [N. DOS T.]

NINGUÉM, SEM
DO DESEJO LOU
LITERATURA QUE
PÚBLICO: SE DIR

UTRA REDE ALÉM
O DE NOVIDADE.
ÃO SE DIRIGE AO
GE À LINGUAGEM.

à *fratria* é imaginário. Ela é composta por seres que pertencem à comunidade dos que não têm comunidade; nenhuma fala universal representa sua voz, mas, ao contrário, ela expressa a fala da multiplicidade de solitudes. Estabelece o *polemos* como sua forma de ser no mundo, por isso não lhe interessa ganhar discussões (nega a noção de vitória), mas somente apresentar o dom do indeterminado, o dom da literatura; o *polemos* como luta de interpretações errôneas (imaginar é mal interpretar) entre membros de uma comunidade imaginária. A literatura de esquerda não busca ser reconhecida, mas questionada: se dirige, para existir, até um outro que a ponha em xeque, e inclusive a negue. Essa situação de *polemos* e *fratria* a torna consciente de sua própria impossibilidade, de sua inoperância, de seu pertencimento a uma comunidade imaginária.

Em nosso presente, nesta cidade, esses fatos já ocorreram. A literatura de esquerda se expressa numa comunidade inoperante – esse espaço invisível existe. Do contrário, o que está acontecendo, o que é visível, é a crise dos espaços hegemônicos: a academia e, especialmente, o mercado. Existe já algo de anacrônico em vários parágrafos deste ensaio, algo que cheira a envelhecimento precoce, a um fora de contexto. Qual sentido de questionar o mercado enquanto ele se desintegra bem diante de nosso nariz? No entanto, escrevi *crise*, palavra usada habitualmente pela fala ordinária para definir situações assim. Na *doxa*, a crise é descrita como um fenômeno que vem de fora, como um acidente climático, um designo da natureza ("o país em chamas"). Seja como for, a crise econômica, social e política questiona seriamente a existência de um mercado literário. As editoras se vendem a *mega holdings* que aplicam uma política literária baseada no êxito imediato, os prêmios literários desapareceram ou desinflaram (pagam menos), as livrarias estão cheias de liquidações, os escritores tentam a sorte na Espanha ou onde podem. É desanimador ver os mesmos escritores que apostaram no mercado agora maldizendo sua sorte ao serem rejeitados pelas mesmas editoras que antes os publicavam (seguem escrevendo literatura de mercado para uma sociedade que destruiu o mercado). O mesmo, só que em menor medida, acontece com a academia. Se alguma tensão atravessou a academia na última década foi a de pensar-se como o último baluarte do público, como a matriz da excelência intelectual e, por que não, moral. Agora, pauperização e temor parecem ser os termos do novo contrato. Que literatura emergirá dessas ruínas? Como fará a academia para reconstruir a triste autoridade de sua voz? Como fará o mercado para satisfazer as novas demandas? Uma coisa é certa: a literatura de esquerda não deveria reconfortar-se com essa situação. A crítica ao mercado e à academia não pressupõe a implosão de ambos os espaços, mas a busca de outras zonas discursivas, de efeitos políticos impensados, de escritas imprevisíveis. Pressupõe algo além do realmente existente.

De Kuhn a Foucault, da noção de paradigma à de episteme, sabemos que não há progresso na história, mas uma série de cortes, de descontinuidades sociais que impedem uma avaliação moral dos fatos: não há épocas melhores que outras, não há crenças mais avançadas que outras. Nesse contexto, é fácil então dar este passo equivocado: não existem estilos melhores que outros. O café com leite não é pior que qualquer outro estilo. No entanto, sabemos também que existem sociedades mais tolerantes que outras, épocas mais abertas e mais fechadas (apesar de seu descontinuísmo, a modernidade aborrecia Foucault, e a Antiguidade grega lhe interessava), crenças democráticas e outras fundamentalistas. Portanto: nem todas as decisões de escrita têm o mesmo valor. A volta ao café com leite não é um retrocesso, pois a literatura, como a história, não retrocede. Ao contrário: é um avanço. Um avanço do discurso conservador, dos valores mais convencionais, das ideias mais gastas, das estratégias mais calculadas, dos riscos menos tomados.

Existem outras literaturas que estão deixando para trás a angústia das influências. Que superam a dificuldade de encontrar uma narração que escape ao peso do grande cânone – *à sua pesada herança* –, à potência literária de seus herdeiros e propagadores; uma narração que não se converta em mera reprodução ou pura e simplesmente em epígono. E que, por isso, não sucumba à política do café com leite, à reposição da literatura argentina em seu estado banal, ao humanismo sensato dos dias que seguem.

Não cair no retorno à sobriedade, no realismo oco e na rigorosidade falsa não é tão difícil. Mas, que fazer com o novo cânone? É necessário percorrê-lo pela esquerda. Não se trata de ignorar o novo cânone, de fazer como se nada tivesse acontecido. Ao contrário, é necessário anotar, anotar devidamente o ocorrido, e depois investir contra ele, atravessá-lo, quebrar seus textos como se quebra a banca do cassino: o que acontece com quem quebra a banca? É expulso. Obviamente expulso da literatura do café com leite (mais do que expulso: nunca foi aceito), e, por sua vez, expulso do novo cânone; não por ignorá-lo, por fazer de conta que o novo cânone não existe; mas por tornar-se anômalo também para ele, tornar-se inadmissível, pouco confiável, um desviado.

Esse *sem lugar* é o local da literatura de esquerda, nele a comunidade inoperante imagina. É a partir desse sem lugar que fala o escritor sem público.

Escritor, editor e tradutor, **Damián Tabarovsky** (1967) nasceu e vive na Argentina. É autor de 11 livros de ficção e ensaio, entre os quais se destacam *Autobiografia médica* (2007) e o recente *El amo bueno* (2016). Foi colaborador da *Folha de S. Paulo*, mas sua obra ainda é inédita no Brasil. Este ensaio, de 2004, é publicado aqui numa versão editada com a autorização do autor.
Tradução de **Ciro Lubliner** e **Tiago Cfer**

*Dois cadernos
de Wilma Martins*

Paisagem do Rio para ser levada no bolso quando se ausentar da cidade.

Wlademir Dias-Pino

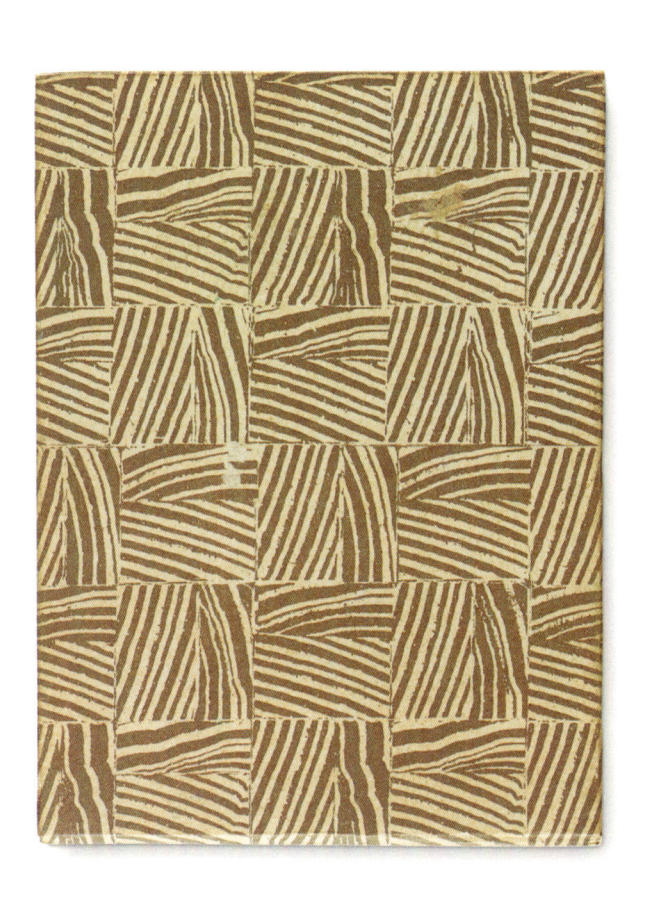

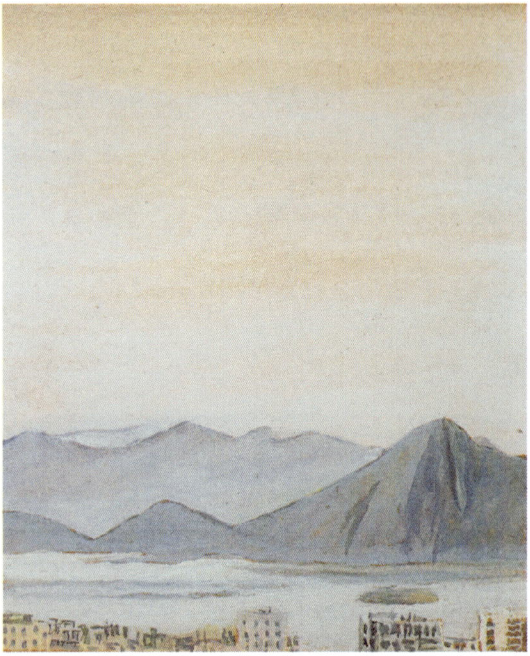

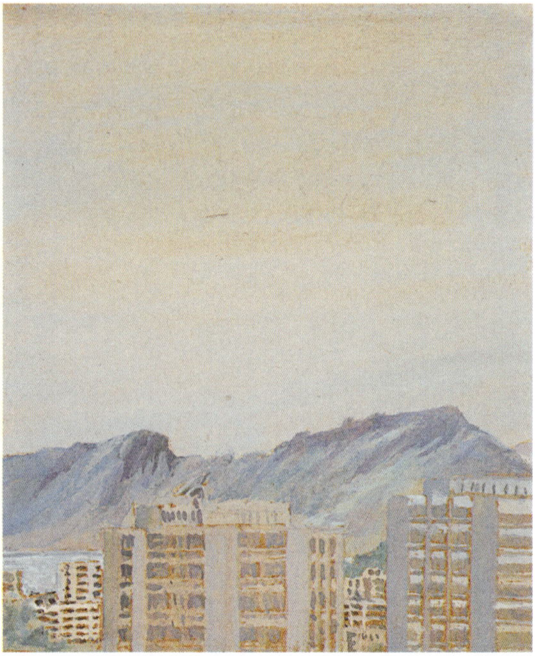

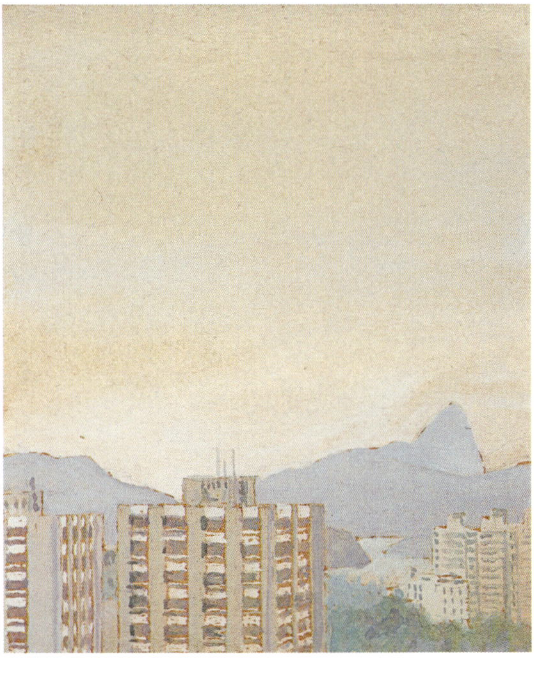

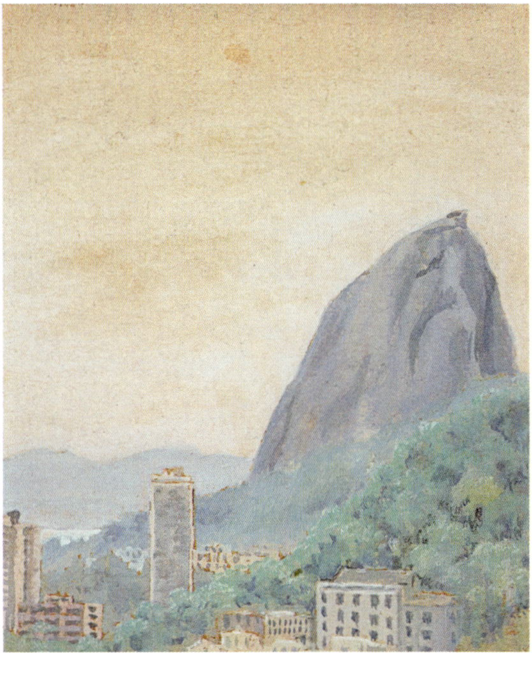

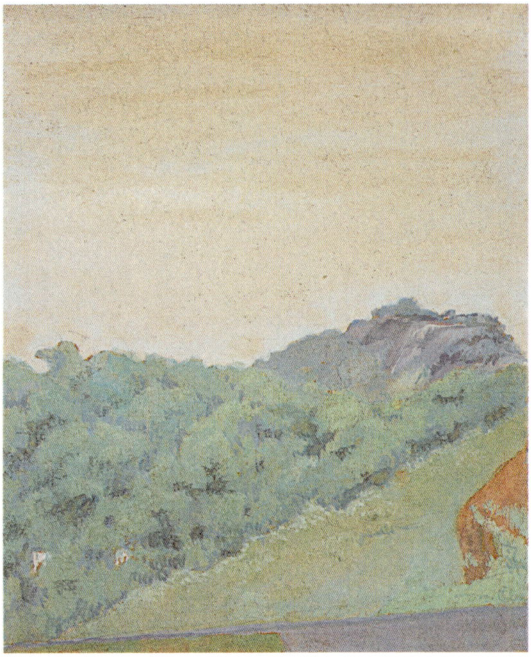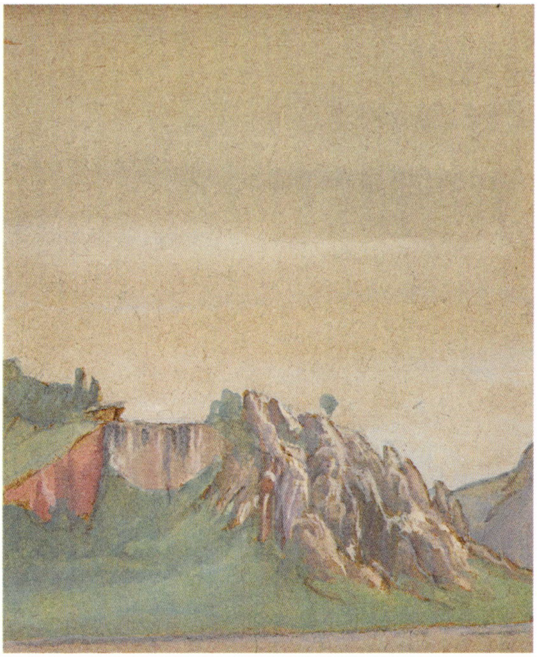

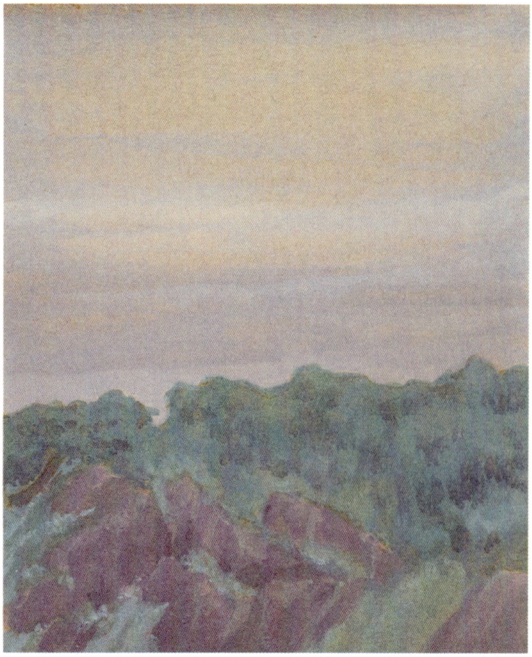
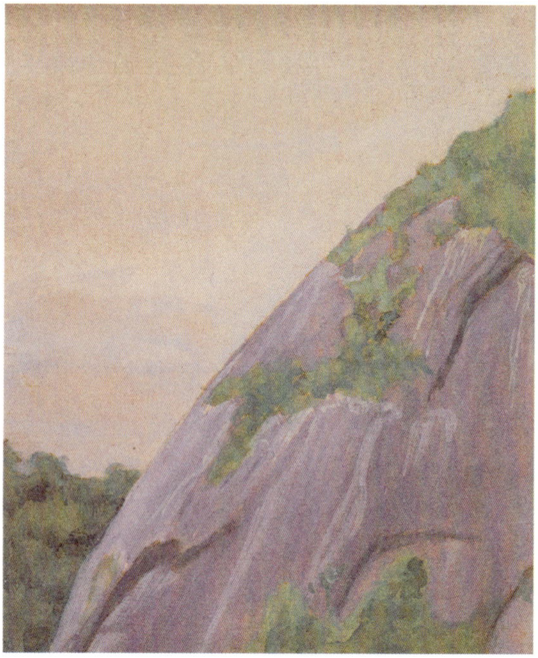

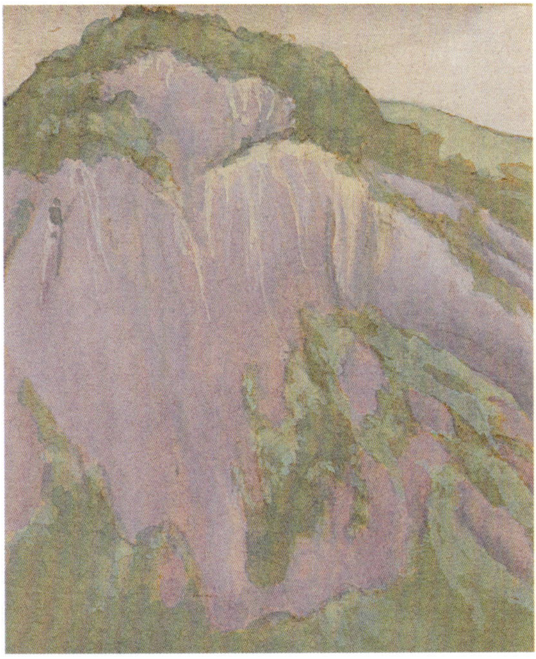

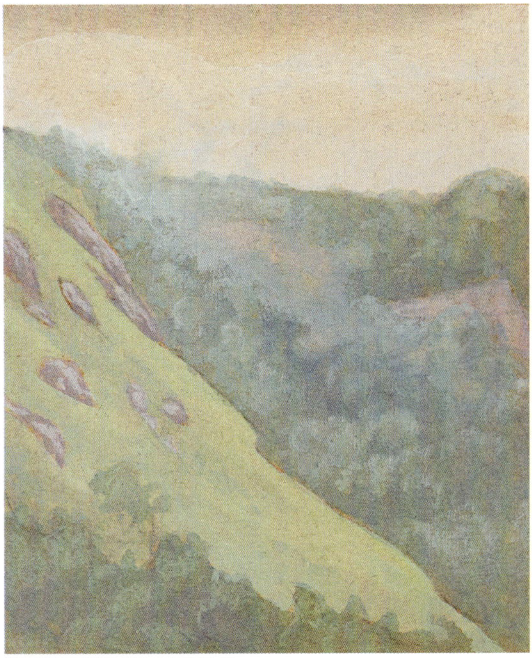

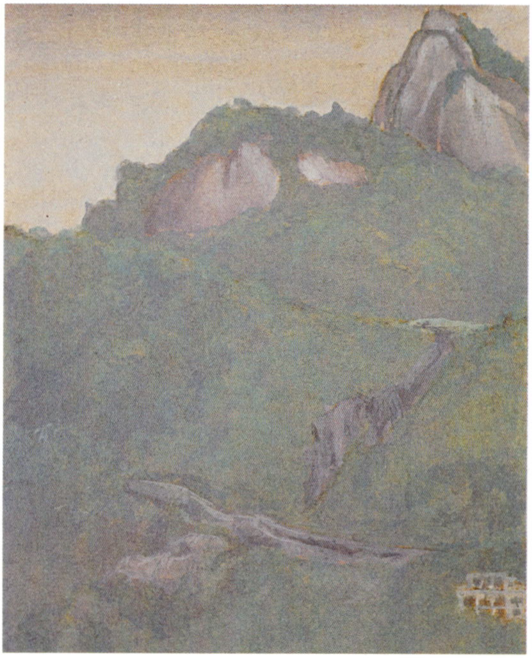
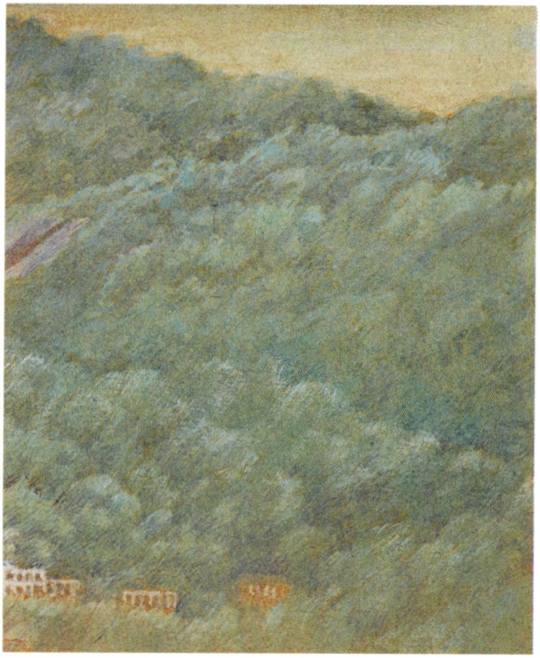

A ideia de que Wilma Martins (1934) habita sua obra é menos metáfora do que precisão de ponto de vista. Estes dois cadernos mostram como a artista mineira, há cinco décadas radicada no Rio de Janeiro, gravita em torno da casa que idealizou e fez construir num dos morros do bairro carioca de Santa Teresa, casa incrustada numa paisagem que ela havia pintado e que observava de longe, da janela de um apartamento onde viveu. ⌘ Instalada, portanto, dentro de um desenho, ela passa a produzir outros desenhos. Na primeira série, o que ela vê hoje de suas janelas é o que se vê num delicado caderninho artesanal que guarda 14 paisagens, definidas pelo marido, o crítico Frederico Morais, como um pequeno ciclorama. "Paisagem do Rio para ser levada no bolso quando se ausentar da cidade", anotou ela num pedaço de papel que nos enviou como um comentário, mas que é também um modo de usar, um título. ⌘ Olhando para dentro da casa, Wilma nos faz ver feras e selvas brotando na cama desarrumada, entre os livros, na pia cheia de louça. Os desenhos e as telas de *Cotidiano*, em grande formato, foram feitos entre 1975 e 1984. Depois, ela passou a copiá-los num caderno, como se organizasse aqueles fragmentos de casas dentro desta onde vive hoje. Deste segundo caderno, selecionamos as imagens que se seguem. ⌘ Artista de artistas, menos conhecida do público do que merece sua obra impressionante, teve editados em 2015 *Cotidiano (Caderno de desenho)*, *Caderno de viagem* e o volume retrospectivo *Wilma Martins*. É artista convidada da 32ª Bienal de São Paulo.

Garota frequentava a biblioteca infanto juvenil de um clube em Belo Horizonte. Tia Célia, que dirigia a casa estranhava a minha preferência por narrativas de aventuras a romances da Coleção Rosa, mais apropriados a meninas.

Passei a levar para casa a cada semana, um volume de cada gênero e continuo achando que Jack London e Júlio Verne são bem mais interessantes que Polianas e garotas da loja Sloper.

Vida que segue, fiz todo o aprendizado obrigatório a donzelas mineiras. Aprendi costura e bordado, a fazer bolos, mas também desenho e pintura.

Hoje, como os esperanças de Júlio Cortazar deixo que pradarias, savanas, selvas e seus habitantes me visitem. Alguns até permanecem em minhas gavetas, armários, pias de cozinha, banheiros.

Nos damos bem.

Wilma Martins

COTIDIANO

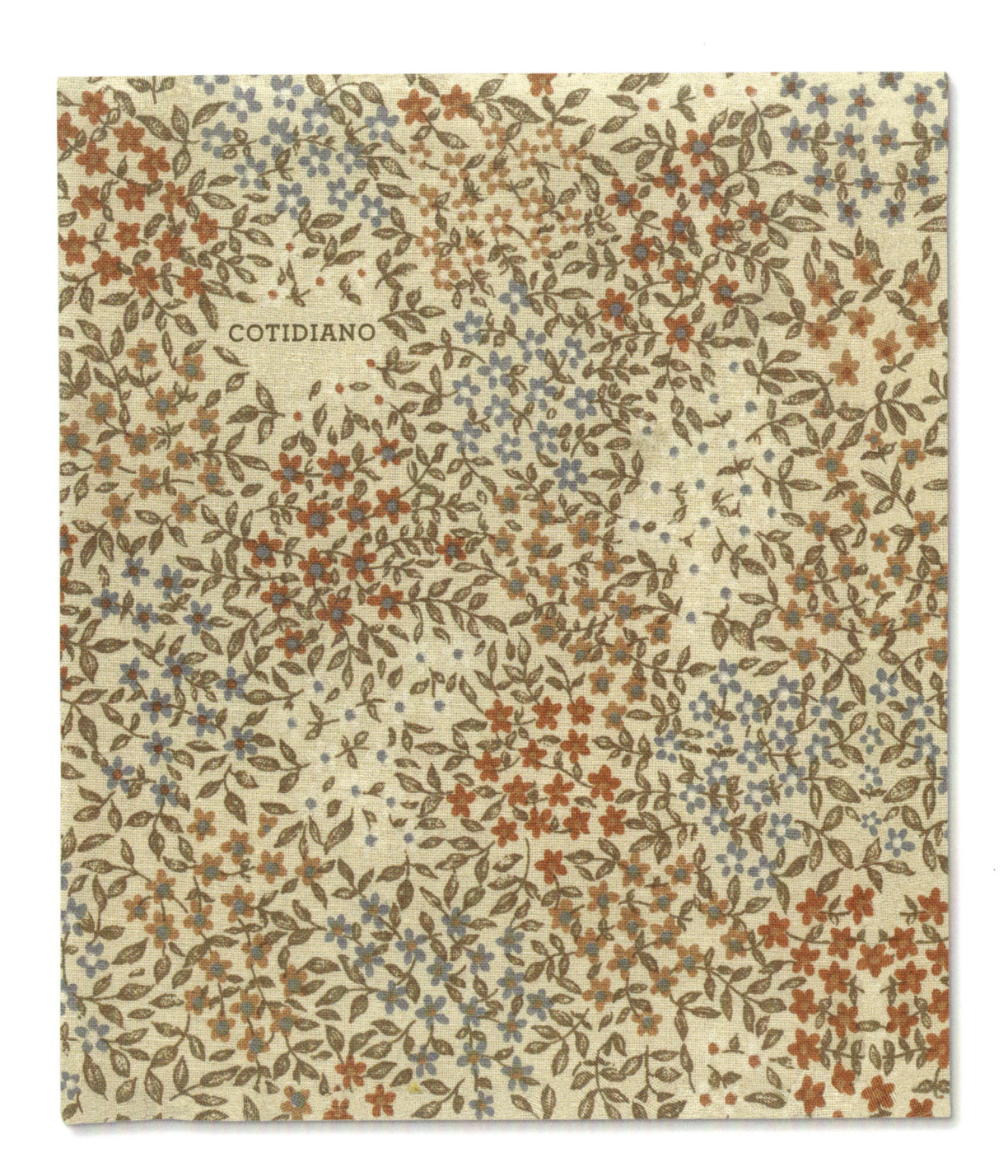

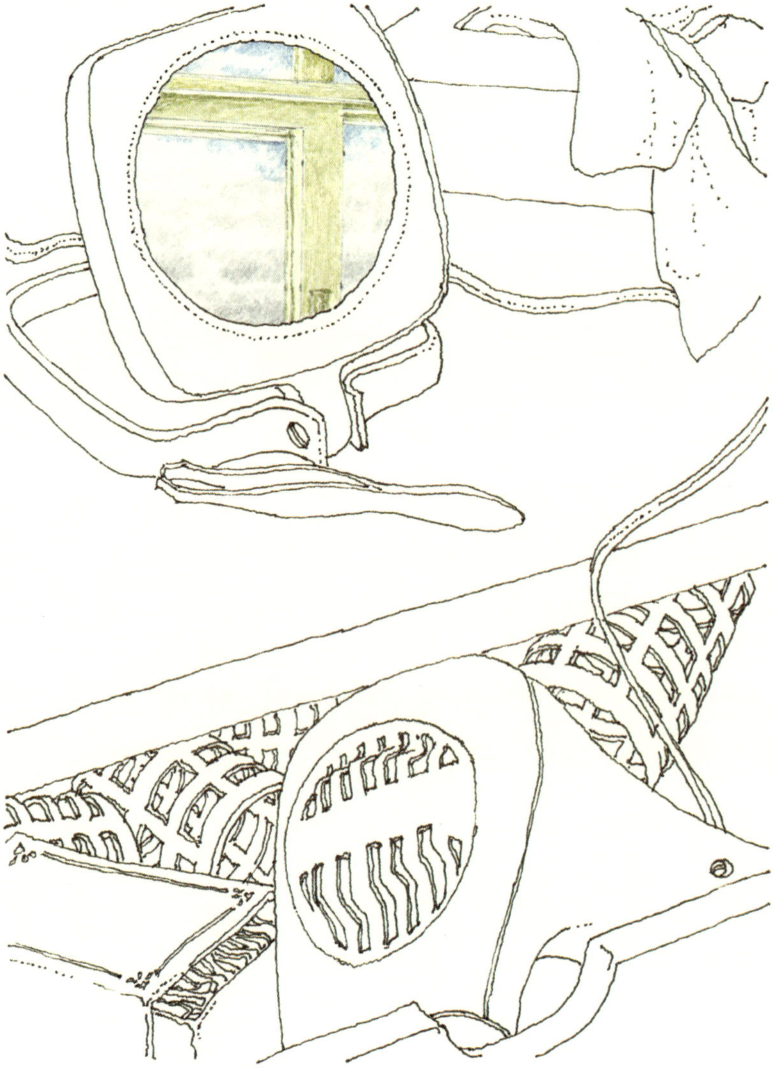

82 pint   73 × 100
des.

80 des.
pint. 50 x 70

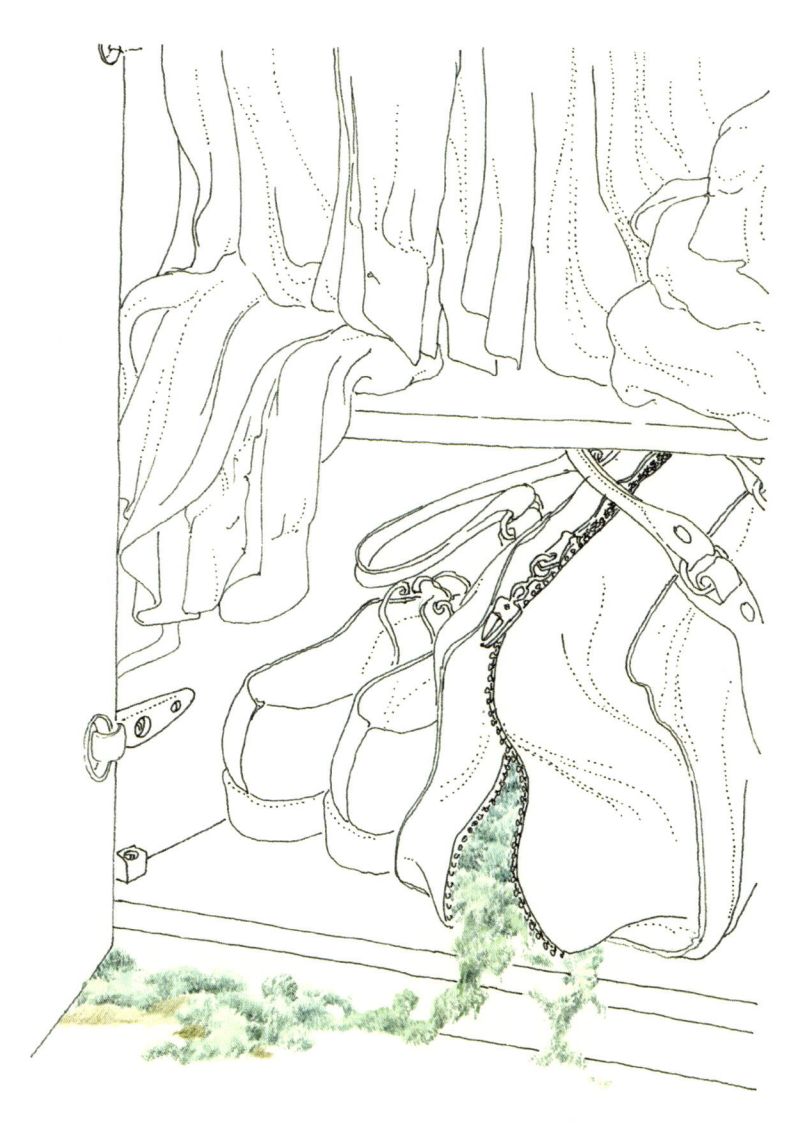

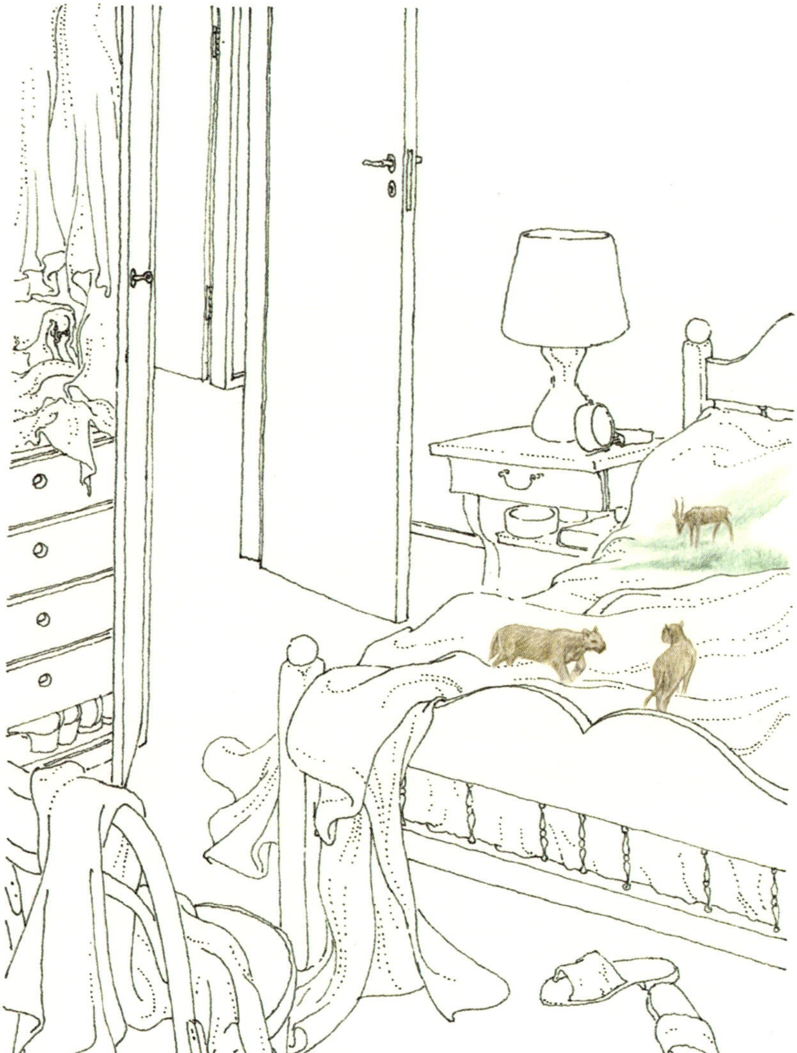

83 pint. 55 x 65
des.

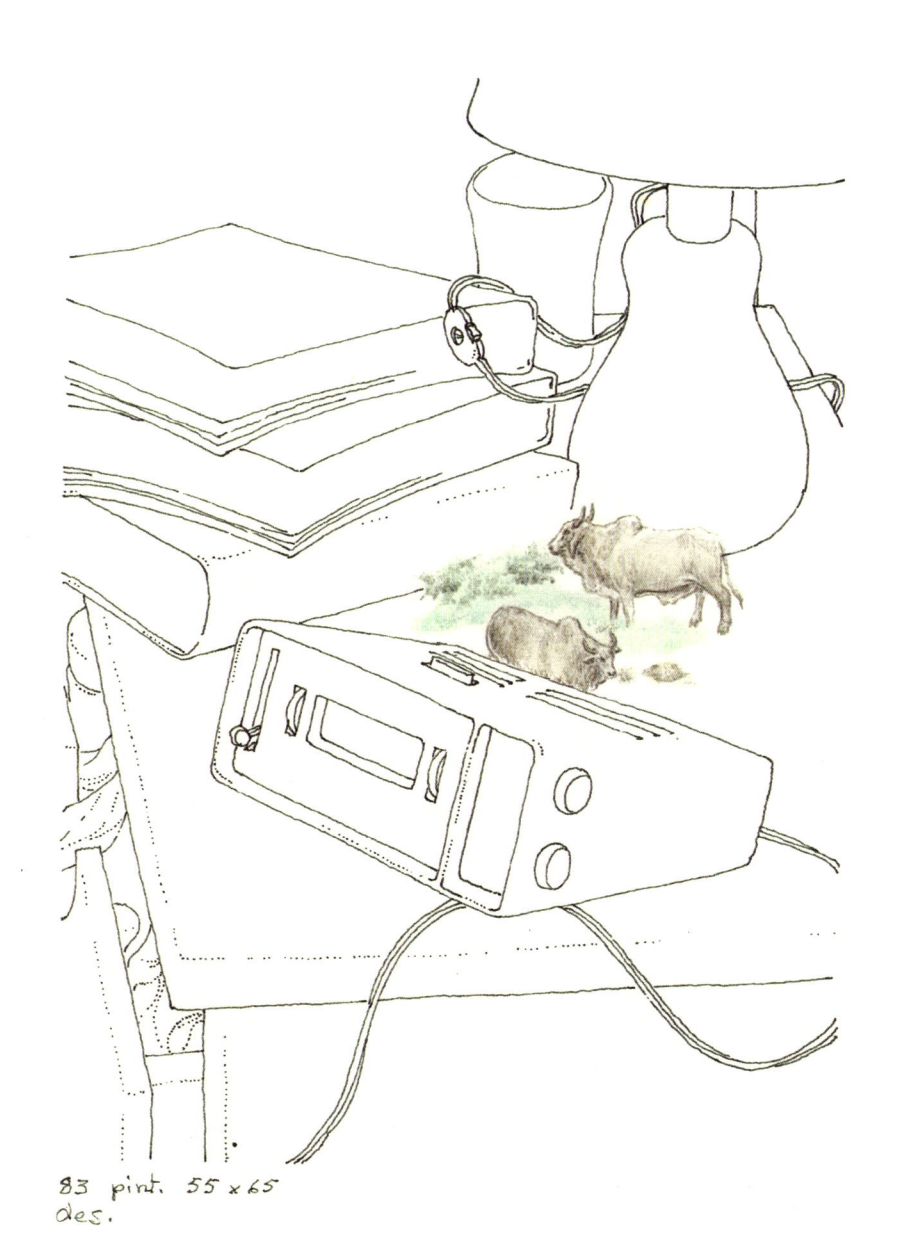

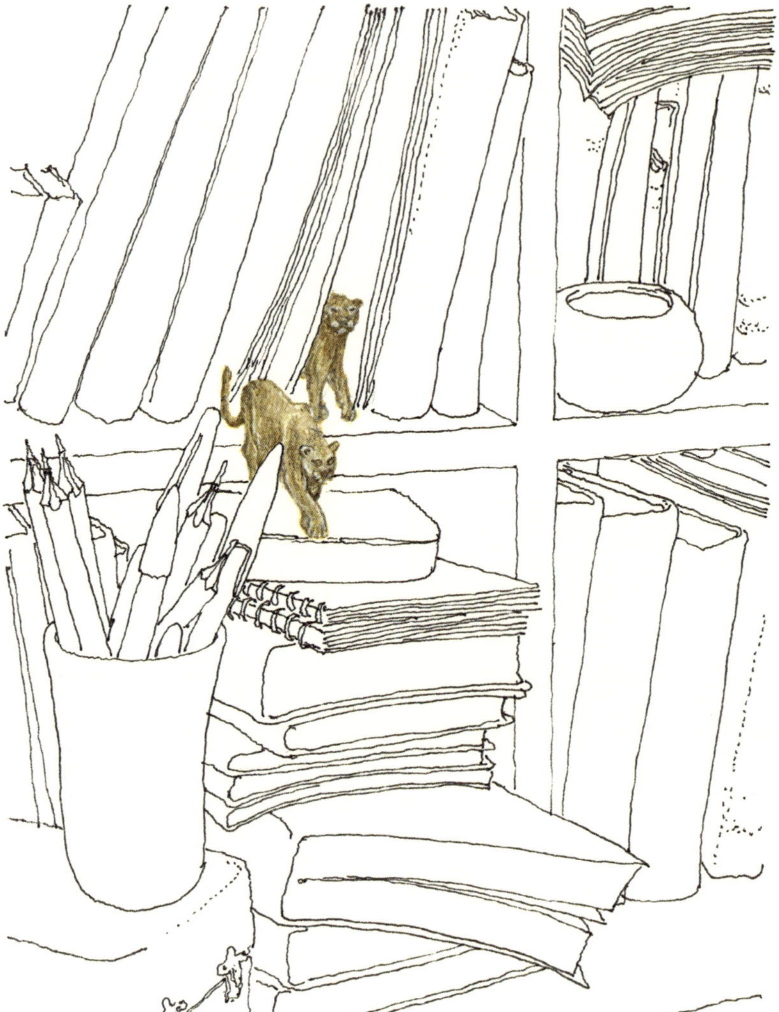

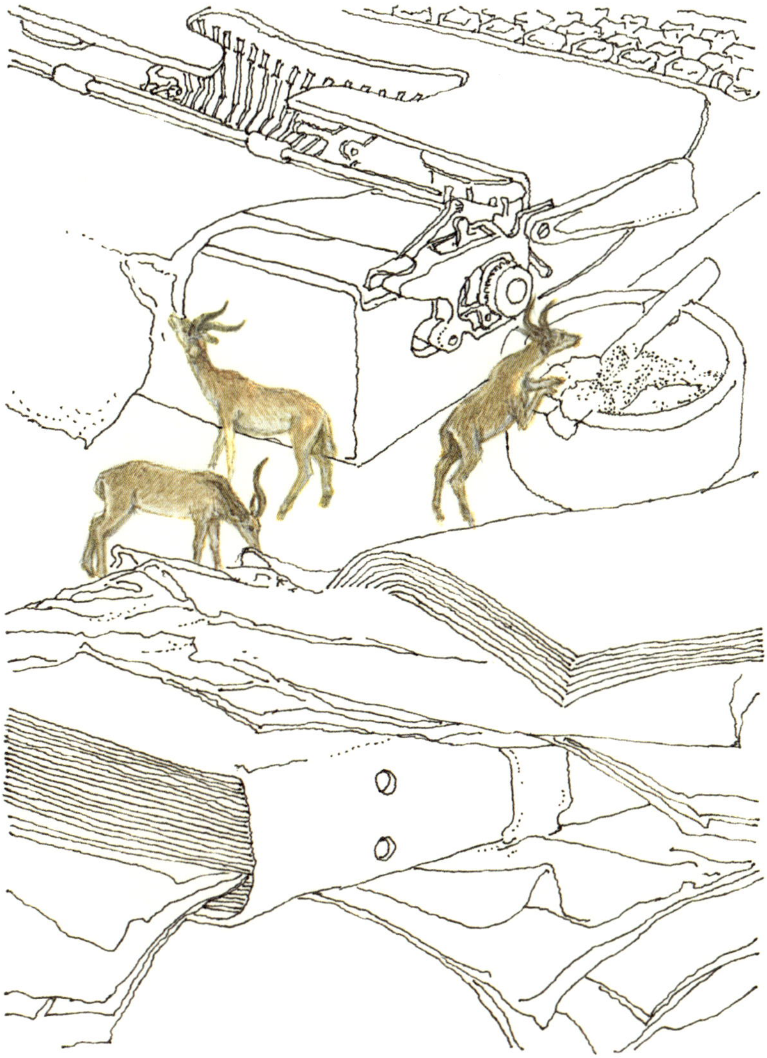

82 pint 50×70

pint. 73×100 82
dez.

83 pint. 50x70

pint. 50 x 70 - 82
des. - 82

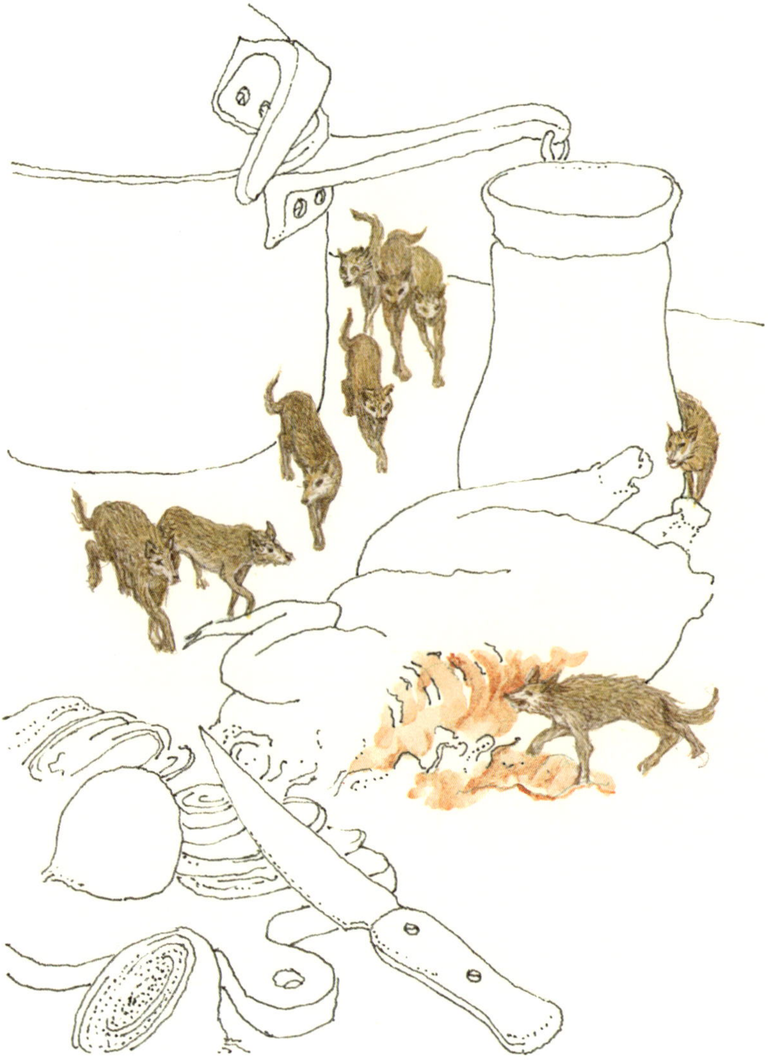

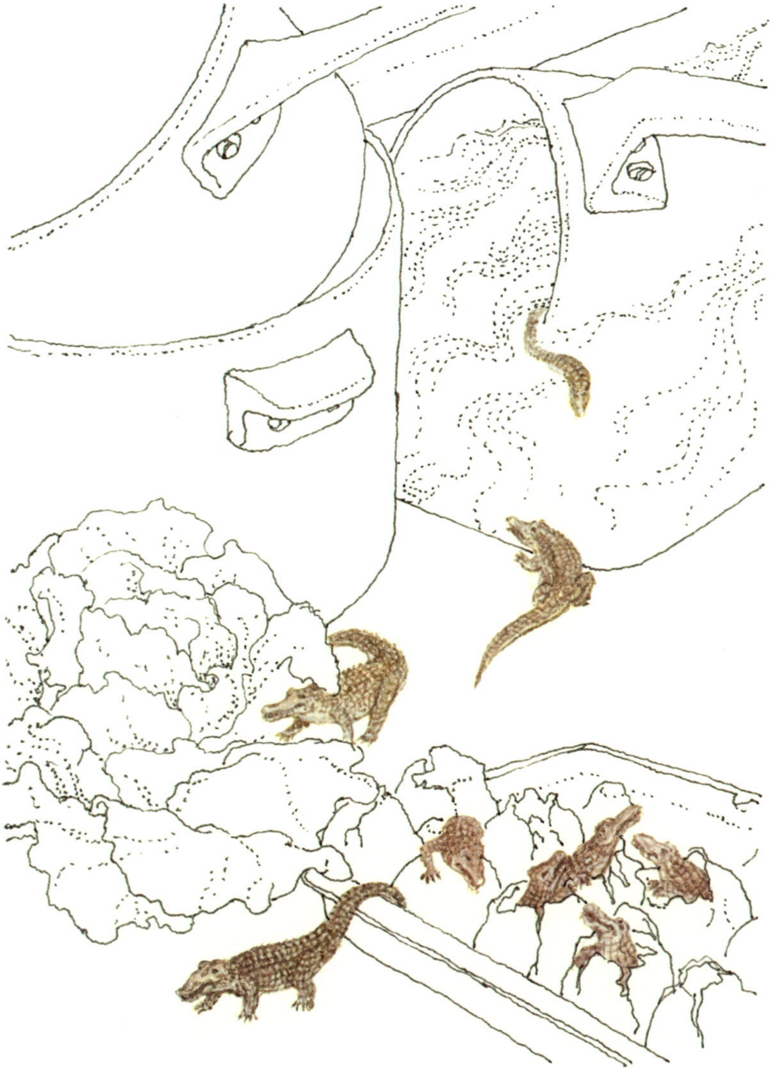

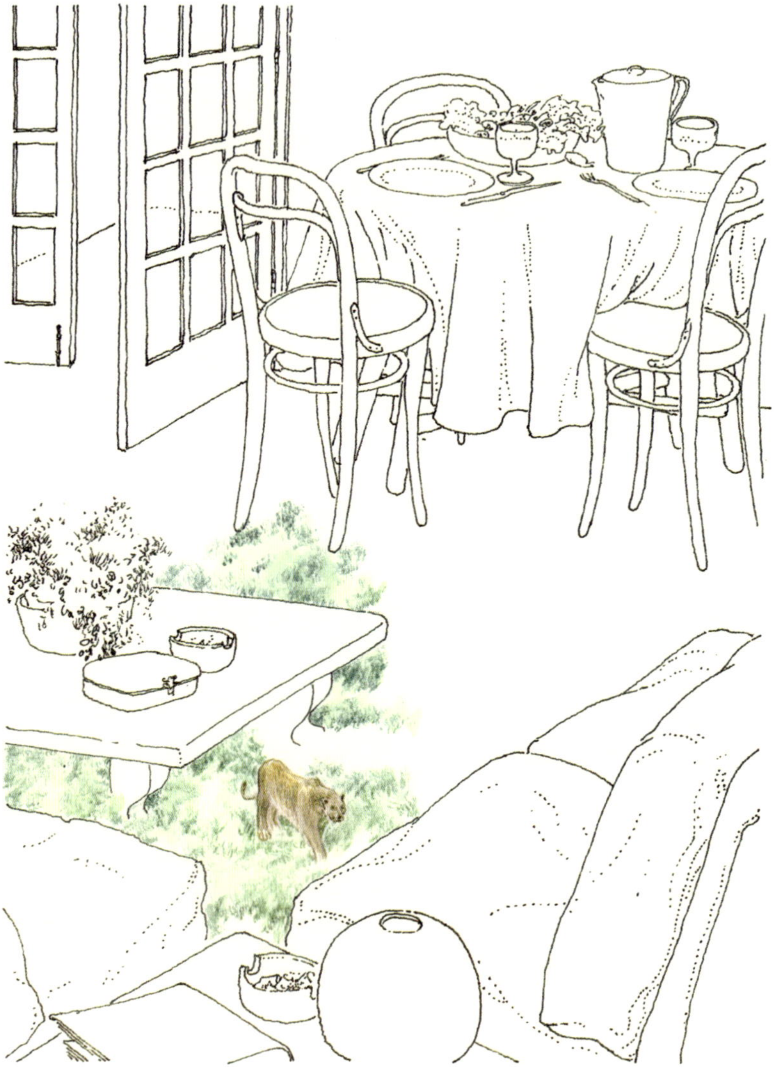

81 pink. 73 x 100

dez. 83

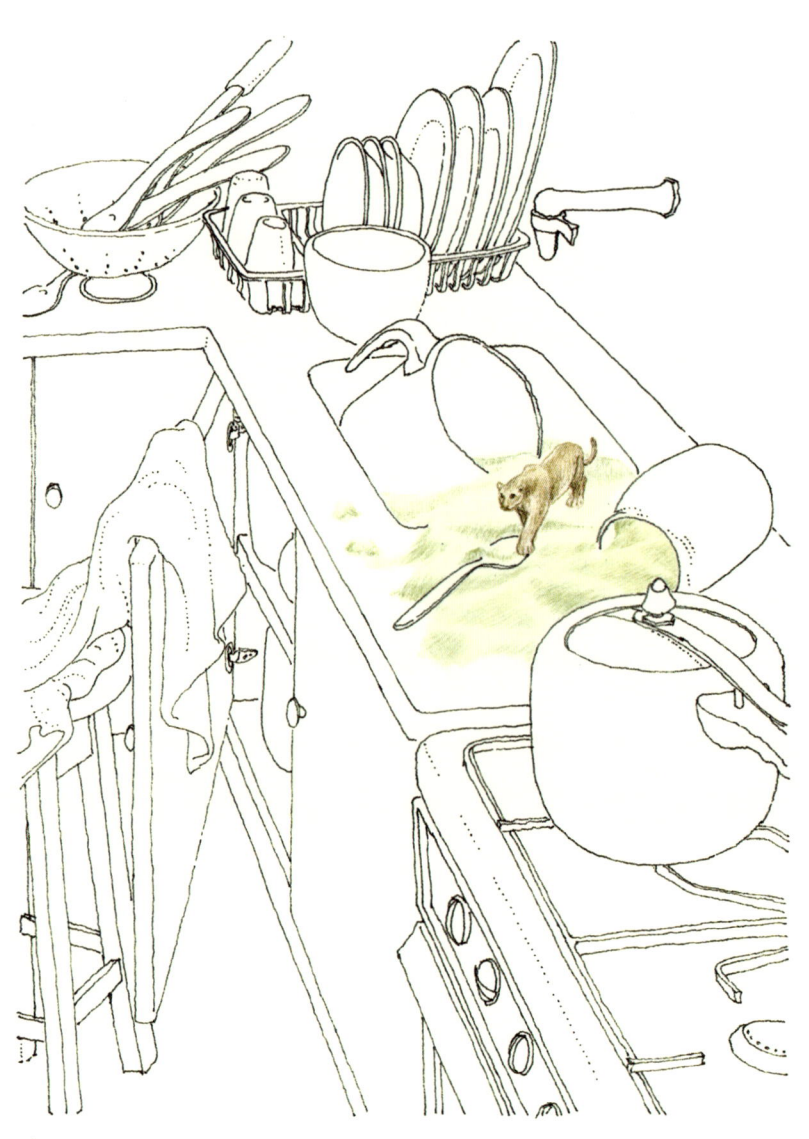

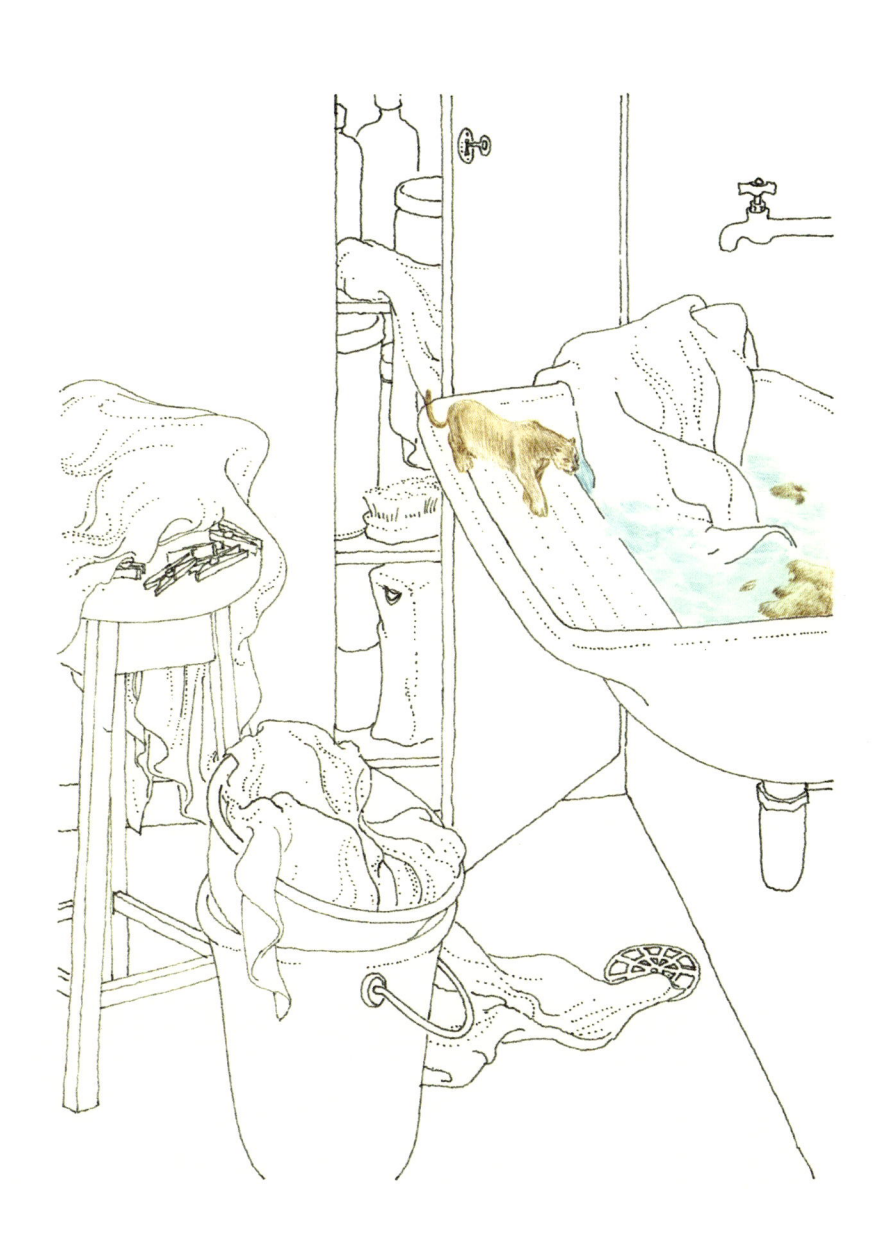

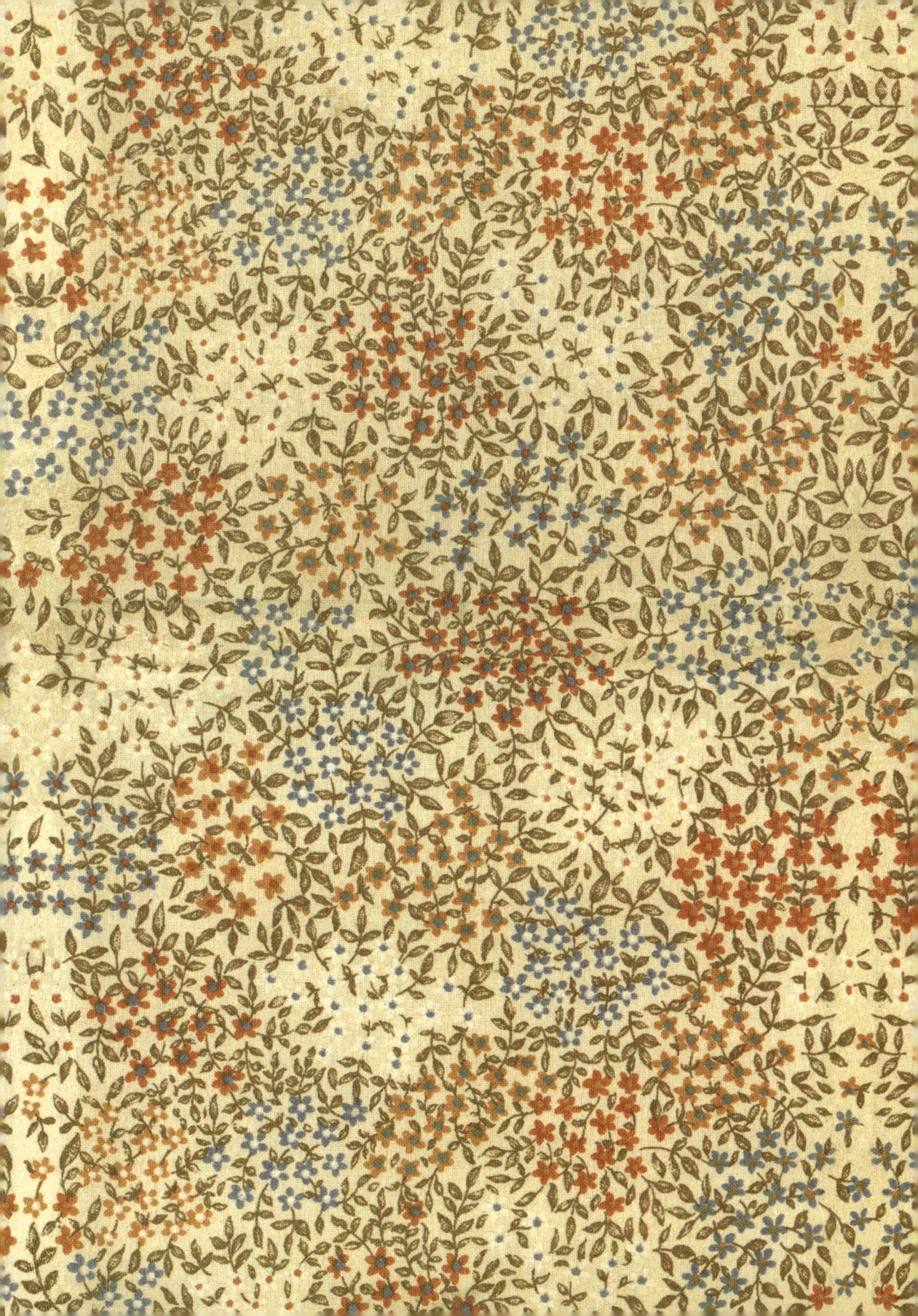

A tentação do fracasso

Primeiro diário parisiense (1953-1955)

Julio Ramón Ribeyro

A escrita íntima nasce da culpa, é uma confissão para incrédulos, um prodígio de hipocrisia, uma fraqueza de caráter, um relato, enfim, a partir da perspectiva temporária da morte

Walker Evans
12 Views of Rooftops, Possibly from the Hotel Continental, Paris, c. 1950
© Walker Evans Archive
© The Metropolitan Museum of Art, Nova York, NY
Art Resource, NY

PARIS, 3 DE AGOSTO DE 1953

Aqui em Paris, faltando pouco para completar 24 anos, quis reiniciar este diário, depois de um ano de silêncio e de uma vida um pouco mais expansiva e voltada para fora. Não que eu queira girar em semicírculo para voltar a encontrar-me comigo mesmo, como no passado. Só quero anotar algumas impressões fugazes que mais tarde gostaria de lembrar, estimular um pouco minha reflexão sobre certos tópicos que o pensamento meramente pensado não consegue sistematizar,

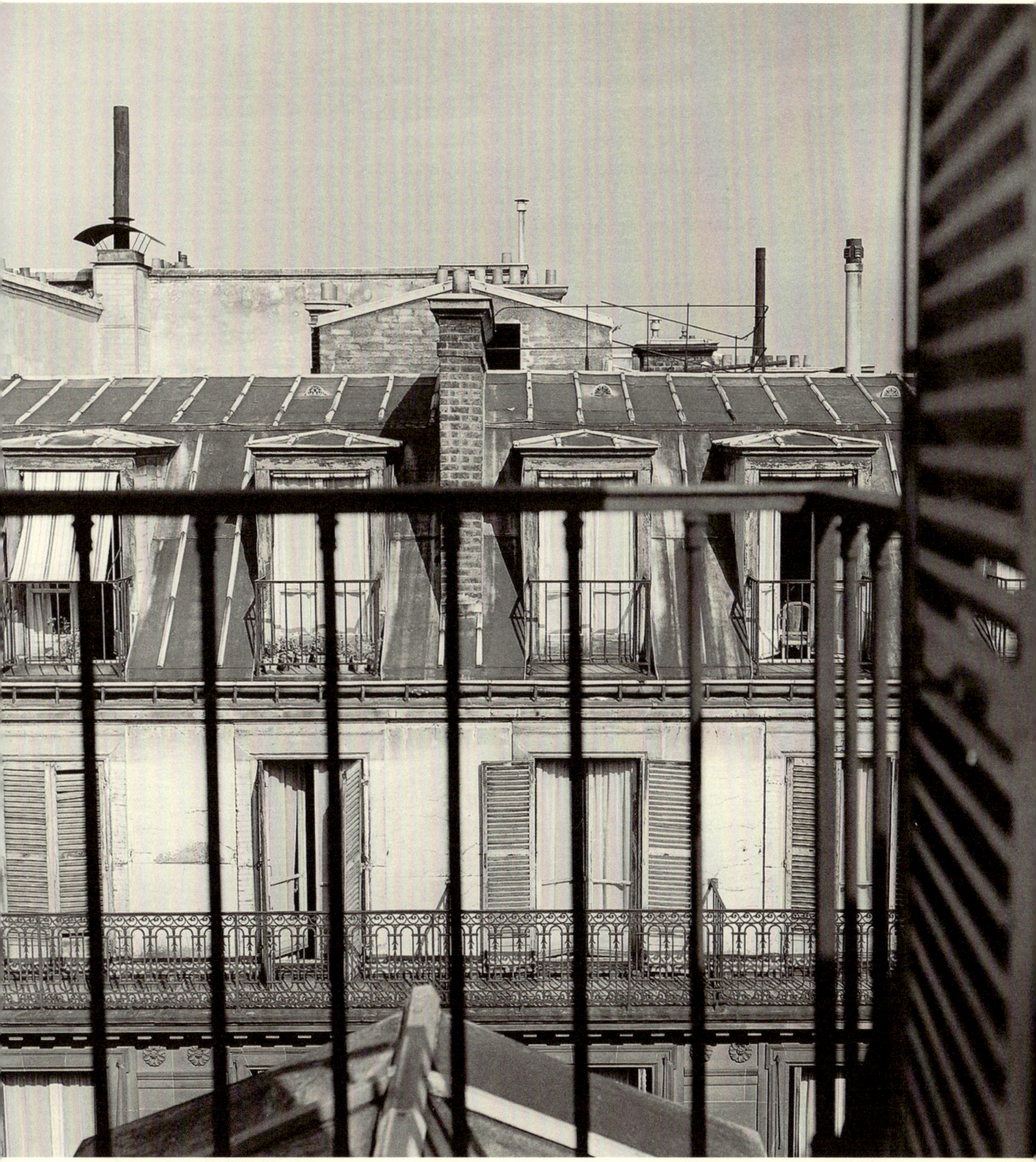

fazer um pouco de exercício de estilo e, principalmente, reunir material – frases, descrições, ideias – que seja aproveitável no futuro, em meus artigos ou criações literárias.

São muitas as experiências que tive antes, durante e depois da minha viagem à Europa. Livros, amigos, cidades desfilaram à minha frente com sua pequena carga de lições. Às vezes, fiquei tentado a resenhar algumas dessas experiências, mas o temor de cair novamente no diário íntimo me deteve. Agora lamento isso. Momentos preciosos para mim morreram ou jazem confusos no emaranhado das minhas lembranças.

É estranho, e às vezes assustador, como os meus desejos, neste plano, foram se realizando. Escrevi contos que me renderam elogios e galardões, tive mulheres que me amaram ou se entregaram a mim, conheci cidades que sempre despertaram minha curiosidade. As soluções vieram sempre de surpresa, e, no entanto, parece que eu já as esperava. Minha própria passividade, minha constante situação de espera eram uma espécie de garantia, como uma certeza de que tudo isso iria chegar.

Não sou, contudo, um homem feliz, reconheço. Nestes seis ou sete dias em Paris, já tive momentos de depressão comparáveis aos que sofri em Madri nos dias mais belos ou no barco diante das paisagens mais encantadoras. Há algo em mim que vai mal e que me torna inepto para a felicidade. Meus prazeres mais puros estão divididos entre minhas lembranças e meus projetos. O presente me incomoda, porque não o sinto. Fortaleço-me pensando nos dias que passei em Salamanca ou na minha próxima viagem à Inglaterra. Mas o momento atual, o exato segundo em que escrevo esta palavra, é um momento anódino para mim, que só o tempo vai colorir ou dotar de sentido. Deve ser por isso, talvez, que nos meus contos há um tom sombrio, que precipita os desenlaces ou, às vezes, pede ajuda ao exagero.

7 DE AGOSTO

Ontem, J.A. me convidou para ir ao seu apartamento, em Neuilly, perto do *bois de Boulogne*. Um aposento único, com banheiro e cozinha, mas adornado com tanto gosto que poderia perfeitamente ser exibido como um modelo de decoração. Tapetes, poltronas, tapeçarias nas paredes, porcelanas, cinzeiros, tudo revela uma minúcia de solteirão e paixão por antiguidades caras. Música de Chopin na vitrola, uísque escocês envelhecido, amêndoas, azeitonas, queijo, cigarros ingleses, americanos e indianos. Depois de tanta suntuosidade, começamos a conversar.

Conversar não é o termo adequado. Ele falou o tempo todo; falou de Paris, de Roma, de Londres, de modas, restaurantes e museus, com a facilidade de um homem mundano e supercivilizado. Eu observava a perfeita harmonia entre a

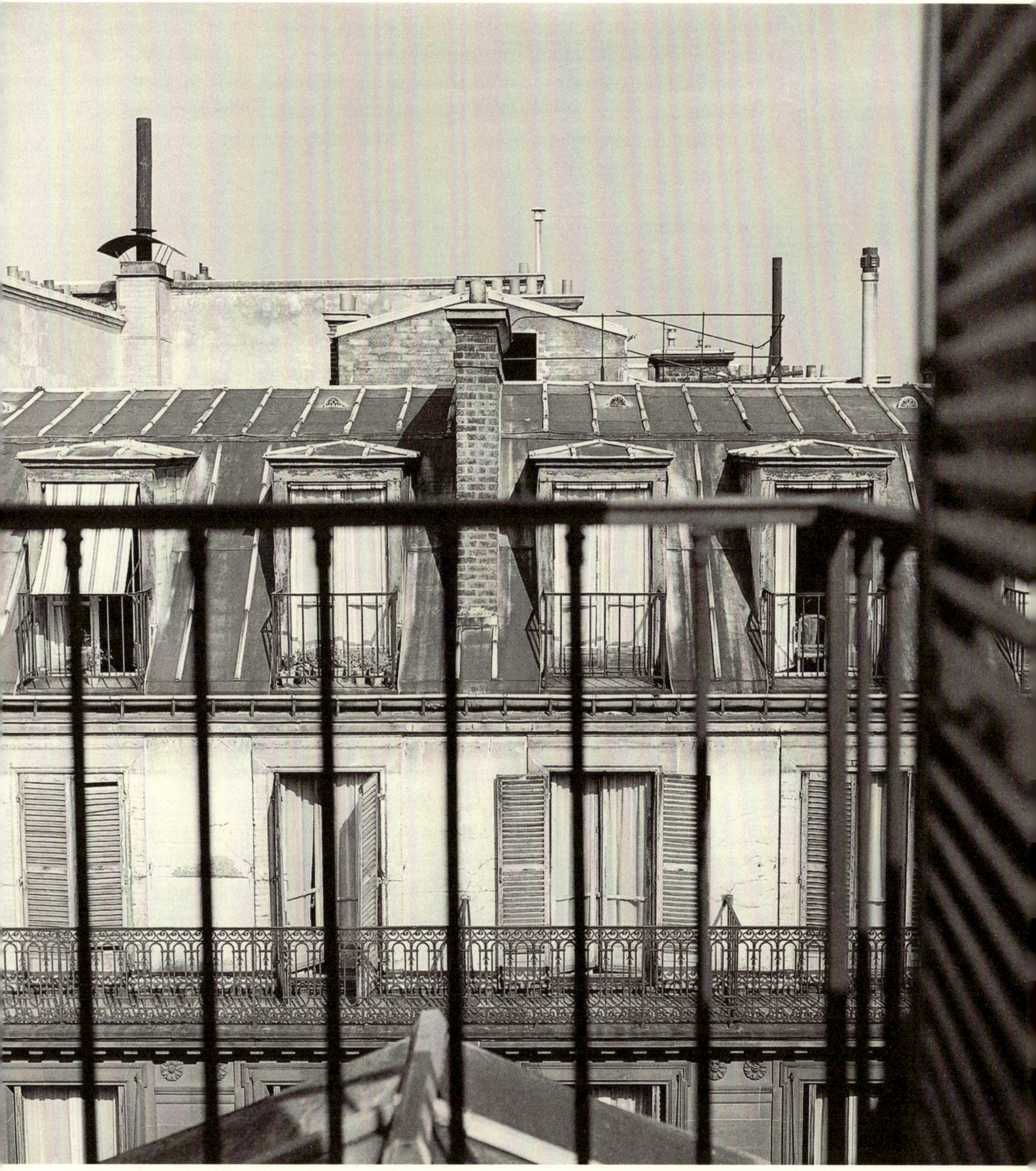

sua maneira de segurar o cigarro, o nó da sua gravata, as rosas que se desfolhavam num vaso de cristal, o prelúdio de Chopin e o raio crepuscular que, atravessando a folhagem, brilhava numa moldura de prata. Tudo isso exalava um aroma de refinamento, bom gosto e sensibilidade extremos. Mas também de rarefação, de putrefação, como se dessa aparência, de repente, fosse surgir o imundo.

10 DE AGOSTO

A vida no Quartier Latin seria insuportável não fosse por três ou quatro francesinhas com quem sempre existe a possibilidade de uma aventura. Fora isso, tudo é ficção, comédia ruim, hipocrisia levada aos extremos do cinismo. Agora há pouco estava tomando uma cerveja no Old Navy e, antes de terminá-la, tive que abandonar o local. Tornou-se intolerável a visão de uns 20 rapazes, entre 18 e 25 anos, vestidos da maneira mais extravagante, gastando tempo com as conversas mais anódinas. Na maioria, sul-americanos e franceses. Bêbados de independência, não sabem o que fazer com o corpo nem com o espírito e, fantasiando o primeiro e mistificando o segundo, se tornam atores gratuitos de uma farsa que a prefeitura francesa gosta de ver acontecer e que o turista estrangeiro observa com curiosidade e paga com dólares.

20 DE AGOSTO

A grande greve francesa entra no seu 15º dia sem dar sinais de que vai acabar, se estendendo para a indústria privada. Graves prejuízos para mim, que não recebo cartas nem dinheiro de Lima. Situação de indigência. Não fosse por empréstimos recebidos de compatriotas, objetos empenhados ou convites para comer, estaria morto de fome. Tenho um teto garantido no Hotel Jeanne d'Arc, mas como é difícil arranjar todos os dias pão, café e cigarros! No começo, isso tudo me parecia interessante, mas o prolongamento da situação me alarma. Decididamente, a miséria é uma coisa desagradável.

26 DE AGOSTO (2 DA MANHÃ)

Depois de ficar rolando na cama durante mais de uma hora, tive que levantar, porque não conseguia dormir. Pensando em Lima, nos meus amigos, na minha família, nos meus contos. Principalmente nos meus contos. Tomei consciência, só agora, de que minha pequena obra não é totalmente desprezível, de que há três ou quatro coisas que podem se salvar e que justificam todos os meus esforços.

7 DE SETEMBRO

Fui ontem ao hospital da Cidade Universitária visitar Leopoldo Chariarse, em tratamento por estar com um princípio de tuberculose pulmonar. Não sei exatamente a gravidade do seu estado, mas ele me disse que, depois de um mês de cama em Paris, vai se transferir para uma colônia de repouso nos Alpes franceses. Desde quando vem a sua enfermidade? Ele nunca foi muito forte fisicamente. Sempre teve um peso abaixo do ideal para sua altura, e a cor do seu rosto, de um amarelo opaco, levanta suspeitas de problemas hepáticos. Mas o que ele tem é tuberculose. Ele me deu a notícia jovialmente, quase com alegria, a mesma alegria com que sempre encara cada nova aventura que realiza. Entretanto, conhecendo seu temperamento nervoso e inquieto, imagino que o repouso forçado deva mortificá-lo muito, por mais que tente disfarçar. Só em um momento ele me deu a entender, com uma expressão vulgar, o seu estado de ânimo. Quando lhe perguntei como tinha recebido o diagnóstico do médico, respondeu: "Como um pé na bunda". Depois me pediu emprestado *A montanha mágica*, argumentando que era a única e a melhor oportunidade de ler esse longo romance.

Deve ter contraído a doença na Europa. Sua vida sempre foi bastante desregrada. É verdade que não bebe nem fuma, mas padece de um dom-juanismo exacerbado e às vezes grotesco. Aborda toda e qualquer mulher que encontra no caminho. De 100 por dia, 99 o rejeitam, mas sempre há uma que aceita, o que já é, por acumulação, um número apreciável.

10 DE SETEMBRO

Minha sensibilidade se aguçou em Paris até limites doentios. Não consigo suportar a presença de uma pessoa por mais de cinco minutos, um resplendor discreto me causa desvanecimentos, uma mulher bonita me sacode como um soco, uma situação embaraçosa me deixa à beira das lágrimas. Pareço um molusco coberto de pequenos chifres retráteis, que se dobram ao entrar em contato com o mundo exterior.

Talvez isso seja efeito da própria solidão em que me encontro, a solidão que se sente nos cafés lotados, nas ruas abarrotadas ou nos salões de alta classe. Estou cercado de gente, mas continuo isolado e hermético, carregado com uma energia que não tem aplicação nem derivativo. Necessito de um amigo ou de uma namorada, como em Madri. É verdade que aqui em Paris tenho amigos que gostam de mim, como Morros Moncloa, Michel Grau, Paco Pinilla ou Leopoldo Chariarse.

Mas não me entrego a eles sem reservas. Ainda bem que vou estar com Perucho em Londres. Quinze anos de uma amizade sem mácula. Cada um de nós guarda algo do outro, que recuperamos em cada encontro. A jovialidade, a fantasia, a coragem crescem em mim quando estou ao lado dele. É incrível como a amizade pode adquirir o caráter de algo absoluto, como o amor ou a arte. Mas que superioridade a amizade tem sobre o amor! É mais desinteressada, mais generosa e igualmente capaz de nos aproximar da felicidade.

10 DE OUTUBRO

De novo em Paris, no meu hotelzinho da *rue* de Buci. Aparentemente, eu estava ansioso para me instalar novamente aqui. Em Londres e Amsterdã, não via a hora de voltar. Agora, porém, não estou nada satisfeito. Estou começando a descobrir que Paris não me agrada. Estou farto de Saint-Germain-des-Près, do café Mabillon, da feira que funciona embaixo da minha janela. Não entendo bem o motivo dessa sensação. Talvez o bairro não seja propício. No entanto, creio que não poderia viver tranquilo em nenhum outro lugar de Paris. Ainda não me habituei à vida parisiense. Não suporto os restaurantes estudantis, a lotação dos metrôs. Acho que em Madri poderia me sentir mais à vontade. Mas voltar para aquela cidade seria, como eu dizia a uma amiga, uma claudicação. Tenho é que me esforçar mais para lutar contra a minha natureza de solitário incorrigível, fazer amigos entre os franceses, aprender bem o idioma e tentar me integrar ao meio em que vivo.

11 DE OUTUBRO

Carta do meu irmão e uns recortes de jornal pelos quais fico sabendo que meu conto "Interior L" foi publicado em Lima, numa pequena antologia do conto peruano atual. Inclui mais cinco contistas, dos quais só conheço Raúl Galdo e Eleodoro Vargas Vicuña. Meu irmão publicou o conto sem esperar a minha autorização e, na verdade, fez bem, pois se esperasse até tê-la o conto não teria saído. "Interior L" é a versão que escrevi em Madri do meu velho conto "El colchonero" [O colchoeiro], de sete anos atrás.

12 DE OUTUBRO

A primeira chuva de outono me surpreende no hotel, de manhã bem cedo, sem um franco no bolso e o estômago vazio há 20 horas. Novamente a imprevisão, a aventura, me deixou neste estado, pois a considerável quantia que recebo da bolsa devia me deixar a salvo de carências. Pelo menos recebi de Madri uma

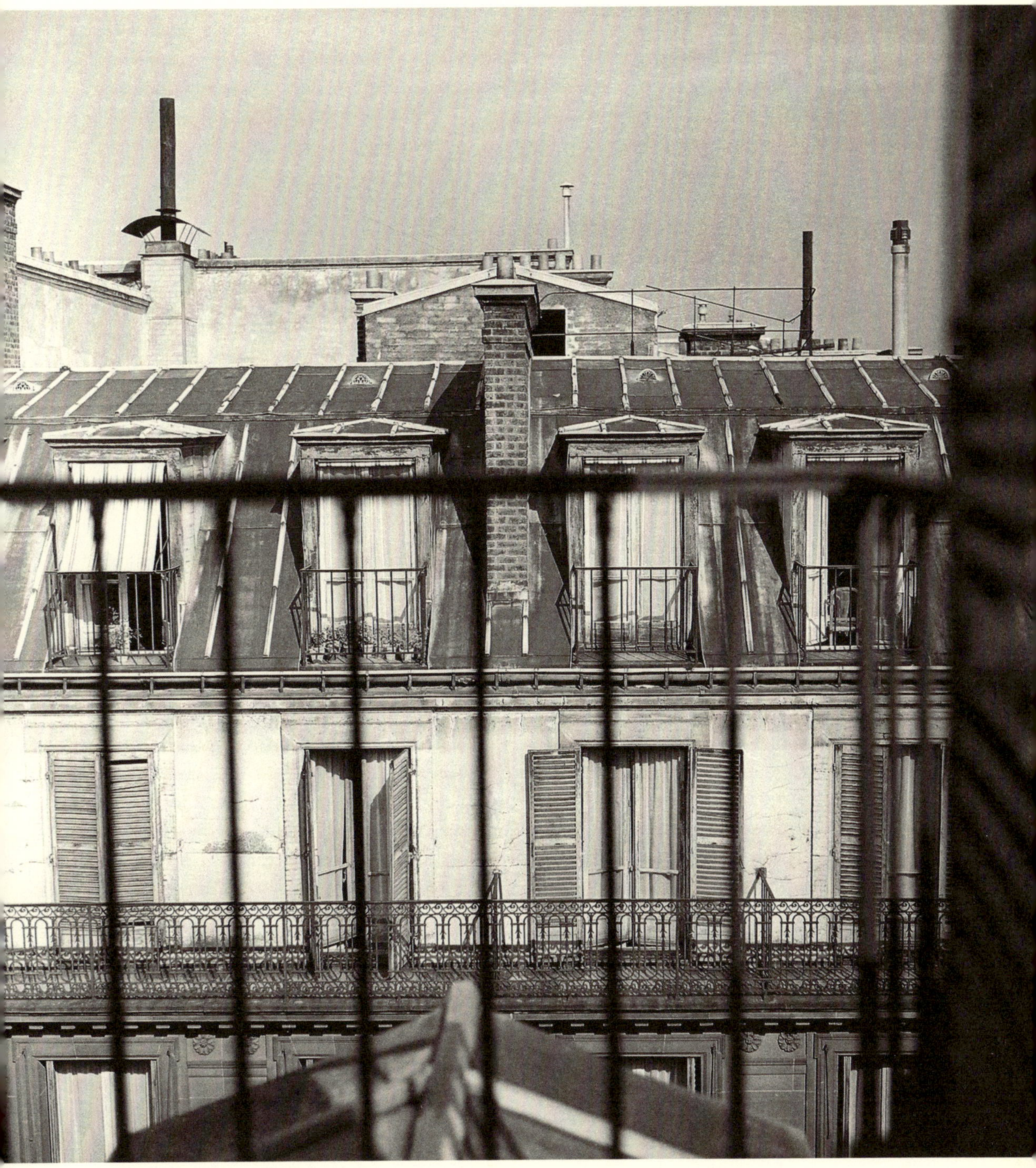

carta de Yola, minha linda catalã, o que levantou meu estado de espírito. Contente, apesar de tudo. Tenho cigarros holandeses. Enquanto puder fumar, não sinto esta miséria a que deliberadamente me encaminho.

20 DE OUTUBRO

Perucho chegou de Londres há cinco dias, sem malas e sem dinheiro, de passagem para Madri, uma passagem bastante singular, como ele a entende, e que consiste em ficar num lugar até que as circunstâncias tornem insustentável sua permanência.

5 DE NOVEMBRO

Vinho, amigos, solidão, poesia chinesa, papéis antigos, cartas a Lima. Dias intensos e inúteis.

16 DE NOVEMBRO (2 DA MANHÃ)

Hoje faz exatamente um ano que, nesta mesma hora, eu estava na terceira classe de um trem postal com Leopoldo Chariarse, indo de Barcelona a Madri. Lembrei-me dessa viagem porque foi meu primeiro contato com os trens europeus. Depois disso, percorri milhares de quilômetros em trens franceses, ingleses, holandeses. E deixou de ser novidade para mim. Nessa vez, porém, quantas emoções, quantas surpresas, quantas descobertas cada quilômetro me trazia. Não dormi a noite inteira. Andei dez vezes com Leopoldo da locomotiva até o último vagão, conversamos com outros viajantes, bebemos vinho de odre, descemos em todas as estações. Estávamos percorrendo pela primeira vez a terra europeia.

20 DE NOVEMBRO

O pintor Eduardo Gutiérrez tem razão: o que eu tenho de doente é minha vontade. Ele notou como vou adiando sistematicamente as coisas, até que uma hecatombe próxima me acorde. O que estou fazendo em Paris? O que espero para ir à Sorbonne? Por que não faço aulas de francês? Quando vou procurar um alojamento que não seja um quarto de hotel? Toda noite eu digo: será amanhã. Mas já passou quase um mês, e nada mudou. Estou doente, ainda por cima, e isso me deixa sem forças para agir. Doente dos nervos, do

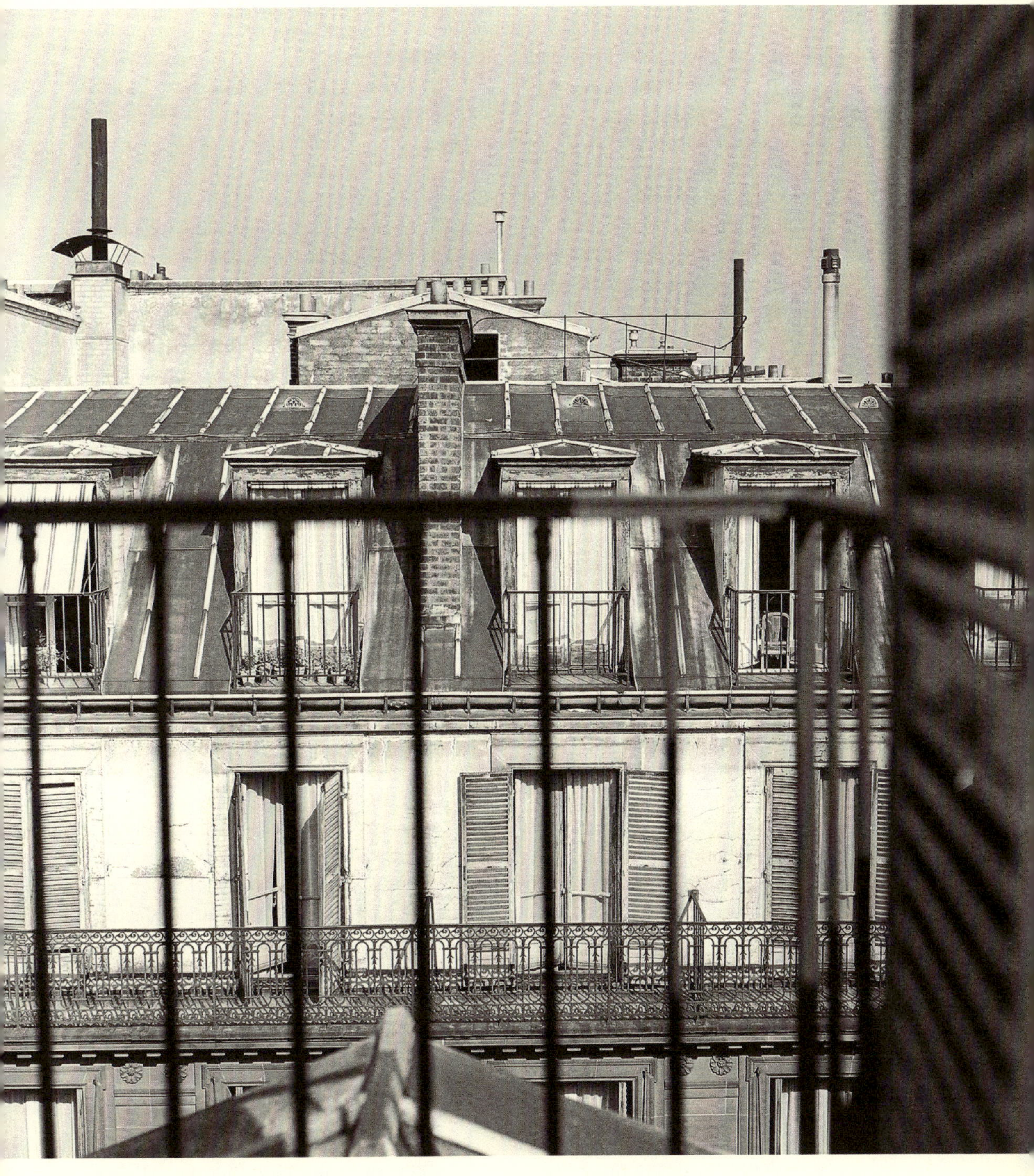

coração, do estômago ou sei lá do quê. E também da vontade. Tenho que começar a acreditar na vontade se quiser me curar.

22 DE NOVEMBRO

Domingo propício à reflexão. Sábado tumultuado: bebedeira, mulheres, esbanjamento. Evidentemente, Paris não me convém. Tampouco me convém ter dinheiro. Minha situação está a cada dia mais crítica. Eu precisaria ficar completamente sozinho, não ter nenhum amigo. O tédio, afinal de contas, tem lá suas compensações. Pelo menos não destrói nem dá remorsos.
    Lucidez extraordinária. Consciência descarnada das minhas fraquezas. Pessimismo envolvente. Vontade, porém, de escrever algo belo e grandioso. Caráter libertador da minha literatura. Esquecimento de mim mesmo e identificação com os outros. Resplendor da definição kafkiana: "Escrever é invocar os espíritos".

24 DE NOVEMBRO

Cheiro de mulher no meu quarto. Na cama, Marie-Jeanne. Dela, só sei o nome e mais nada. Situação incômoda, pois não existe amor da minha parte. Sem esse ingrediente, o ato é animal e causa desgosto. Não vejo a hora dela ir embora.

2 DE DEZEMBRO

O tempo passa. Faz mais de um mês que não escrevo nada. Desde "Mar afuera" [Mar afora], não escrevi nem concebi um único conto. Minhas conversas com os pintores Alfredo Ruiz Rosas, Emilio Rodríguez Larraín e Carlos Bernasconi me desorientaram um pouco. Começo a pensar com mais seriedade nos problemas sociais. Notei que na minha pequena biblioteca já há um pouco de literatura comunista. Emocional e racionalmente me aproximo cada vez mais do marxismo. No entanto, não quero comprometer minha obra criadora. Vou tentar, dentro do possível, que fique à margem de qualquer propaganda política. Posso chegar à crítica social, à pintura crua e sem complacência, mas não me sinto autorizado a propor soluções nem tenho fé suficiente nelas para recomendá-las.

(VIAGEM A MADRI PARA O NATAL. ENCONTRO E RUPTURA COM YOLA. RETORNO A PARIS PARA O ANO-NOVO. ENCONTRO COM C.)

29 DE JANEIRO DE 1954

Todo diário íntimo surge de um sentimento agudo de culpa. É como se quiséssemos depositar nele muitas coisas que nos atormentam, e cujo peso se atenua pelo simples fato de confiá-las a um caderno. É uma forma de confissão independente do rito católico, feita para pessoas incrédulas. Um colóquio humilhante com esse implacável diretor espiritual que têm dentro de si todos os homens inclinados a esse tipo de confidências.

Todo diário íntimo é também um prodígio de hipocrisia.

Seria preciso aprender a ler nas entrelinhas, descobrir que fato concreto determinou tal registro ou tal reflexão. De modo geral, analisa-se o sentimento, silencia-se a causa. As páginas ficam cheias de alusões, de um simbolismo pessoal, como se quisessem promover um jogo de adivinhação. Eu mesmo, quantas vezes não me surpreendi ao encontrar parágrafos obscuros no meu diário, que só um poderoso esforço de memória me permitiu deslindar.

Todo diário íntimo nasce de um sentimento profundo de solidão. Solidão frente ao amor, à religião, à política, à sociedade. A maior parte dos autores de diários era solteira. Os homens casados, ativos, sociáveis, que desempenham funções públicas, dificilmente podem fazer um diário, ocupados como estão em viver por e para os outros.

Todo diário íntimo é um sintoma de fraqueza de caráter, fraqueza na qual nasce e que, por sua vez, fortifica. O diário se torna assim um derivativo de uma série de frustrações, que pelo simples fato de serem registradas parecem adquirir um caráter positivo.

Em todo diário íntimo há um problema capital colocado, que nunca se resolve, e essa não solução é exatamente o que possibilita a existência desse diário. Resolvê-lo traz consigo a sua liquidação. Um casamento bem-sucedido, uma posição social conquistada, um projeto que se realiza podem interromper a execução do diário.

Todo diário íntimo se escreve a partir da perspectiva temporária da morte. (Aprofundar esta ideia.)

12 DE FEVEREIRO

Quando poderei anotar neste diário "encontrei, afinal, o que tanto procurava"?

13 DE FEVEREIRO

Em 15 horas tudo ruiu. Agora, no *bois* de Boulogne, sob uma chuva fina, a conversa morria constantemente, o fastio flutuava entre as folhas mortas e

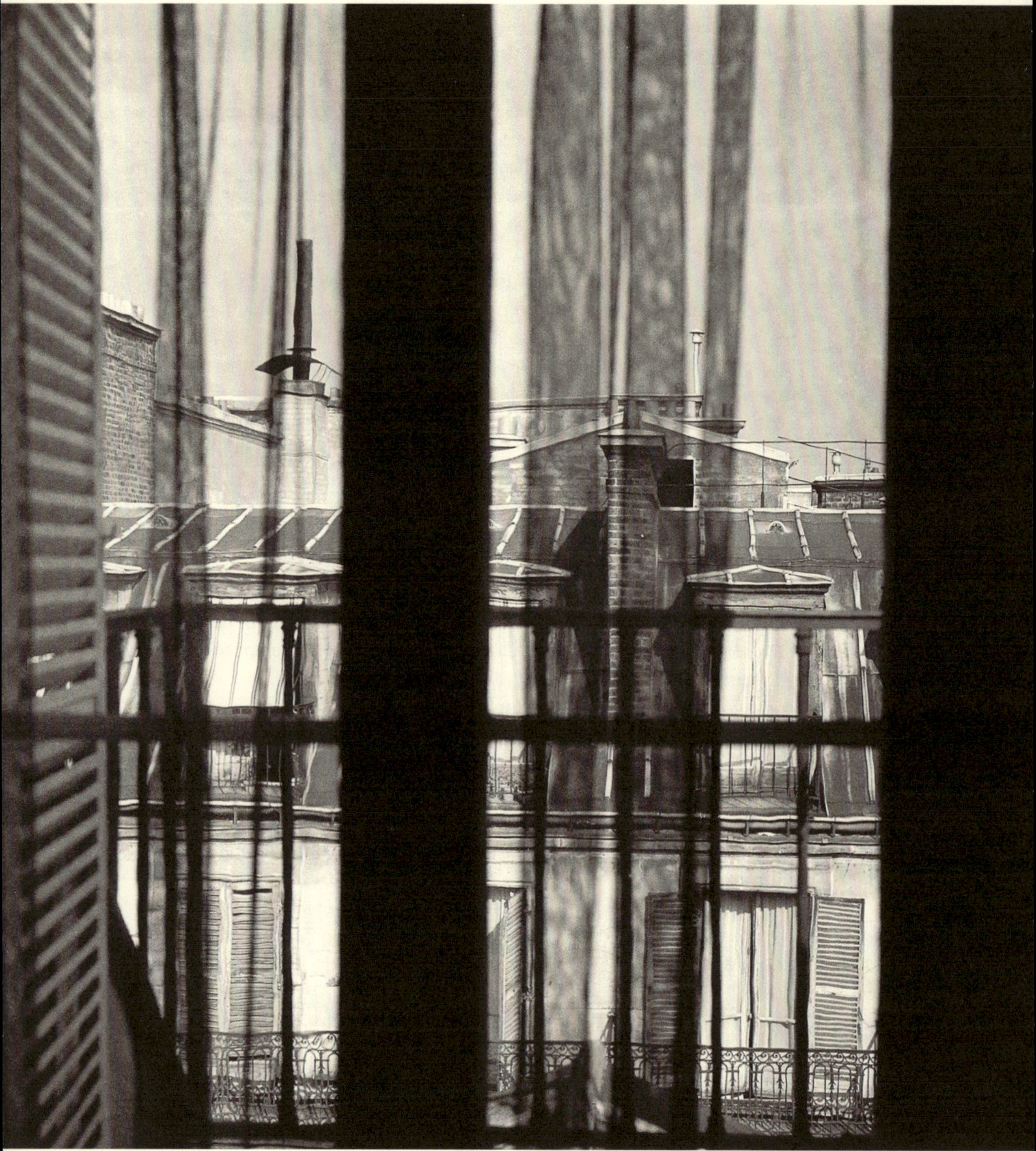

meu coração se estatelava contra a minha garganta muda. A culpa é minha, naturalmente, não de C. Uma passividade estúpida, uma consciência exageradamente alerta para os detalhes secundários e um esquecimento do essencial. Despedida fria, como dois desconhecidos. No metrô interminável, desejo veemente de chegar ao meu quarto. Meu bom conhaque Courvoisier está em cima da lareira e não se opõe a que eu o beba. Como dizia o pai na minha frustrada peça de teatro: "Quantos mistérios, quantos matizes, quantos silêncios contém cada gole".

16 DE FEVEREIRO

O sonho se realizou, apesar de tudo. Cansado e pensativo, em vez de contente. O conformismo está tão enraizado em mim que posso me acostumar a tudo, até à felicidade.

20 DE FEVEREIRO

Será que a leitura de *Adolfo*, de Benjamin Constant, influenciou o meu temperamento? Lembro que disse a Perucho um mês atrás – durante uma das suas recentes passagens por Paris –: "Estou fazendo o possível para que uma mulher se apaixone por mim". No fundo, submeti meu comportamento a esse plano, gesto por gesto, palavra por palavra, e em menos de 30 dias a obra estava feita.

22 DE FEVEREIRO

De comum acordo, C. e eu estabelecemos uma trégua de 30 dias. Durante esse tempo, não nos veremos. A ideia surgiu simultaneamente nos dois, após uma noite de excitação extraordinária. Concordamos que estávamos magoando um ao outro. Na última semana, praticamente não comi nem dormi, não estudei, não escrevi, fiz umas provas desastrosas na Sorbonne. Ela, por sua vez, também. Nossa decisão foi um ato de prudência; pior, de egoísmo.

4 DE MARÇO

Quebrada a trégua. Bastou um telefonema.

11 DE MARÇO

Descubro com surpresa que a consolidação de uma relação sentimental, ao contrário de arrumar minha vida, a desorganiza completamente. Mais de 20 dias sem ir à Sorbonne, sem ler, estudar nem escrever. Possuído por C.

14 DE MARÇO

Anteontem fui à casa de C. – os donos tinham viajado para os Alpes –, e lá me instalei como se fosse meu próprio lar. Café da manhã na cama, música no salão, janela para o Sena. Mais tarde, visitas aos amigos. Agora é C. quem toma as iniciativas. Ela marca os encontros, concebe os projetos, conduz as conversas para o terreno sentimental. Eu fico absorto e mudo. E me pergunto se realmente a amo ou se só a desejo.

18 DE MARÇO

Dois fatos a registrar: terminei meu conto "Mientras arde la vela" [Enquanto arde a vela] e ouvi pela primeira vez num teatro a *Nona sinfonia* de Beethoven.

23 DE MARÇO (11 DA NOITE)

Analisei atentamente todos os matizes da depressão que me domina neste momento. Creio ter esmiuçado as suas causas: 1- Choveu sem parar desde as oito da manhã, quando me levantei. 2- Bebi mais de uma garrafa de vinho no almoço. 3- C. saiu esta noite com uns engenheiros peruanos que estão de passagem por Paris. 4- Faz exatamente um mês que não vou a uma aula sequer na Sorbonne. 5- Li as últimas páginas da *Ética* de Spinoza. 6- Terminou meu dinheiro, e o mês ainda não acabou.

Não posso negar que ter feito essa análise me deixou um pouco aliviado. Mas isso é um consolo muito bobo, que pode em última instância lisonjear minha inteligência, mas de maneira alguma apaziguar meu coração.

Procurei um remédio imediato e fui rechaçando todas as soluções: 1- Embebedar-me. 2- Ir ao cinema. 3- Dormir. 4- Ler. 5- Trabalhar.

Talvez esta última seja a única apropriada. "Tem que trabalhar, tem que trabalhar!", lembro o refrão sarcástico do teatro de Tchékhov (*Tio Vânia*).

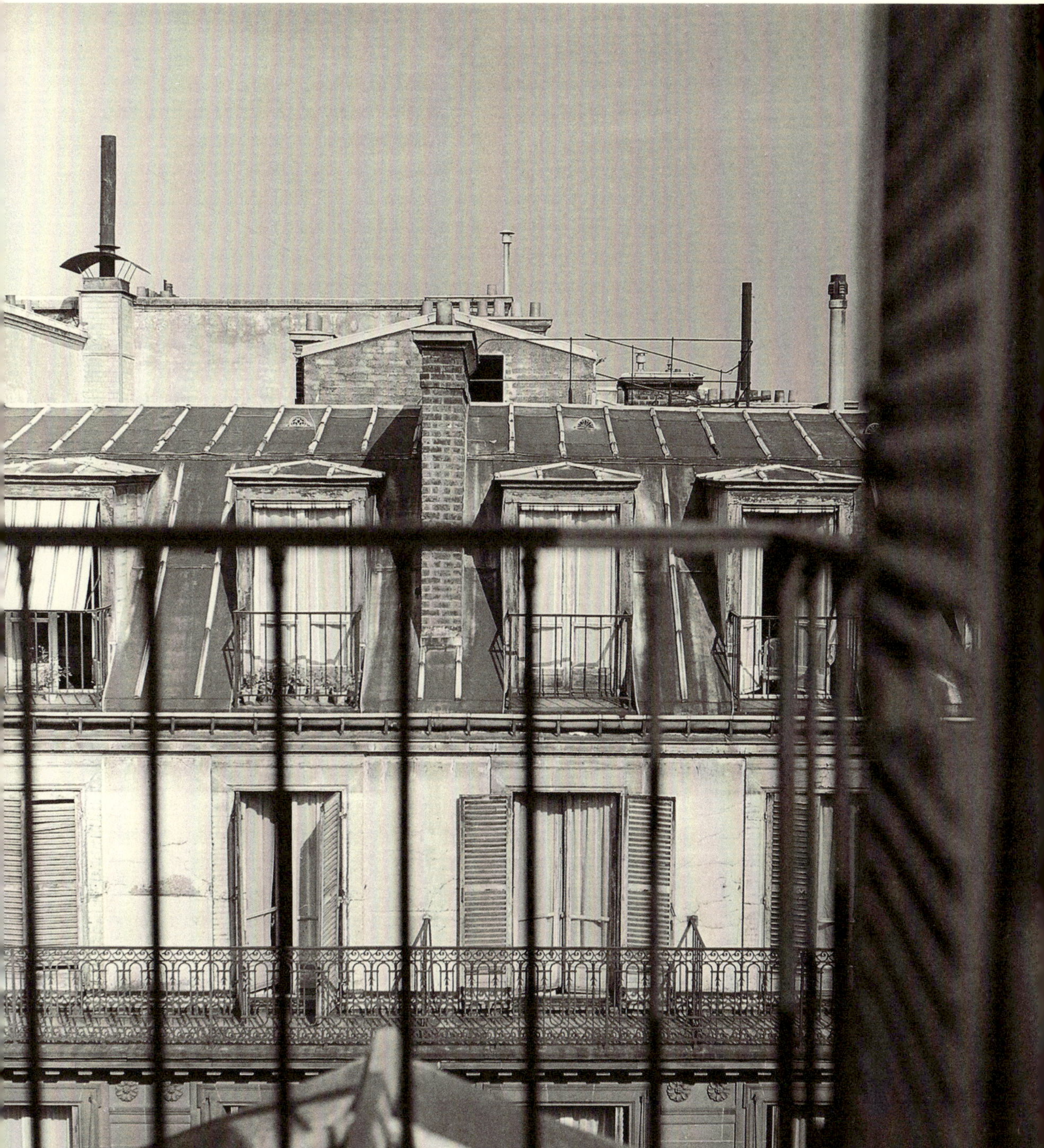

24 DE MARÇO

Todas as causas que mencionei ontem eram fortuitas. Prova disso é que, mesmo que muitas tenham desaparecido, o mal-estar persiste. Já o senti no meu hotel, na rua, na universidade. Um sentimento de profunda divergência com minha própria natureza e com meu sistema de vida. Uma necessidade de evitar a dispersão das minhas forças, de afirmar-me em certos princípios ou convicções. Mas, acima de tudo, um desejo tenaz de alcançar a felicidade.

A ideia de ser feliz se tornou uma obsessão para mim. Tenho que multiplicar meus momentos de prazer ou de paz. Alinhavar no tempo o maior número possível de horas agradáveis. Gosto de estar ao lado de C., ouvir Hernando Cortés lendo uma obra de Calderón ou de Lope, assistir a uma ópera, ler um bom livro, escrever quando tenho fé no que escrevo, passear em um bosque de Paris, beber vinho numa varanda. Mas todos esses prazeres, além de terem um limite temporal, são superficiais. Esgotada minha sensibilidade ou minha resistência, fico vazio, inconsistente, flutuando numa atmosfera insípida, sem conservar a lembrança do prazer ou o prazer da lembrança. Além do mais, todas as evocações, quando as faço, magoam-me profundamente, pois de imediato passo a considerar o que foi evocado não somente como algo passado, mas impossível de repetir.

1 DE ABRIL

A felicidade consiste na perda da consciência. Os estados de êxtase provocados pelo amor, a religião, a arte, ao nos desligarem da nossa própria consciência reflexiva, nos aproximam da felicidade absoluta. A consciência: uma doença horrível que acometeu o gênero humano. A suprema felicidade seria a morte? Conclusão ilógica. O homem precisa da consciência para entender que sentiu falta dela, quer dizer, para perceber que foi feliz. Nós precisamos ter consciência da nossa felicidade para que esta tenha algum significado. Mas, assim que reparamos na nossa própria felicidade, esta desaparece, pois só pensar nela já é uma espécie de conjuro que desvanece a sua presença. A contradição é insolúvel. Consciência e felicidade se excluem, e, no entanto, não se pode compreender uma sem a outra.

8 DE ABRIL

Dias de desordem, de indecisão, de adiamentos sistemáticos. Volto às piores épocas do verão: vinho, noites em claro, lenta destruição do meu organismo. Relações ondulantes com C. Projeto de viagem à Espanha. Redução da minha vida intelectual.

15 DE MAIO

No futuro poderei dizer que estes foram os dias mais belos da minha vida, aqueles que gostaria de repetir com gosto. Minha viagem à Espanha no carro de Manuel Aguirre, em companhia de C., minha mudança para a *rue de la* Harpe, 15, meus belos livros, minha cama larga, minha garrafa de vinho, minha música querida, minha janela aberta para o coração do Quartier Latin, por acaso não era isso o que eu tanto tinha desejado? Mas sei que tudo tem que terminar, que tudo termina. A bolsa antes de mais nada, e com ela tantas outras coisas.

1 DE JUNHO

Estou morando há quatro dias no quarto de C., uma *chambre de bonne* num sétimo andar do bulevar Malesherbes. Foi ela mesma quem sugeriu isso, ao saber que minha bolsa ia expirar e que, por conseguinte, eu ficaria sem meios de subsistência. Foi ela também quem transportou dia após dia meus livros e demais objetos numa maleta. Fez tudo isso com tanto entusiasmo e abnegação que não pude deixar de me comover. Confesso, contudo, que me sinto um pouco desconfortável. Em primeiro lugar, minha adorada liberdade sofreu um impacto demolidor. Tenho que comer e dormir na hora certa, tenho que respeitar um horário estrito, completamente conflitante com meus hábitos desregrados. Também tenho que suportar pequenos caprichos dela – traduzir um artigo de uma revista, trocar de meia todos os dias, cortar o cabelo etc.; enfim, mil detalhes desse tipo que constantemente me deixam constrangido e me colocam num estado de dependência e de tutelagem que só com muita paciência posso suportar...

26 DE JUNHO

A proposta que Alberto Escobar me fez de publicar uma coletânea dos meus contos pela Losada ou alguma editora limenha é bastante sedutora, mas a considero impraticável no momento. A última releitura que fiz dos meus contos foi um pouco desanimadora. Eu queria que meu primeiro livro fosse invulnerável, e não mais uma de tantas e anódinas publicações. Para isso, preciso trabalhar com afinco. Tenho que me libertar da velha retórica, buscar a simplicidade, a expressão direta, combinar o caráter cotidiano dos temas com o interesse da trama, o esquematismo do estilo com o bom gosto literário. Por isso, tudo o que fiz até agora me parece uma tentativa encarniçada de me aproximar de certo modelo ideal, um degrau em que se precisa tomar impulso até quebrá-lo.

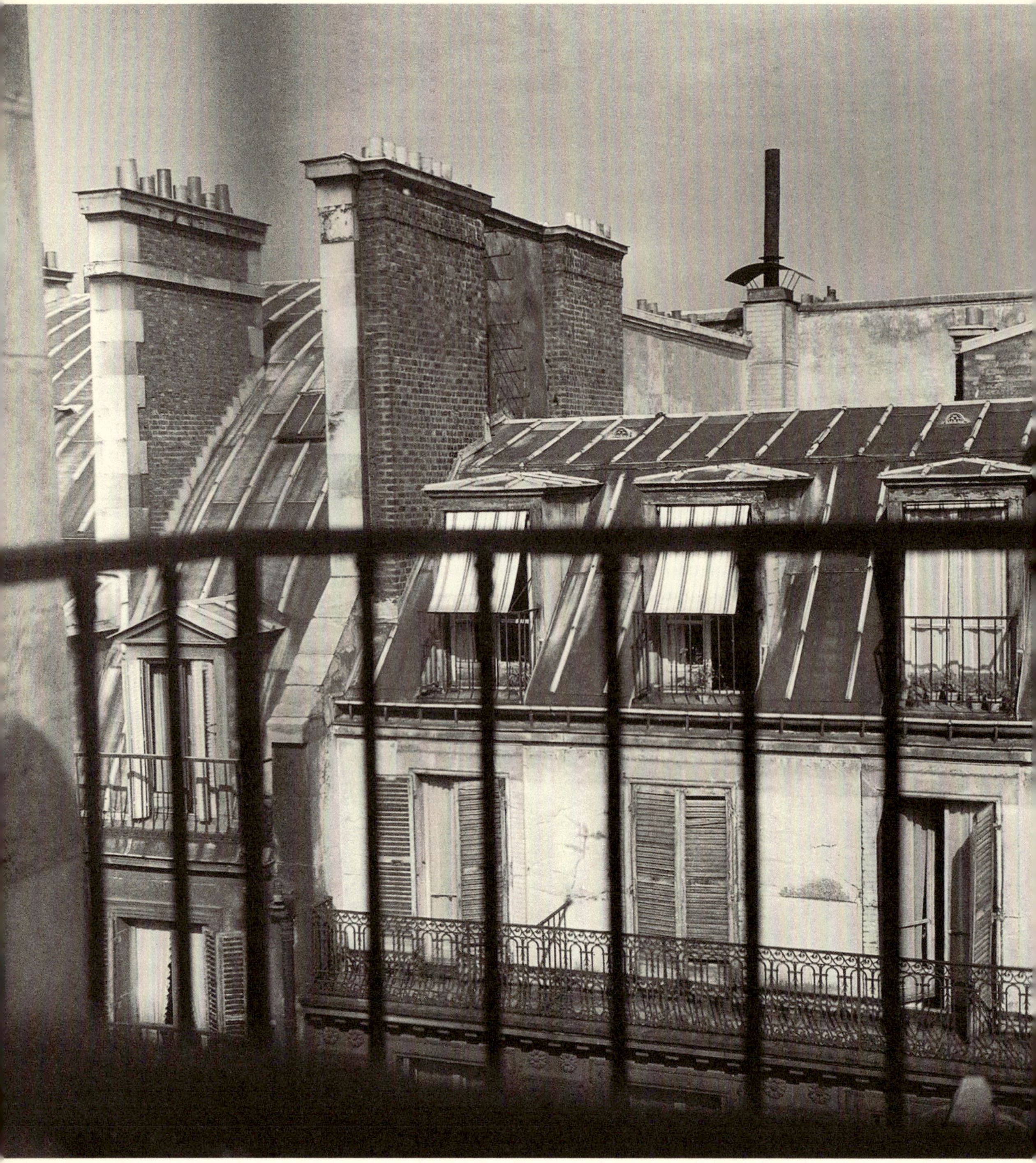

De resto, ainda tenho tempo. Os 30 anos serão meu ponto de referência. Se com essa idade eu não estiver em condições de publicar algo duradouro, vou ter que reconhecer que infelizmente me enganei quanto à minha vocação e que é hora de mudar de ofício. Enquanto isso, vamos esperar sem perder a esperança.

5 DE AGOSTO

O momento previsto chegou: só tenho 100 francos no bolso e três meses de estadia em Paris pela frente. Já se acabaram as bolsas, os auxílios para estudantes, os congressos literários, como o de La Coruña, a que compareci em julho passado e onde encontrei Chariarse e Belli. Não tenho mais recursos a que lançar mão. Momento sério, o único importante. Paris deixou de ser a cidade das varandas, da preguiça e do vinho.

6 DE AGOSTO

Começou a batalha. Busca inútil de um amigo a quem pedir um empréstimo. José Malsio acabou de passar debaixo da minha janela. Desculpou-se por não poder me convidar, estava com o dinheiro exato para seu almoço. Manuel Aguirre virou fumaça. A única pessoa que poderia me ajudar é C., mas está trabalhando na Chevreuse, e não vejo como me comunicar com ela.

10 DE AGOSTO

Estou convencido de que há um espírito poderoso que me protege e se encarrega de resolver os meus problemas por sua conta. Quando minha situação em Paris já estava ficando insustentável, o próprio dono do hotel onde moro me ofereceu o emprego de *concierge*, porque a pessoa que ocupava o cargo ia viajar. Aceitei imediatamente, e hoje começaram as minhas funções. Deram-me um grande quarto no primeiro andar, que ao mesmo tempo me serve de escritório, e que fui logo enchendo de livros e quadros. E ainda estabeleceram um salário de dez mil francos mensais para mim. É uma miséria comparado aos 85 mil que recebia de bolsa, mas, enfim, pelo menos agora garanto o quarto e parte da comida. Minhas obrigações, por outro lado, são simples e em parte heterogêneas. Ser *concierge* de um pequeno hotel na *rue de la* Harpe significa monopolizar todas as funções administrativas. Eu alugo os quartos, recebo o pagamento, emito certificados de residência, preencho as fichas para a polícia, mas, além disso, também tenho que limpar diariamente os oito quartos e, uma vez por semana, lavar as escadas. De modo que sou

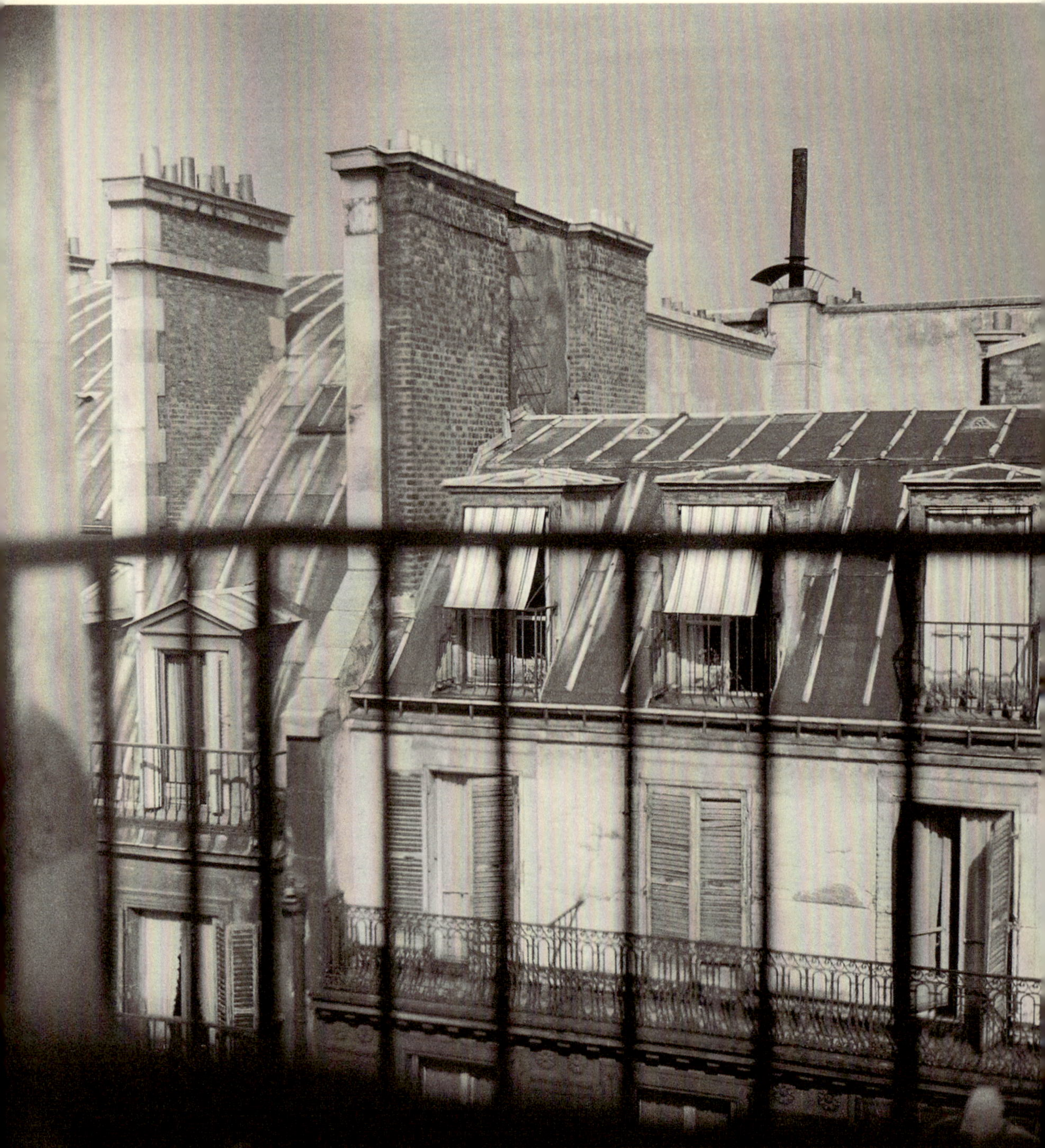

gerente e ao mesmo tempo camareiro. Não posso dizer que esteja muito feliz, mas como solução provisória – até receber notícias da Alemanha – considero excelente. Além do mais, tenho longas horas de ócio à tarde, que me permitem ler meus livros e escrever alguma coisa. Entre meus inquilinos: Jorge Benavides, Morros Moncloa, Blanca Varela.

11 DE AGOSTO

Meu primeiro acidente de trabalho: não consegui pôr as lixeiras na rua a tempo, e o caminhão do lixo passou sem levá-las. A culpa foi do despertador que tocou às sete e meia, e não às seis. Veremos como posso ajeitar isso.

É curioso que eu tenha que me ocupar agora de lixeiras, justamente quando estou escrevendo "Los gallinazos sin plumas" [Os urubus sem penas]. Espero que isso dê ao meu conto um pouco mais de exatidão psicológica.

19 DE AGOSTO

Que miséria de vida! Gastar o dinheiro alheio com vinho e mulheres que nunca mais voltarei a ver... Mesmo tendo pela frente tantas coisas importantes a fazer, não consigo deixar de vez por outra dar minhas escapadas a Saint-Germain, nas quais disperso as poucas forças acumuladas e me inutilizo para a vida intelectual. A última carta de Víctor Li-Carrillo me alertou novamente para o fato de que se eu não agir com presteza vou acabar perdendo a bolsa na Alemanha. Até hoje não escrevi a carta decisiva, apesar das recriminações de C. As noites estão cheias de luxúria.

27 DE AGOSTO

Lucidez inútil. Faço um esforço obstinado para não começar um romance. Fico cansado de tanto levantar e derrubar objeções. Ainda é cedo, penso, não preciso ter pressa. No entanto, há anos me digo a mesma coisa. Françoise Sagan, uma garota de 18 anos, escreveu um romance de mestre. Tenho a certeza de que, se tivesse 25 como eu, jamais o teria escrito. O tempo me torna cauteloso e estéril. Já passou minha idade da autobiografia. O que me seduz são os afrescos, os vastos quadros de costumes. Minhas deficiências culturais, porém, são gigantescas. O romance é um produto social, não individual. Surge do gênio coletivo, da herança cultural acumulada durante séculos. Françoise Sagan não faz mais do que colher os rendimentos do vasto capital armazenado pelo gênio narrativo francês no curso da sua história. Eu, atrás de mim, só tenho lendas, tradições e farsas. Para um sul-americano, é mais fácil fazer uma revolução que escrever um romance.

31 AGOSTO

Passei meu aniversário (25) com Jorge Benavides e Manuel Aguirre num barzinho da *rue de la* Huchette. Tomamos vinho e ouvimos jazz. Serenidade e alegria.

1 DE OUTUBRO

Últimos acontecimentos: saída da *conciergerie* do hotel para me hospedar no quarto de Jorge Benavides, começo do meu romance, ida e volta de C. à Itália, passagem de Víctor Li por Paris, chegada de Esperanza Ruiz, más notícias da bolsa na Alemanha, projetos de voltar para Lima.

5 DE OUTUBRO

Tenho a impressão de que "Los gallinazos sin plumas" é o melhor conto que escrevi até hoje. Talvez "Mientras arde la vela" seja mais redondo, tecnicamente mais acabado, mas não tem a vitalidade nem a força do outro. Facilidade com que posso sentir um estado de ânimo alheio, da forma como me aposso dos meus personagens ou, em outras palavras, da forma como eles me possuem. À minha frente, no café Petit Cluny, onde estava escrevendo, havia um espelho. Surpreendi-me fazendo caretas de raiva, de nojo, de frio, ao sabor do que estava escrevendo. Os garçons me olhavam. O relato de Flaubert sentindo gosto de arsênico quando Madame Bovary morria me parece verídico. A potência criadora reside, creio, na capacidade de se impressionar com estímulos imaginários.

11 DE OUTUBRO

Fiquei surpreso ao saber, por recortes de jornal que me mandaram de Lima, que a crítica nacional me considera o melhor contista jovem do Peru. Sem dúvida é uma grande vantagem estar ausente e publicar pouco. Desde que vim para a Europa, só publiquei, acho, dois contos e dois artigos. Isso bastou para me darem uma auréola de escritor de talento, que sou o primeiro a questionar. Essa opinião me preocupa, porque cria para mim uma espécie de responsabilidade. Mais do que nunca, agora me parece necessário publicar um pequeno volume de contos que seja pelo menos testemunho de trabalho, ou até prova de capacidade.

20 DE OUTUBRO

C. vai para o Peru na próxima semana. Vou ficar sozinho de novo, depois de oito meses de camaradagem. O que vai ser de mim? Irei à Inglaterra, à Espanha, à Alemanha? Meus amigos continuarão me dando a mão? O inverno se aproxima. Minha renda está liquidada. *Et l'amour s'en va.*

30 DE OUTUBRO (2 DA TARDE)

C. foi para o Peru. Às oito da manhã fui deixá-la na estação de Austerlitz. Neste momento deve estar chegando a La Palice, de onde sai o navio para Callao. Que desânimo, que angústia, que insegurança! Não imaginava que a separação seria tão dolorosa. Passei a manhã toda no quarto de hotel (*rue* Cujas) recordando as horas comuns, emocionando-me com os objetos que ela tocou. Curioso: tinha a impressão de que de um momento para o outro ela apareceria no hotel, desistiria da viagem para ficar comigo. Esperanças tolas!... Há pouco tempo decidimos nos casar, quando eu voltar para Lima, ou ela, para a Europa. Duas condições incertas: quando eu voltarei?, quando ela? No fundo, faltou coragem, dos dois lados.

3 DE NOVEMBRO

Penso obstinadamente em C. Lembro de cada um dos seus gestos, das suas palavras, dos seus vestidos. A presença dos amigos, dos livros, do vinho, tudo me conduz cegamente a ela. A noite, principalmente, quando vejo a enorme cama vazia, quando afasto os lençóis brancos, é o momento mais doloroso. Pensei em voltar para Lima no próximo navio, terminar a faculdade de direito, trabalhar ferozmente, ganhar dinheiro, tornar possível meu casamento. Esta vida de eternos adiamentos não tem sentido. Não acredito que minha felicidade esteja nos estudos, nem na formação interior, nem na criação literária. Terei tempo mais tarde para tudo isso. O amor e a juventude, porém, são fugazes, e preciso agarrá-los desesperadamente antes que se reduzam a mera invocação.

4 DE NOVEMBRO

Vim a pé do consulado porque não tinha bilhete de metrô. Só a carta de C., que eu mantinha apertada no bolso, me permitiu fazer essa caminhada. Ela me escreve de Santander, carta breve e emotiva. Tenho tempo de responder-lhe em Havana, mas não tenho dinheiro para os selos. Minha situação econômica é péssima, desastrosa, verdadeiramente sem saída.

8 DE NOVEMBRO

Desassossego, inquietação, vontade de mergulhar no bulevar e me misturar com a multidão. Passei o dia todo fechado no hotel, tentando concluir meu conto "Junta de acreedores" [Junta de credores]. A coisa avança lentamente, o tema é intricado, *embêtant*. Quero beber, quero ver mulheres bonitas, quero arranjar outra forma de libertação. Não suporto mais este espelho que me devolve a minha figura esquálida cada vez que o olho. O café frio, o tabaco amargo nos lábios, o temor de receber a conta do hotel, a correspondência que se acumula e não posso responder, a falta de C., que deve estar no trópico, que sórdida, que sistemática acumulação de fatores adversos.

18 DE NOVEMBRO

Outra vez na *rue de la* Harpe, mas agora no número 10, Hotel des Sports. A janela dá para restaurantes orientais, para pequenos hotéis de argelinos. Cartas de C. das Bermudas e de Havana. Projeto de viajar para a Espanha o mais cedo possível. Vontade de deixar pronto o meu livro de contos para autorizar sua edição em Lima. De Madri, Escobar se oferece para escrever o prólogo. Seis contos já terminados, falta o sétimo. Já tenho o tema em estado de nebulosa. Talvez esta noite escreva as primeiras linhas.

20 DE NOVEMBRO

Começam as dificuldades no meu novo hotel. O sétimo conto foi um fracasso. Não se pode escrever em série.

21 DE NOVEMBRO

Conversa com Enrique Peña Barrenechea. Delicioso relato da perda e da reconquista do seu gato. Sensibilidade e fineza femininas. Impressão de que pertence a outra época, a outra espécie. Preocupação com a citação elegante, com a cultura. Desinteresse, imparcialidade, modéstia.

25 DE NOVEMBRO

Firme decisão de ir para Madri o quanto antes. Minha permanência em Paris é insustentável. Não consigo nem escrever. Meu último conto paralisado. Sem C., esta vida de sacrifícios me parece inútil. Nada mais me retém aqui.

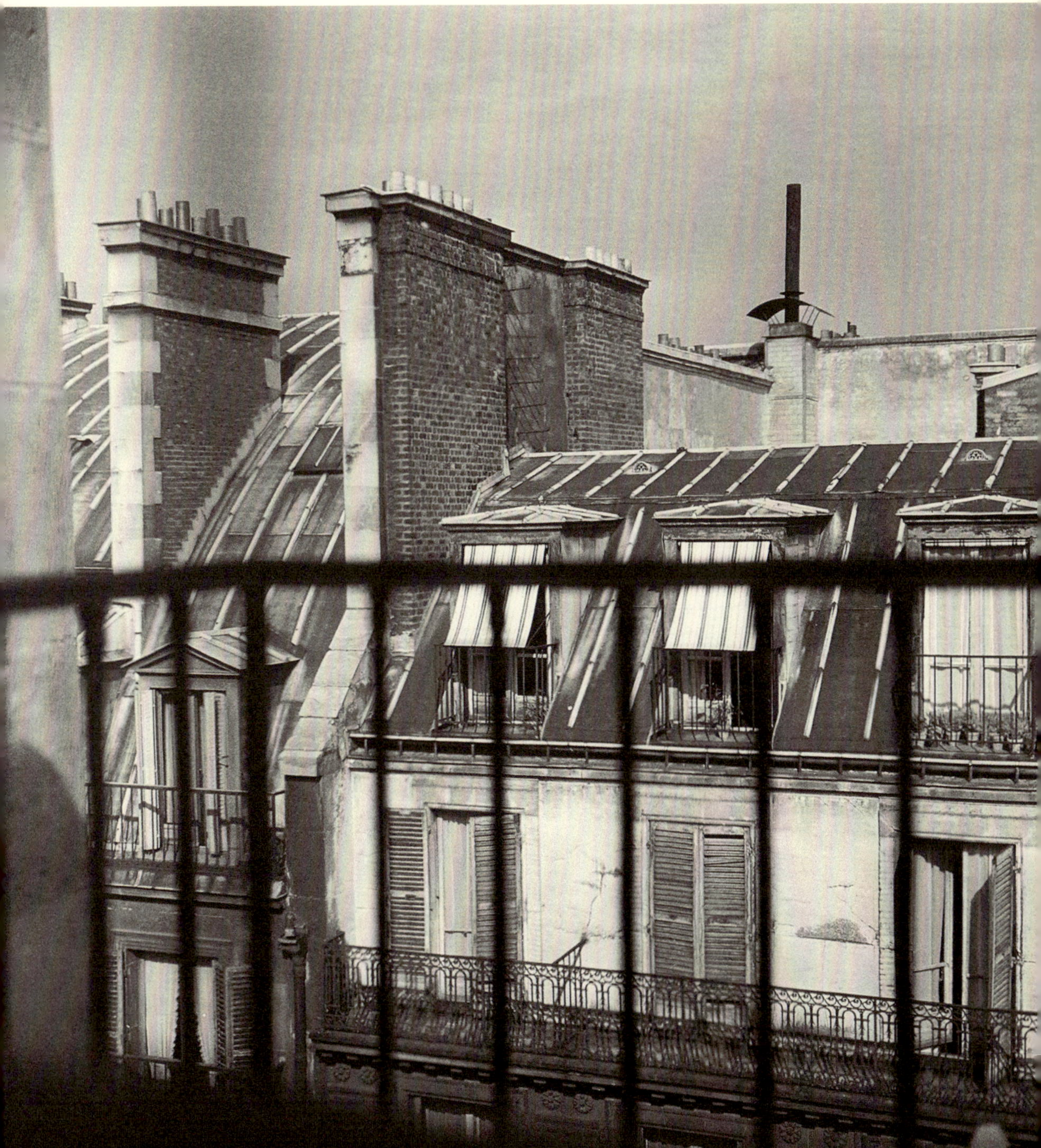

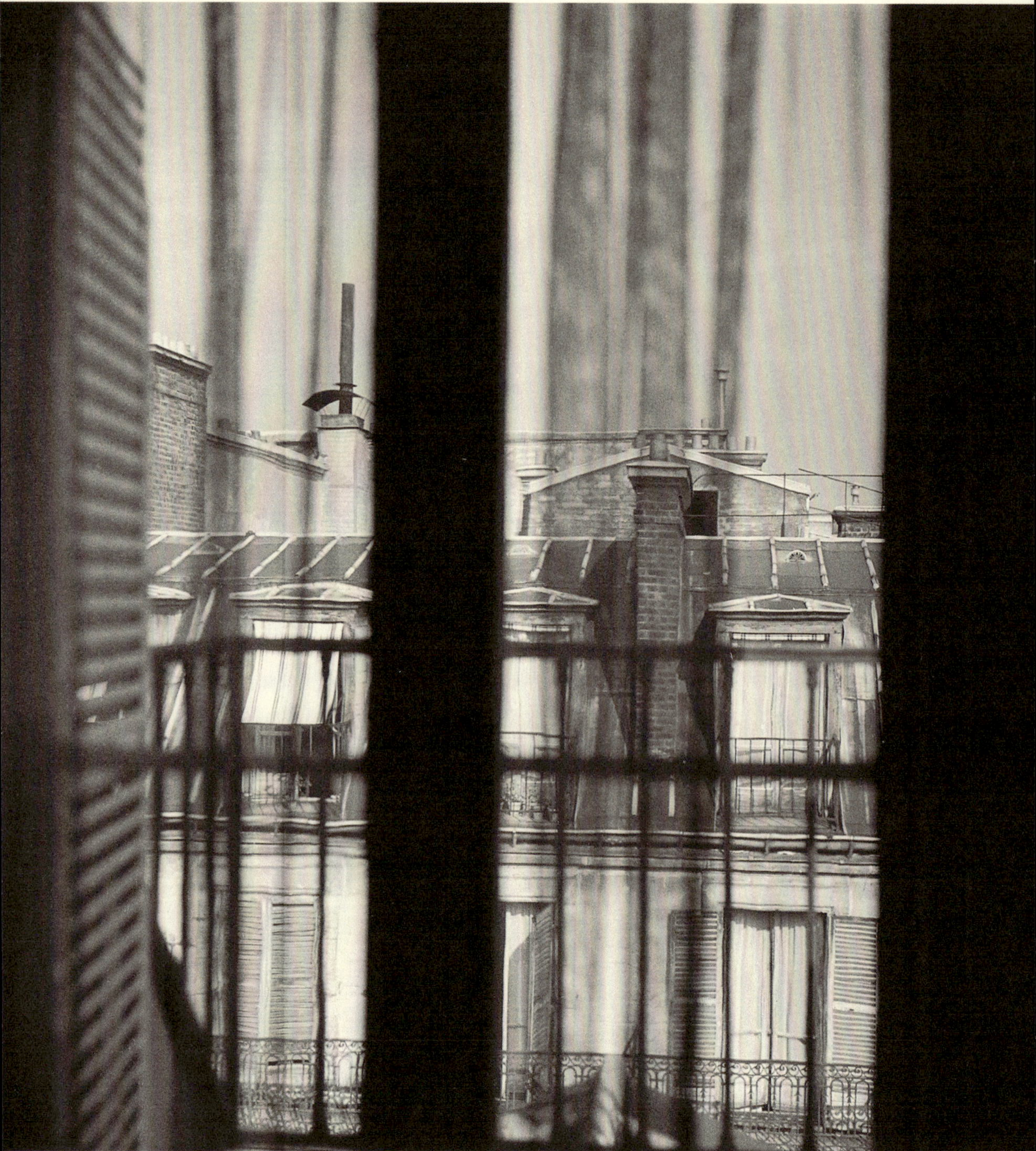

30 DE NOVEMBRO

Noite tormentosa. Primeiro em La Pergola, depois em La Romance. Solidão absoluta. Terminei no mercado de Les Halles, tomando *soupe à l'oignon*. Acho que é a quarta vez desde que C. foi embora que eu me embebedo sozinho, em lugares sórdidos. É um sintoma claro da falta que ela me faz. Minhas energias perderam seu objetivo, minha carga de afeto e de sociabilidade, seu receptor. Estou realmente ao léu, dando braçadas a torto e a direito, tentando me agarrar a alguma coisa, ressuscitar em mim de algum modo a felicidade dos dias perdidos. Uma mulher parecida com ela, um bar onde estivemos juntos, uma melodia que ela cantarolava são pequenos instantes de reconquista, de "revivência". Efêmeros, entretanto, angustiantes.

4 DE DEZEMBRO

Ontem Víctor Li-Carrillo passou por Paris a caminho de Londres. Almoçamos e jantamos juntos. Naturalmente, falamos de Stendhal, por quem Víctor tem uma admiração que chega perto do fanatismo. É curioso como ele conhece a literatura francesa, sobretudo a contemporânea, como "está em dia", no seu refúgio em Freiburg, com toda e qualquer revista, romance ou livro interessante que sai em Paris. Suas opiniões são sempre meticulosas e exatas, embora dê a impressão de não ter muita sensibilidade para a poesia, ou melhor, para o poético. Entre os escritores franceses, ele admira os mais intelectuais, os mais lúcidos, aqueles de quem se pode extrair uma filosofia de vida ou uma moral: Stendhal, Gide, Valéry etc. Não compartilha o meu entusiasmo por Flaubert, que considera injustamente um pouco fora de moda.

Seu comportamento, por outro lado, é estranho e pode surpreender quem não o conhece como eu. Sustenta uma defesa constante do cinismo, e ele próprio faz esforços para exercê-lo. Diz coisas frívolas sobre o amor, o dinheiro, a política, transformando esses conceitos em meros instrumentos do conforto ou do sucesso. No fundo, não acredita em absoluto no que diz, e o tom ligeiro que adota – D'Aurevilly recomendava gravidade nesses casos, para obter a ironia – às vezes o torna lamentável. Só quando se volta para a literatura, a crítica, a metafísica, quando deixa cair essa máscara mundana que não combina com ele, é que sua conversa se torna aguda e ilustrativa. Sem ser muito ágil, sua inteligência é rigorosa e lógica à custa de exercício, uma inteligência de glosador, de tradutor, e que pode muito bem chegar a ser uma inteligência de orador. Sua cultura em todas as ciências do espírito, tão precoce e seleta, e sua magnífica memória o incitam constantemente a fazer citações sempre oportunas, a inter-relacionar os seus conhecimentos, e, de vez em quando, ao colidir uns contra os outros, surge uma faísca de verdadeiro talento. Minha estima por ele chega às raias da admiração. Em muitas coisas, poderia considerá-lo como um mestre. Se não perder a velocidade, pode vir a ser um dos grandes valores do nosso grupo.

(7 DA NOITE)

Acabei de terminar "En la comisaría" [Na delegacia], último conto para o meu livro. Precisei tomar meia garrafa de vinho rosê para realizar essa proeza. Não sei como ficou. Tenho medo de reler e sofrer uma decepção. Vai ficar para amanhã. Hoje é sábado, mereço uma recompensa.

6 DE DEZEMBRO

Duas da manhã. Insônia, grande esgotamento físico. Li integralmente *Os rios da noite*, de Leopoldo Chariarse. Comprovei agora, tal como em outras releituras, mas talvez com mais certeza, que Leopoldo é um poeta magnífico. Esse livro, que passou quase despercebido quando foi publicado e recebeu, tanto em Lima como em Madri, comentários quase que por obrigação, é um livro de primeira ordem. O que primeiro chama a atenção - tirando três ou quatro poemas curtos e campestres - é sua profunda unidade. Unidade de tom, unidade de tema, unidade de linguagem. Essa melancolia evocativa, provocada pela memória do tempo e do amor perdidos, vai ganhando lentamente o leitor.

Sua poesia não se concentra numa metáfora ou num verso, está espalhada por todo o poema, encerrada no seio de um vasto conceito, de modo que, para degustá-la, é necessário lê-la reflexivamente, sem a avidez de um caçador de figuras. Circula em todo o livro uma espécie de tremor reprimido, de grito amordaçado, que assusta e vez por outra horroriza. A alternância entre paisagens brumosas e detalhes concretos - um armário velho, um balde na areia - cria uma atmosfera ou, como se diz, "um clima espiritual", e este é, talvez, um dos méritos do livro: o contato com um mundo sombrio, úmido, onde os personagens, além da mulher, são os rios, a chuva, o mar, a ressaca, as trepadeiras, as coisas envelhecidas.

9 DE DEZEMBRO

Teatro Olympia: Lionel Hampton e sua orquestra de jazz. Hipnose coletiva. O que diriam Baudelaire ou Debussy se estivessem nessa sala transfigurada? Retorno ao primitivo. Rito expiatório. Você fica mentalmente limpo, fisicamente relaxado, como depois de um banho turco ou de um orgasmo.

15 DE DEZEMBRO

Quase na véspera da minha viagem a Madri, a dúvida se apoderou de mim novamente. Acho que devo fazer o possível para continuar em Paris. Afinal de contas, são apenas seis meses, até poder viajar para a Alemanha. Morros Moncloa está disposto a comprar um carro usado para fazermos juntos um *ramassage*[1] de jornais velhos. Já me vejo nas manhãs de inverno subindo e descendo escadas com os pacotões de jornais. Vou poder alugar uma velha água-furtada, aperfeiçoar meu francês, fazer algum curso na Sorbonne. Esta noite decidirei.

18 DE DEZEMBRO

Nada me provoca uma melancolia mais penetrante do que rever minhas cartas, fotografias e papéis íntimos. É sempre doloroso constatar a passagem do tempo. Dentro de 15 dias, vai fazer um ano que conheci C. De tudo isso só restam papéis e lembranças, coisas afinal inúteis. Às vezes eu me pergunto por que não nos é permitido fazer uma pausa, dar meia-volta e penetrar no nosso passado.

19 DE DEZEMBRO

Ainda não posso sair de Paris. O dinheiro que pedi ao meu tio Héctor García Ribeyro não chega. Começo a temer que sua carta tenha se extraviado.

21 DE DEZEMBRO

Cada vez tenho mais dúvidas quanto ao sucesso que meu volume de contos pode fazer em Lima. Acho que três ou quatro estão verdadeiramente bem-acabados. Os outros não me inspiram confiança.

Se meu livro tem algum mérito, é o de manter a unidade do conjunto. Essa unidade reside, mais que na forma, na matéria trabalhada. Todos eles – meus contos – transcorrem em Lima, nas classes economicamente frágeis, em ambientes

---

[1] "Coleta" [N. do E.]

deliberadamente sórdidos. Criadas, pedreiros, pescadores, merceeiros, traficantes, lixeiros, tudo o que vi de mais tocante e significativo no nosso povo tentei animar, infundindo vida e movimento. Por fim, o panorama resulta um pouco miserável, mas exato e verossímil.

Minha segunda preocupação foi a exatidão psicológica. Na verdade, os fatos em si me interessam pouco. O que mais me interessa é a pressão dos fatos sobre as pessoas. Meus contos poderiam ser definidos – com algumas exceções – como "a história psicológica de uma decisão humana". Em "Mar afuera", a decisão de Dionísio de se deixar assassinar, em "Interior L", a decisão do colchoeiro de prostituir a filha, em "La tela de araña" [A teia de aranha], a decisão de María de se entregar ao seu protetor, em "Mientras arde la vela", a decisão de Mercedes de eliminar o marido, em "Junta de acreedores", a decisão de don Roberto de suicidar-se (?). O que motiva, a meu ver, uma decisão humana? A resposta está nos próprios contos, e em cada caso é diferente. A ambição, os ciúmes, a solidão, o temor, a dignidade ameaçada etc. se combinam ou agem isoladamente sobre cada personagem.

Minha última preocupação foi cuidar do estilo e manter certo nível de gosto literário. Acredito e sempre acreditarei que a durabilidade de uma obra depende em grande parte de suas qualidades estritamente literárias. Por "literárias" entendo o estilo, as metáforas, a harmonia da frase e da construção, elementos em suma sensoriais, sensuais, que muitos escritores negligenciam. As ideias passam, a expressão fica. Devemos aferrar-nos a ela se aspiramos a certa sobrevivência, sem por isso cair no preciosismo.

Uma última observação: minha concepção técnica de considerar o conto como uma unidade de tempo, lugar e ação. Isso tem o objetivo de evitar a dispersão do relato e chegar a uma espécie de "condensação dramática". Mas afinal isso é discutível, e não me sinto muito convencido para defendê-lo.

24 DE DEZEMBRO

Meu terceiro Natal na Europa. Como nos anos anteriores, agora também estou resfriado. Não creio que seja uma simples coincidência. Deve haver alguma razão mais profunda, de ordem psicológica ou religiosa, não sei definir. O resfriado, no meu caso, é "um estado de ânimo". Pensei em meus velhos festejos em Lima, quando a Noite de Natal tinha para mim um sentido místico e um agradável ambiente familiar. À meia-noite tomava-se o chocolate, soltavam-se os fogos, ia-se à Missa do Galo. No Natal, aprendi a beber e a fumar.

Pelo menos Jorge Benavides me convidou para passar na casa dele, e assim poderei desfrutar de uma atmosfera caseira, com sua mulher e o filho. Esquecer talvez que nesta ocasião não tenha recebido nem uma linha sequer de C. nem da minha casa.

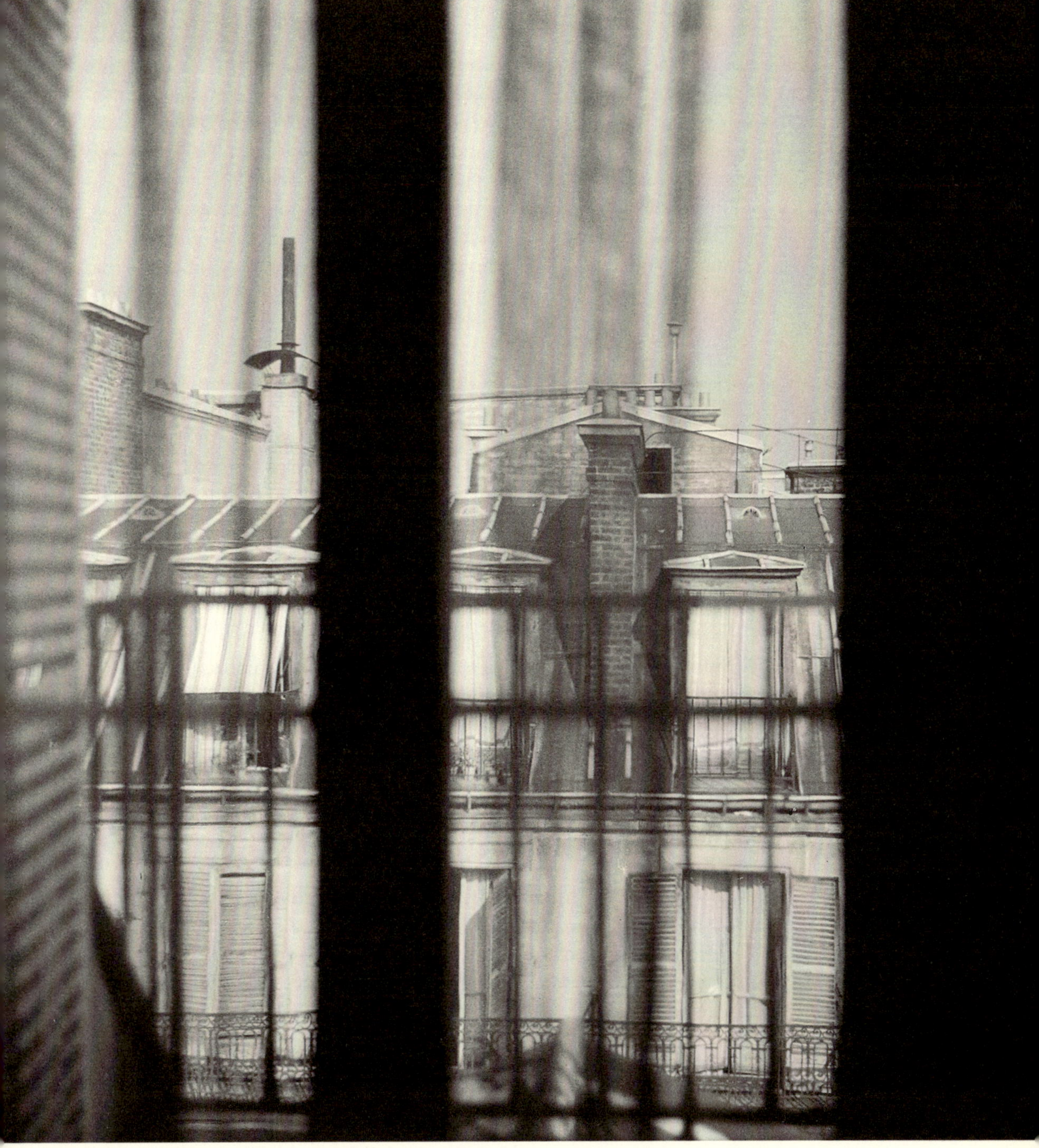

26 DE DEZEMBRO

Dar uma orientação mais prática à minha vida. Nada do que fiz desde que saí de Lima tem aplicação imediata. Conheci cidades, li livros, observei pessoas e coisas, mas isso, afinal, para que me serve? Com todos os meus livros, minhas experiências e meus manuscritos, quando voltar ao Peru, não vou poder fazer nada para "ganhar a vida". A maioria dos meus colegas já deve estar formada em direito, trabalhando em seus escritórios, concentrando suas energias ou seu talento em grandes causas lucrativas. Eu, em contrapartida, continuo no meu nível de eterno aprendiz. Minha viagem à Europa parece que no fundo foi um ato de covardia, o expediente de que me servi para adiar ou fugir de qualquer responsabilidade séria.

28 DE DEZEMBRO

Impressão de que cada dia escrevo pior. Perdi força e audácia. Às vezes penso que "El hijo del montonero" [O filho do *montonero*] (1946) foi a melhor coisa que fiz em toda a minha vida.

1 DE JANEIRO DE 1955

Para mim, este último ano foi – creio não estar enganado – o mais importante da minha vida. Conheci a abundância e a necessidade, a solidão e o amor, o desespero e o delírio. Um ano de experiências profundas e contrastes terríveis. Viajei, amei, escrevi, trabalhei, li. Não posso me queixar.

7 DE JANEIRO

Já faz 30 dias que estou esperando a carta do meu tio Héctor, a famosa carta com o dinheiro que vai me permitir viajar para Madri. Espera inútil e desesperadora. Não sei o que pensar, o que fazer. Ontem, num gesto de desespero, fiz um *ramassage*. Total: 650 francos e tão cansado que não consegui dormir.

10 DE JANEIRO

A carta: a espera se tornou minha atitude habitual. Subalimentação. Transtornos digestivos.

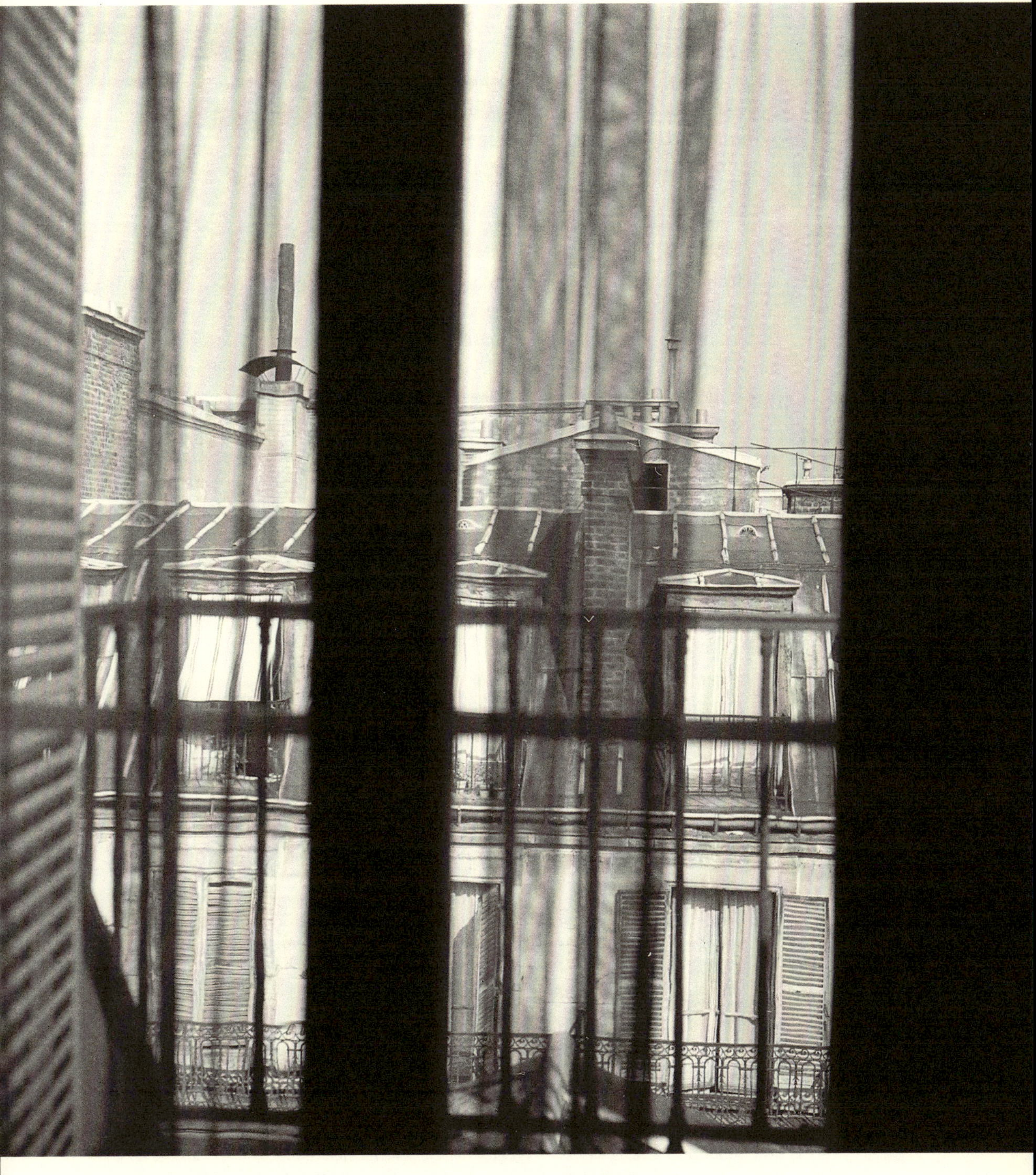

Leituras intensas. Diários íntimos de Kafka, Charles Du Bos, André Maurois, André Gide, Barbey d'Aurevilly. Poesia: Mallarmé, Milosz, Géraldy. Outros: Camus, Curtius, Alain-Fournier, Jean-Louis Curtis, Dostoiévski.

Projeto de um estudo sobre a crítica literária.

Projeto e começo de um romance autobiográfico.

19 DE JANEIRO

Se não aparecer nenhuma dificuldade amanhã, vou viajar para Madri. Termina assim o meu *séjour* em Paris. Um ano e meio. Quando voltarei? Não posso saber. Ontem estava pensando justamente que o caráter essencial e bonito da vida é seu "coeficiente de imprevisibilidade". Tudo pode nos acontecer: a vida é uma possibilidade infinita. O que vai ser de mim na Espanha? Posso ganhar na loteria, posso me casar, posso ser vítima de um processo injusto, posso escrever um livro, naturalmente posso morrer. Não posso prever as circunstâncias, mas, uma vez que apareçam, tenho que enfrentá-las e incorporá-las à minha vida. Viver é decidir, é agir, é apoderar-se constantemente de uma fração da realidade.

Um dos nomes decisivos do conto latino-americano, escritor de escritores que venceu o Prêmio Juan Rulfo no ano de sua morte, o peruano **Julio Ramón Ribeyro** (1929-1994) foi cultor e praticante fervoroso do diário como sofisticada forma literária. Da juventude aos últimos anos, vivendo boa parte do tempo entre Lima e Paris, manteve detalhadas anotações, parte delas publicadas em *A tentação do fracasso – Diário pessoal (1950-1978)*, inédito no Brasil, como a esmagadora maioria de sua obra. Dele, a Cosac Naify traduziu *Só para fumantes*, coletânea com 13 das centenas de contos reunidos nas mil páginas de *La palabra del mudo*. *Prosas apátridas* foi lançado este ano na coleção Otra Língua (Rocco).
Tradução de **Ari Roitman e Paulina Wacht**

Responsável por algumas das imagens icônicas da vida americana, o fotógrafo **Walker Evans** (1903--1975) produziu a série *12 Views of Rooftops, Probably from the Hotel Continental* na Paris na década de 1950, época em que Julio Ramón Ribeyro passou a primeira temporada na cidade onde moraria até pouco antes de morrer.

Assine **serrote** e receba em casa a melhor revista de ensaios do país

Assinatura anual R$120,00
(3 edições anuais)
Ligue (11) 3971-4372
serrote@ims.com.br

serrote *Para abrir cabeças*

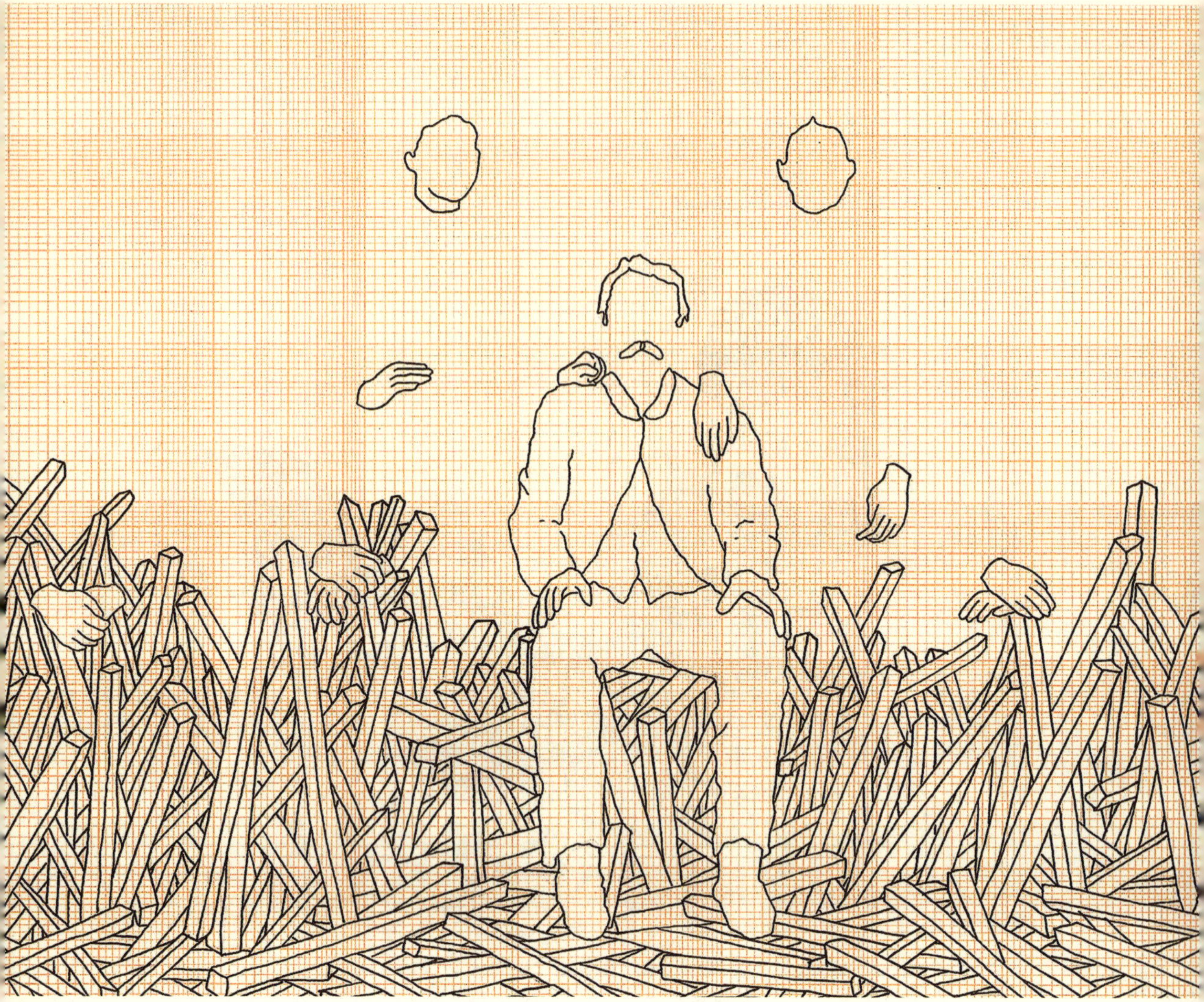

Pai país mãe pátria

José Carlos Avellar

Desenhos de Theo Firmo
Seguimos aqui, 2011

No cinema brasileiro dos anos 1960, o político e o social desfocavam a família, que nas produções do final dos 1990 assume o protagonismo, encarnando nos indivíduos os dramas do coletivo

"Não devia ter a merda da fotografia pra gente não ter de lembrar." Dora caminha com Josué na Vila do João, em *Central do Brasil* (Walter Salles, 1998). A câmera vai com eles, às vezes um pouco atrás, outras um pouco adiante. Já quase no final da viagem, perto da casa onde esperava encontrar o pai de Josué, Dora procura saber se o menino seria capaz de reconhecer o pai. "Tua mãe tinha uma foto de teu pai?" Ele diz que sim, "tinha!". Ela quer saber se Josué conseguiria se lembrar da cara do pai. Ele não sabe: "Tem hora que eu *alembro*, depois desmancha na minha cabeça". Dora preferia esquecer a cara do pai. Se não existisse fotografia, diz, não se lembraria mais dele. Saiu de casa com 16 anos, nunca mais viu o pai. Anos depois, "eu gelei", deu de cara com o pai na rua. "Aí, tomei coragem e fui falar com ele: 'Está me reconhecendo? Se lembra? Se lembra de mim?'". Viu na cara dele que não se lembrava, "ele não reconheceu a própria filha!". Falou com ela como se ela fosse uma qualquer: "Menina! Vem cá! Como é que eu pude esquecer uma mocinha assim, jeitosinha como você". Ela cortou a conversa e foi embora, "respondi para o safado que tinha me enganado de pessoa e me mandei". Um silêncio. Dora conclui secamente, a meia voz: "Soube que ele morreu logo depois". Silêncio maior. Dora interrompe a caminhada, dá um tapa amistoso no braço de Josué, muda de tom e pergunta: "Entendeu?". Ele, não, não entendeu, "que é que eu fiz?". Ela explica: "Daqui a pouco você também já se esqueceu de mim". Ele nega, "eu não quero se esquecer de você", mas ela diz que não tem jeito. "Não adianta." Ela sai da imagem, deixa Josué sozinho e, fora do quadro, sentencia: "Você vai me esquecer!".

No cinema, enquanto um filme passa na tela, o espectador é metade Dora, metade Josué. Metade Paco, metade Alex: está no lugar e na condição ideal para esquecer-se de si próprio – só não se esquece de todo porque tem a fotografia. No cinema, a imagem, além do quadro, é também o fora de quadro, o esquecido pela câmera, o não visível que estrutura o imediatamente visível – assim como nesse plano em que a câmera se esquece de Dora, a personagem que de fato conduz a cena, e permanece com Josué. O desenho da imagem antecipa o que a escrevedora de cartas diz para o menino que às vezes se lembra, outras não, da cara do pai: "Você vai me esquecer!".

Na fotografia de *Terra estrangeira* (Walter Salles e Daniela Thomas, 1996), sem tirar os olhos dela, o espectador vê também

Sem título, 2009

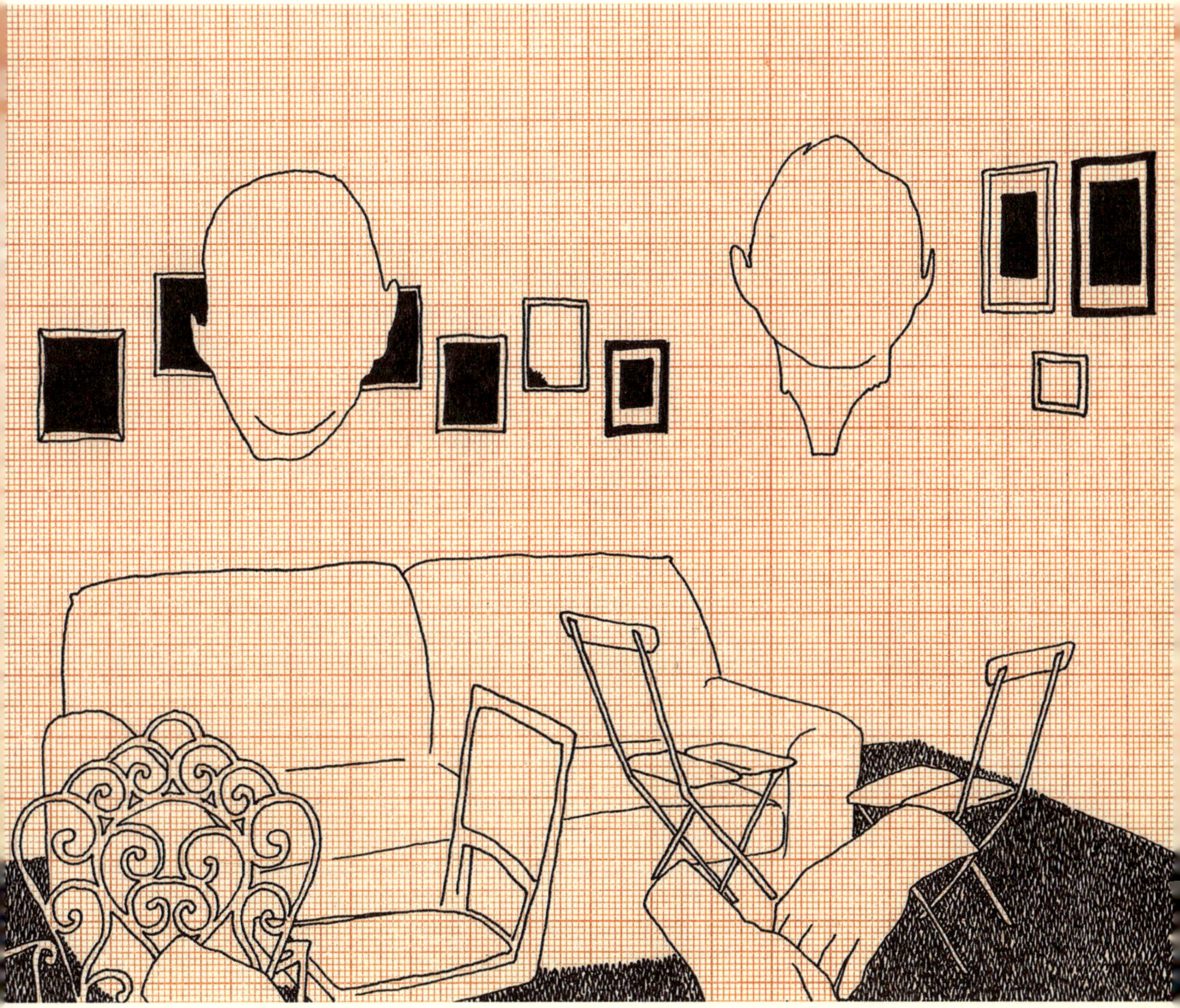

o ponto de vista de onde é contada a história de Alex e Paco. Só percebe uma coisa porque simultaneamente percebe a outra: vê o filme como se estivesse na ponta da Europa, Ninguém, Menos Ainda e um mar sem terra nenhuma à vista, uma representação do Brasil dos primeiros dias do governo Collor. Sem terra alguma para chamar de sua, Alex e Paco vivem de forma trágica o verso de Carlos Drummond de Andrade em "Hino Nacional": "Nenhum Brasil existe. Precisamos, precisamos esquecer o Brasil".[1]

Central do Brasil caminha entre Dora e Josué. Com ela, que se move pela vontade de esquecer, e com ele, que se move pela vontade de não deixar a lembrança desmanchar na cabeça. A cena em que eles conversam sobre a fotografia do pai, além de seu sentido primeiro e fundamental, é uma possível representação do processo de construção do filme feito em torno de uma carta não enviada, da perda da mãe, da perda do pai, e de coisas não esquecidas de todo porque existe a fotografia. A foto no monóculo, Dora no ônibus, Josué na Vila do João figuram o processo de (re)sensibilização da escrevedora de cartas.

Dora confessa para Josué que há muito tempo não mandava uma carta para alguém ("agora estou mandando esta carta para você"). Diz que ele tem razão, que o pai vai reaparecer e com certeza é mesmo tudo aquilo que Josué acha que ele é. Ela se lembra do pai dela ("me levando na locomotiva que ele dirigia. Ele deixou. Eu, uma menininha, dei o apito do trem a viagem inteira!"). Diz que tem saudade do pai, diz que tem saudade de tudo, que tem medo que um dia Josué se esqueça dela. "No dia que você quiser lembrar de mim, dá uma olhada no retratinho que a gente tirou junto" – conclui, então feliz porque a fotografia existe.

Embora à primeira vista pareça interessada só em acompanhar o que os personagens fazem, atenta mas discreta como quem não quer se fazer notar, a imagem sugere que devemos ver *Central do Brasil* como uma fotografia – um retrato, para não esquecer. Um retrato para lembrar o país esquecido, o país "que a gente não quer nem ver, que a gente esconde debaixo do tapete".[2]

Retratos: não se trata somente da foto do pai, que Josué viu um dia entre as coisas de sua mãe, nem da foto na parede da casa dos irmãos, nem ainda da foto que ele e Dora tiram na feira. Nem mesmo se trata apenas dos "retratos" das

[1]. Carlos Drummond de Andrade, "Hino Nacional", em *Brejo das almas*. Belo Horizonte: edição do autor, 1934; e em *Obra completa*. Rio de Janeiro: José Aguilar, 1967, p. 89.

[2]. Walter Salles, "O documentário como socorro nobre da ficção", entrevista a *Cinemais*, n. 9, jan./ fev. 1998, p. 15.

pessoas que ditam cartas para Dora, personagens anônimos vistos em imagens, que se esquecem de tudo o mais para concentrar a luz e o foco no rosto deles. Nem ainda das fotos das paisagens descobertas ao longo da viagem. A câmera, na cidade, é de uma miopia idêntica à de Dora. Ao sair do Rio de Janeiro, abre os olhos com curiosidade idêntica à de Josué: os planos tornam-se mais abertos e coloridos, com maior nitidez e profundidade. Enfim, não pelo imediatamente visível, os muitos retratos de pessoas e paisagens, mas pela ordem invisível que constrói o que se dá a ver, é que *Central do Brasil* se constitui como uma fotografia para lembrar o que parece ter sido esquecido mas não sai da cabeça: o pai, o país.[3]

Em *Central do Brasil* (uma viagem em busca do retrato que não deixe o retratado cair no esquecimento), talvez se revele mais o fotografado que a fotografia. Em *Terra estrangeira* (uma viagem para esquecer a existência do retrato e do retratado), talvez se revele principalmente "a pulsação fotográfica", mais a fotografia do que o fotografado. A câmera "é que demonstra o estado dos personagens". Carregada na mão o tempo inteiro, é ela que "transmite a crise do início dos anos 1990".[4] No apartamento apertado em que Paco mora com a mãe, na rua estreitada pelos prédios, cartazes e viadutos, na confusão do bar e no amontoado de objetos da loja de antiguidades, nenhum espaço. A imagem não retrata o pedaço de realidade diante da câmera, não aquele preciso pedaço de São Paulo. Retrata a sensação do país como parede e teto, nenhum céu, nenhum chão, nenhuma porta ou janela, ou, se janela, nenhum horizonte à vista. Parede, muro, sombra, prisão, vontade de fugir: "Que um manto mágico seja meu e me carregue para terras estrangeiras" – Paco toma por empréstimo as palavras do *Fausto* de Goethe.

Em *Terra estrangeira*, preto e branco, câmera na mão e quadro nervoso. Em *Central do Brasil*, cor, teleobjetiva e grande angular, para obter um foco mais fechado ou aberto. Em *Abril despedaçado* (Walter Salles, 2001), cor, quadro firme e tenso, menos ação e mais reflexão. A fotografia vive principalmente um drama-outro, paralelo àquele da cena fotografada. A imagem de cinema é por essência plural, existe em fusão com outras e em um duplo movimento, corre para fora de si mesmo e corre internamente de um a outro de seus polos – do real tal como o vemos ao real tal como o sonhamos. Deste modo, porque essencialmente fusão, porque

---

3. "Os lugares onde a possibilidade de migração é muito presente suscitam a necessidade de fixação pictórica das pessoas que partiram. Se você entra numa casa nordestina, por mais pobre que seja essa casa, você encontra um número impressionante de retratos e imagens que permitem a lembrança daqueles que partiram. A questão da imagem não é decorativa, como é muitas vezes para nós. Constitui-se numa memória, numa necessidade intrínseca quase que de sobrevivência. Uma forma de resistir é lembrar a pessoa que se foi." *Ibidem*, pp. 23-24.
4. *Ibidem*, p. 11.

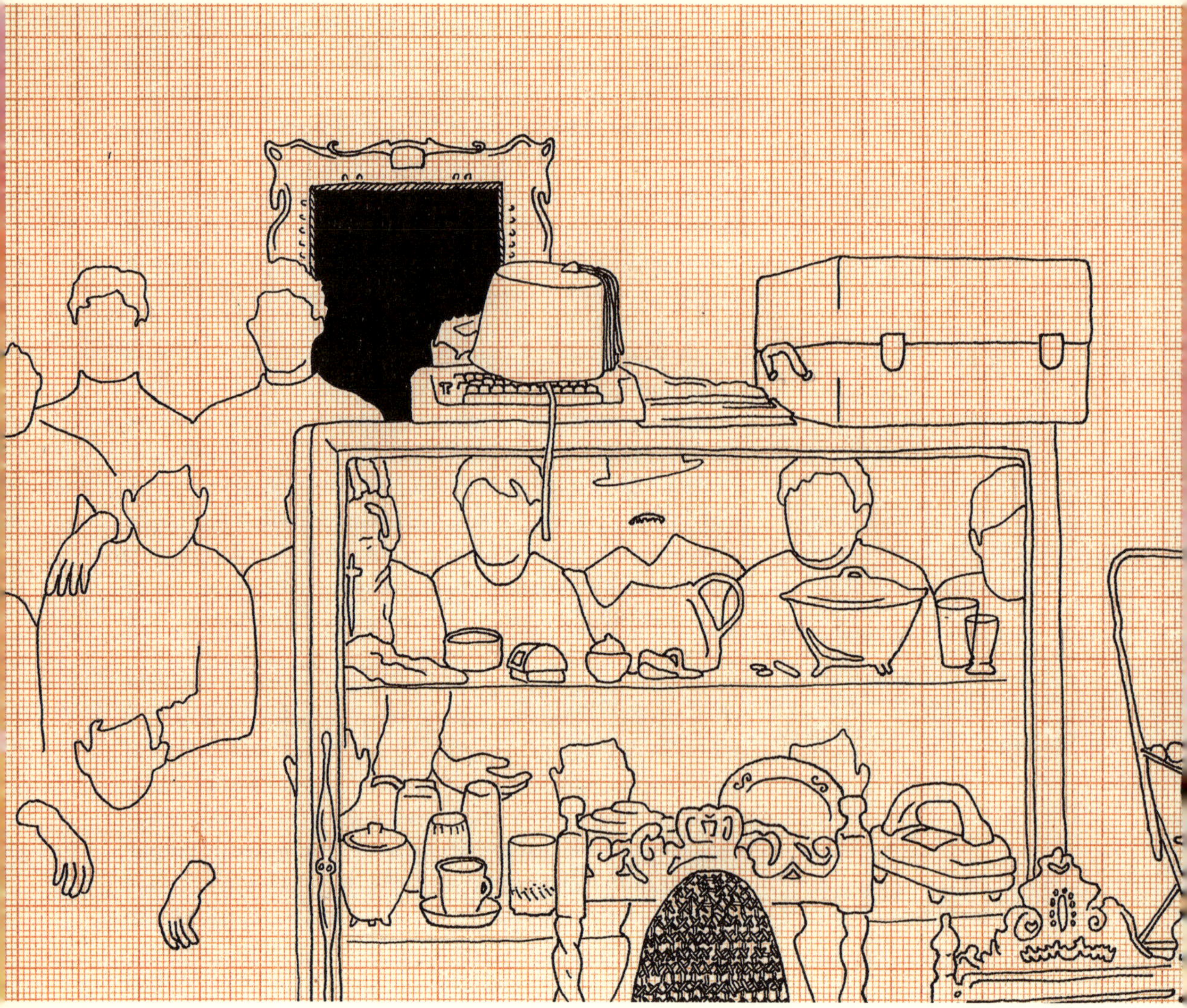

essencialmente múltipla, a imagem da procura do pai é também a da procura do país e a da procura de si mesmo. A procura do pai e de si é também a procura de Fausto, vender a alma ao diabo. Março de 1990 é também abril de 1500. Abril, tempo imóvel. Maio, nunca mais. Abril é o lugar sem fotografia, o lugar do esquecimento.

—

Josué não quer esquecer o pai. Esquecer o pai é tudo o que Dora quer. Ela não conhece o pai de Josué, mas sabe que todo pai é cachaceiro, melhor esquecer. Para a mãe de Josué o pai "foi a pior coisa que aconteceu" na vida dela. Ela só escreve para ele porque o menino cismou: quer conhecer o pai. Na determinação de Josué, não esquecer o pai (que "construiu nossa casa sozinho e sabe fazer tudo de madeira, a mesa, a cadeira, a porta, o pião"), uma herança do cinema da década de 1960. Na determinação de Dora, esquecer o pai ("em casa era um bicho e na rua, um palhaço"), uma presença do cinema da década de 1990.

Longe do Fabiano de *Vidas secas* (Nelson Pereira dos Santos, 1963), longe do pai que se isola de tudo em *A terceira margem do rio* (Nelson Pereira dos Santos, 1994), longe do pai que Josué quer encontrar em *Central do Brasil*, bem longe deles, o pai de *Abril despedaçado* está próximo daquele que a mãe de Josué prefere esquecer; Dora nem quer lembrar do pai, o cachaceiro que em carta para a mãe dela se diz "cansado de viajar de ônibus todo dia, quer dizer, cansado de minha mãe, e que resolvera pegar um táxi, quer dizer, outra mulher". Pai? "Tudo igual, tudo cachaceiro."

No ônibus, com Josué, Dora se lembra do apelido do pai-cachaceiro, "Pimbão", aponta alguém com cara de pai e repete a meia-voz para Josué: "Pimbão, ô Pimbão!... Palhaço, ô palhaço...". Pai, Dora tem certeza, conhece o tipo: "Pai? Bêbado!". Para tentar convencer a amiga Irene a não botar no correio a carta do filho que queria conhecer o pai, reafirma: "Pai? O de Josué também: bêbado!". Garante: batia na mãe dele, "na cara dela". Batia no menino. "Melhor viver sem ele."

Nos filmes da década de 1960 as relações familiares e os traços dos personagens apareciam fora de foco para que eles pudessem ser compreendidos não tanto como figuras

Sem título, 2009

individualizadas, mas como representações da cena política e social. Deslocava-se assim o conflito do particular para o geral. A partir da metade da década de 1990, o social e o político é que aparecem fora de foco. A atenção se concentra na individualidade dos personagens, o conflito se desloca do geral para o particular, as relações familiares são uma direta representação da cena política e social. Em *Abril despedaçado*, quando o pai recebe no velório do filho o pai da família inimiga e o assassino de seu filho, temos o equivalente ao encontro de chefes de Estado em tempo de guerra, para discutir uma trégua e enterrar os mortos de uma batalha – mas só num segundo momento, só depois da projeção. Enquanto acesa na tela, a cena é, de fato, a expressão da força bruta do pai por meio da lei da cobrança de sangue na guerra entre famílias.

A questão que os meninos de *Vidas secas* enfrentam está fora do núcleo familiar. O problema não está em casa, está fora dela. O pai, a mãe, o menino mais velho e o menino mais novo são pressionados pelo poder, pelo governo. Pelo Soldado Amarelo, que provoca Fabiano, "está me desacatando, paisano?", aplica-lhe uma surra e o joga uma noite na cadeia. O Amarelo é o país, é o poder, e por isso, quando Fabiano reencontra o soldado, miúdo, franzino, perdido na caatinga, contém a vontade de vingar-se – "Como a gente pensa coisas bestas!" – e diz baixinho para si mesmo: "Governo é governo".

O conflito de *Abril despedaçado*, ao contrário, está dentro de casa, "entre a ordem imposta pelo pai e a desordem anunciada pelo filho mais novo". Os dois meninos, o mais velho e o mais novo, enfrentam o pai, o poder, o país, a tradição que obriga a matar o filho da família inimiga porque o sangue amarelou na camisa hasteada na porta da casa como sinal de luto e bandeira de guerra. O pai de *Abril* não tem nome. Assim como o filho mais novo é "o menino", ele é "o pai" país que derruba o filho da mesa com um tapa na cara em resposta à ousadia de questionar a lei. O núcleo da história, "o embate trágico entre um herói obrigado a cometer um crime que não quer e o destino que o impele à frente", vem do livro do mesmo nome do escritor albanês Ismail Kadaré. O filme como um todo resulta tanto desse livro quanto das histórias de guerras de famílias no Brasil[5] e de uma sugestão de Kadaré: um estudo da tragédia grega. Nela se pode ver que "até o século 7 d.C. os crimes de sangue cometidos não eram julgados pelo Estado", mas pelas famílias em conflito

---

5. Em carta enviada aos colaboradores do filme pouco antes do início das filmagens, em julho de 2000, Walter Salles diz que informação importante para o roteiro de *Abril despedaçado*, escrito com Sérgio Machado e Karim Aïnouz a partir do romance de Ismail Kadaré, veio de *Lutas de famílias no Brasil*, de Luiz de Aguiar Costa Pinto, livro da década de 1940. "Costa Pinto nos permite entender como os conflitos que experimentamos em nosso país se aproximam daqueles vividos na Albânia de Kadaré ou na Grécia de Ésquilo. Baseado na análise dos confrontos entre as famílias Pires e Camargo, em São Paulo, e entre os Feitosa e os Montes, no Ceará, *Lutas de famílias no Brasil* prova que a vingança, no Brasil, se dá na ausência do Estado regulador. É algo que nasce de forma natural, espontânea, e que só deixa de existir quando surge um poder mais forte e regulador". O texto, publicado em *Cinemais*, n. 31, set./out. 2001, traz citações do livro. O documentário de Eduardo Coutinho, *Exu, uma tragédia sertaneja*, feito em 1979 para a televisão, trata da luta entre as famílias Alencar e Sampaio na cidade de Exu, em Pernambuco, conflito de características não muito distantes do narrado em *Abril despedaçado*.

que "estabeleciam seus próprios códigos para a reparação do sangue derramado". Parte desses códigos, "as camisas ensanguentadas expostas pelas famílias em conflito no Brasil e no romance de Kadaré", são um elemento fundamental para "a comunicação com aqueles que foram assassinados. A mancha na camisa, ao se tornar amarela, indicava o consentimento do morto para a cobrança de sangue". A sugestão de Kadaré fazia todo sentido, lembra Walter, porque as lutas entre famílias no Brasil se desenvolveram também na ausência do Estado. Tratava-se então de sair do Brasil para contar uma história originalmente situada na Albânia e logo "voltar ao Brasil através do teatro grego" – mais precisamente, através do coro do teatro grego. Na tragédia, mas como o coro da tragédia: dentro da cena, uma outra cena. Algo semelhante ao que ocorre em *A viagem dos comediantes* (*O Thiasos*, de Theodore Angelopoulos, 1975). Segunda Guerra Mundial, a Grécia ocupada pelos nazistas: durante uma representação teatral, Orestes invade o palco para matar a mãe, Clitemnestra, e o padrasto, Egisto. Os dois morrem em cena, no momento em que os personagens que interpretavam deveriam morrer. Dentro de uma tragédia, *Golfo, a pastora*, uma outra, a do filho que vinga a morte do pai assassinado pelos nazistas depois de denunciado pela mãe e pelo padrasto. A plateia aplaude de pé o que julga ser uma representação de extremo realismo.[6]

6. A peça *Golfo, a pastora*, escrita em 1893 por Spyridon Peresiadis (1864-1918) foi duas vezes levada ao cinema na Grécia: a primeira adaptação é de 1915, dirigida por Konstantínos Bahatóris, e a segunda, de 1955, dirigida por Orestis Laskos. Angelopoulos volta a se referir à peça de Peresiadis em *Paisagem na neblina* (*Topio stin omichli*, 1988).

Uma atmosfera de tragédia (talvez dupla, talvez contraditória) marca o personagem do pai nos filmes feitos a partir da década de 1990. O pai é ao mesmo tempo o opressor e o oprimido. O quase deus que impõe a situação trágica é também uma vítima dessa submissão à lei, à honra, à obrigação, à tradição, ao destino que determina o que ele deve fazer. A brutalidade de sua presença ou a agressividade de sua ausência não escondem o fato de que o pai é um oprimido que oprime: para enfrentar o sistema, procura imitá-lo. Sem deixar de ver a tragédia que o pai impõe ao filho, sem deixar de se dar conta da condição trágica vivida pelo pai, *Abril despedaçado* desloca a atenção para uma tragédia-outra, diversa daquela dos personagens. O modo de narrar – o quadro, a luz, a cor, a textura, o tempo da imagem – transforma a cena numa espécie de biombo, ou de sombra. Conduz o espectador para fora dela.

Quando o pai e a mãe se desesperam porque tudo se acabou, a câmera de *Abril despedaçado* quase se esquece deles. Vê de longe. Sai com Tonho, que não chora nem se despedaça como o pai e a mãe. Vai com ele até o mar. Na praia, abaixa-se para transformar a onda gigante em muralha maior que a tela. Percebe o sofrimento de Tonho, mas não vive a mesma dor. Vive outra, resultante do entendimento do que se passa com ele, assim como viu a dor dos pais sem sofrer o que eles sofriam. A câmera traz em si um pouco do olhar solidário e distante de Salustiano e um pouco do olhar carinhoso e próximo de Clara. Numa fusão desses dois olhares, comparte a solidariedade de um e o carinho do outro com o menino mais velho e com o menino mais novo. Enquanto se encolhe para não virar bagaço nos dentes da bolandeira, ou corre até perder o fôlego ao lado de Tonho na caatinga seca e espinhenta para cobrar a dívida de sangue, a câmera risca sua indignação na imagem: um círculo, uma reta, uma linha sinuosa, um rabisco qualquer, um desespero puramente cinematográfico. O que o espectador vive de fato é esse descontentamento da câmera. Como não se projeta no sofrimento do pai ou da mãe – e a rigor nem mesmo no do menino mais velho ou no do menino mais novo –, o espectador participa da imagem tal como o coro de uma tragédia grega: lamenta, analisa, comenta. Percebe o pai como o colonizado que agride outro colonizado. O pai como Laio e também Édipo. Ao mesmo tempo submetido ao destino trágico do pai, jogar fora o filho nem acabado de nascer, pés furados e amarrados para não poder caminhar, e ao destino trágico do filho, na estrada, para traçar seu caminho, enfrentar-se com o pai.

Francisco, o pai de *Dois filhos de Francisco* (Breno Silveira, 2005), amarra os pés dos filhos desde o berço. Decide: vão ser cantores. E passa a treiná-los para que eles sejam o que determinou que eles devem ser. José, o pai de *A ostra e o vento* (Walter Lima Jr., 1996), amarra os pés da filha, proibida de sair da ilha do farol para um passeio no continente. Não quer que ela seja contaminada pelas coisas ruins da cidade. Osíris, o pai de *Eu tu eles* (Andrucha Waddington, 2000), que na verdade nem pai é, amarra os filhos que a mulher teve com outros maridos. Sequestra as crianças e vai à cidade registrá-las como se fossem suas.

Estes três personagens revelam uma característica do pai nos filmes brasileiros entre o final do século 20 e o começo do 21: o pai proprietário dos filhos, mas proprietário que não logra controlar o que possui.

Três mulheres, 2009

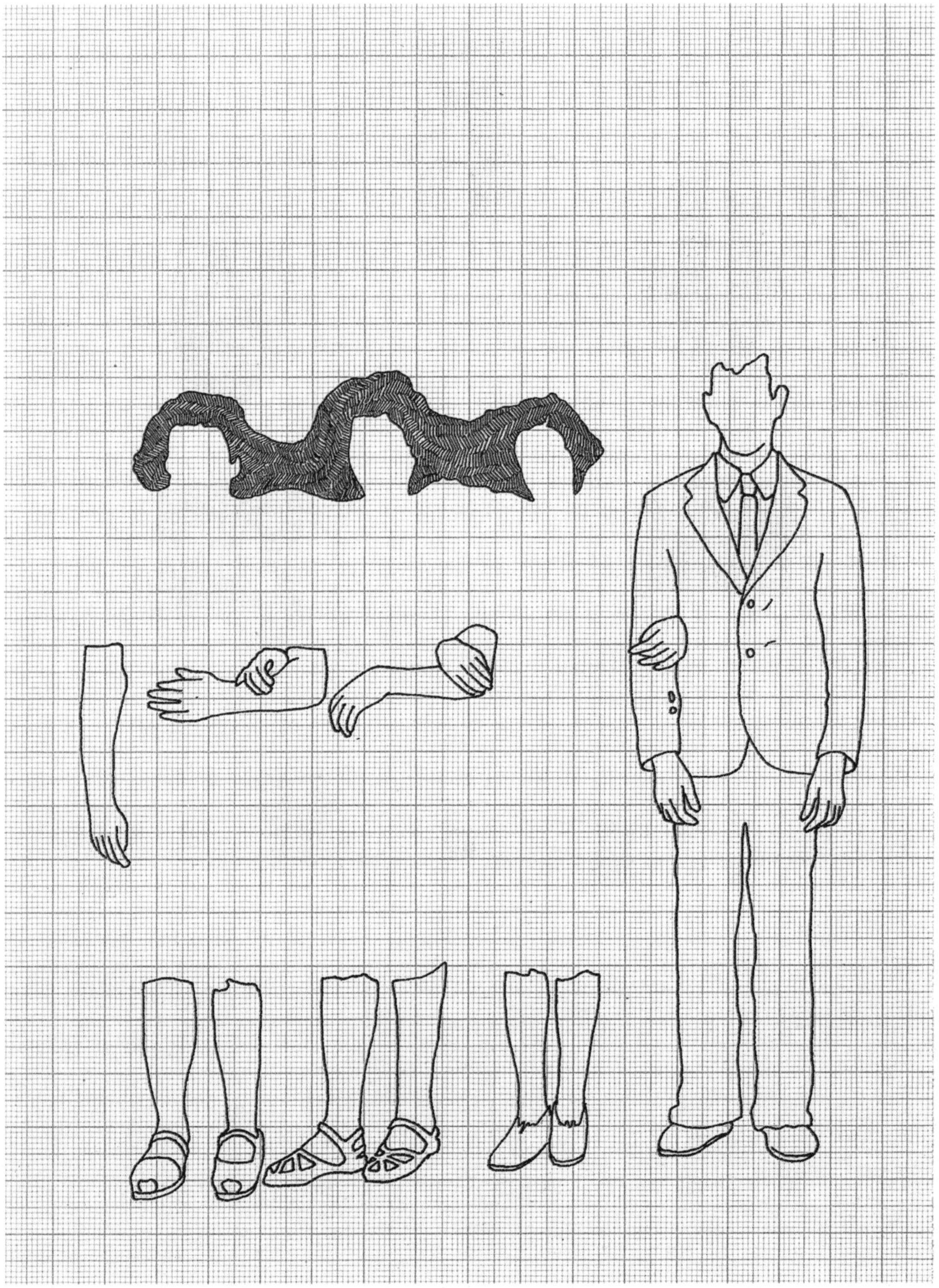

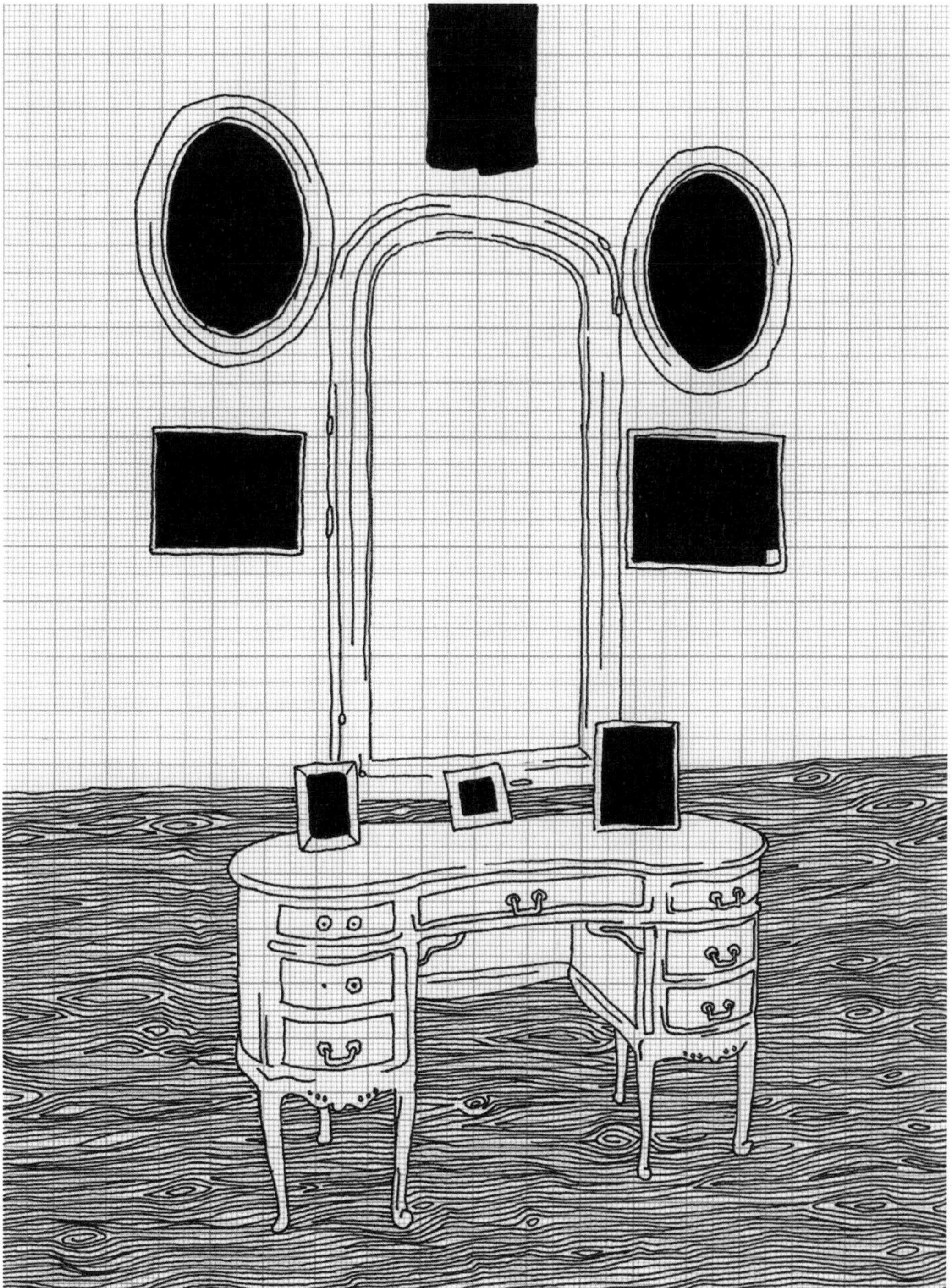

A Marcela de *A ostra e o vento* foge do pai e da ilha pelo imaginário. Torna-se amante do vento. Imagina que ele se chama Saulo. Convida a seu quarto a ventania rebelde que a libertará do pai. A Darlene de *Eu tu eles* decide ser mãe e pai de seus filhos: traz para casa outros maridos para engravidar de novo e ter mais filhos. O pai, nesses dois filmes, é, por coincidência, interpretado por Lima Duarte, o que torna a dupla personalidade de cada um deles ainda mais evidente. Uma fusão do José de *A ostra e o vento* e do Osias de *Eu tu eles* desenha uma representação do país das décadas anteriores e antecipa o pai-patrão de *Dois filhos de Francisco*. José, Osias e Francisco não se reduzem a isso, mas são também uma imagem do particular autoritarismo brasileiro das décadas de 1970 a 1990: a força bruta, o opressor, o violento oculto sob a máscara do protetor. O violento impotente. O opressor ainda mais violento exatamente porque impotente. É assim que Walter Salles define o personagem de *Abril despedaçado* na carta enviada aos colaboradores, pouco antes do início das filmagens, em julho de 2000. O pai

> é a tradição e o orgulho; mas um orgulho em estado bruto. É uma face áspera, rude, seca e ríspida. Dá o tom do filme. Por momentos, a incumbência de respeitar os mortos que lutaram pela terra dos Breves o torna quase irracional. A altivez, no entanto, lhe confere grandeza. O pai é o principal defensor. Mas também o principal prisioneiro do ciclo inexorável da bolandeira: repetição do tempo, repetição da vingança e da lei do talião – olho por olho, dente por dente. De alguma maneira, é cego como o velho; mas a sua cegueira é digna. E há, por vezes, vislumbres de ternura nele. Sua obtusa fidelidade à tradição dá-lhe força, mas o empurra ao mesmo tempo para a tragédia e o desespero. No final, o seu desespero é catártico.

Outro aspecto da relação entre pai e filho na década de 1990 encontra-se em *Como nascem os anjos* (Murilo Salles, 1996), ponto central de uma conversa iniciada em *Nunca fomos tão felizes* (Murilo Salles, 1983): o pai, depois de uma longa e não explicada ausência, volta para buscar o filho, interno num colégio de padres. A pretexto de protegê-lo (do país?), não diz nada (de seu envolvimento na luta contra a ditadura militar?) e morre antes de poder se explicar ao filho. A conversa passa pelos filmes seguintes do diretor. Em *Faca de dois gumes* (Murilo Salles, 1989) o pai, igualmente a pretexto

Penteadeira/Other Side, 2009

de proteger o filho, revela apenas parte da história em que está envolvido e provoca o sequestro e a morte do filho. Na primeira história, morre o pai, o filho sobrevive. Na segunda, morre o filho, o pai sobrevive. Na terceira, *Como nascem os anjos,* o pai não está. Em quadro, um norte-americano que vive no Rio depois de abandonar a mulher e a filha nos Estados Unidos. Fora de quadro, dois outros pais que abandonaram os filhos numa casa na favela. Sabemos deles apenas pelas falas ou silêncios dos filhos, Japa e Branquinha. O pai está escondido em algum lugar distante daquele em que se passa o filme. Mudou de cidade, mudou de país. Na quarta história, *Seja o que Deus quiser!* (Murilo Salles, 2002), os pais desapareceram de todo. O outrora protetor/opressor, de repente, abandonou a ditadura em favor de um gesto, digamos, neoliberal. Os filhos, largados, sem pai nem mãe, se dedicam a esquecer do pai.

—

Esquecer o pai violento, na ausência e na presença, é um trabalho penoso. Em *Bicho de sete cabeças* (Laís Bodanzky, 2001), o pai se ausenta, interna o filho num hospício para livrar-se da vergonha de ter um drogado em casa. Em *Deserto feliz* (Paulo Caldas, 2007), o pai força bruta está presente: agride sexualmente a filha. O pai do filme de Paulo poderia rir com os dentes sujos do pai de *Abril despedaçado*. O pai do filme de Laís poderia repetir o pai de *Lavoura arcaica* (Luiz Fernando Carvalho, 2001), dizer que a paciência é a maior das virtudes e que é preciso falar com clareza e em boa ordem.

A presença e a ausência do pai provocam respostas desarticuladas. Neto, o filho do filme de Laís, entrega uma carta de repúdio à autoridade paterna e queima a mão do pai com a brasa do cigarro. Laila, a filha do filme de Paulo, recusa-se a viver como bicho preso numa jaula de latão e sai de casa para prostituir-se depois da agressão do pai. O filho de *Bicho de sete cabeças* e a filha de *Deserto feliz* são meios-irmãos do André de *Lavoura arcaica*. Como ele, podem repetir: "Na minha doença existe uma poderosa semente de saúde". A palavra sofrida de André na mesa de jantar de *Lavoura arcaica* – ele se sente com as mãos atadas e diz que não vai por iniciativa própria atar seus pés também –, a palavra rebelde de Pacu na mesa de jantar de *Abril despedaçado*, a nenhuma palavra brasa

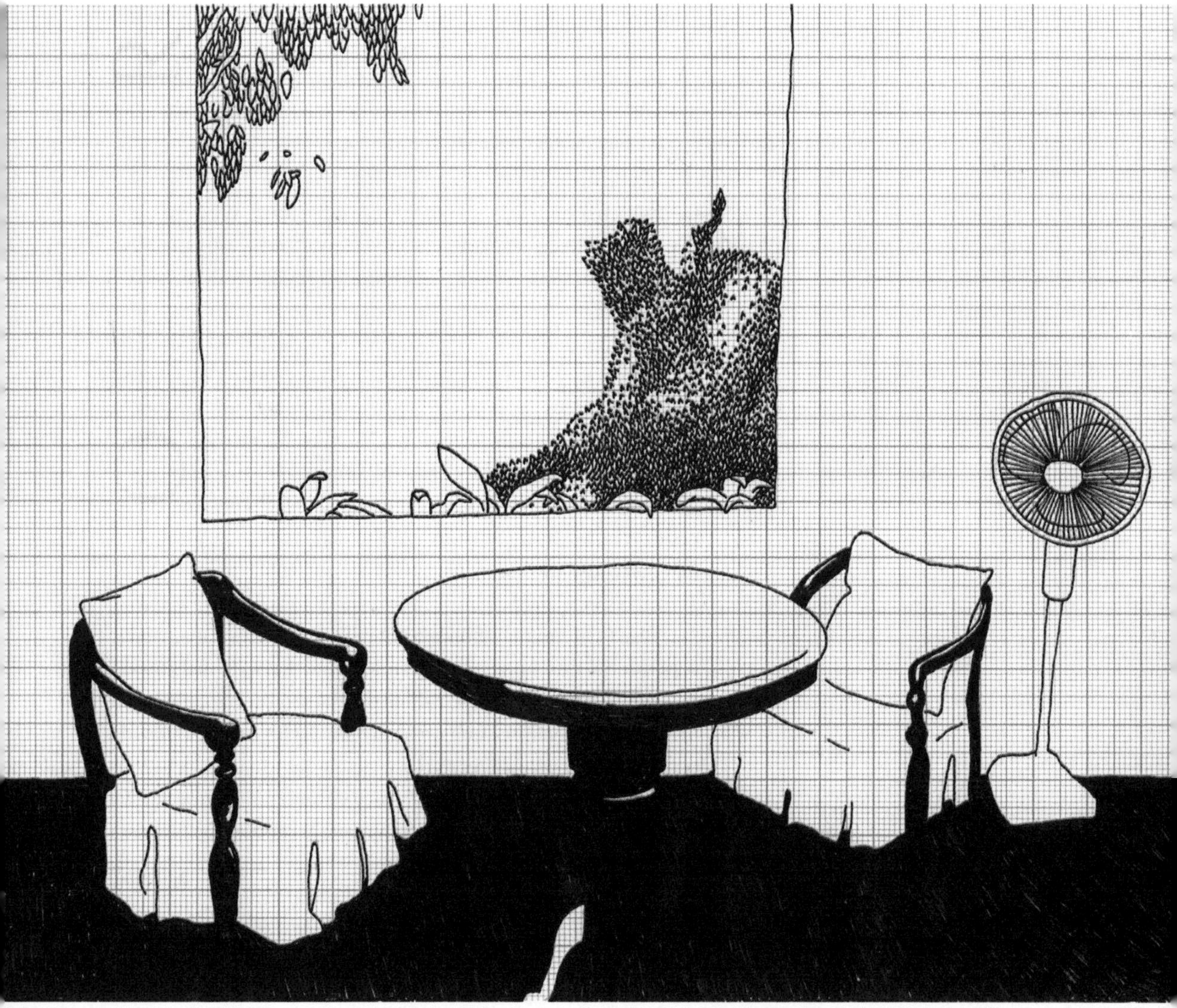

do cigarro de Neto em *Bicho de sete cabeças*, a nenhuma palavra de Laila, a prostituição como recusa em *Deserto feliz*, como o silêncio de Tonho no final de *Abril despedaçado*, expressam a mesma coisa: o filho não reconhece mais a autoridade servida na sala de jantar com bons modos à mesa.

É como se Laio decidisse manter o filho com os pés amarrados dentro de casa, em vez de jogá-lo no deserto. Coração apertado, Iohána, em *Lavoura arcaica*, não compreende as marcas de sofrimento no rosto do filho, pois em casa ele sempre teve "um teto, uma cama arrumada, um lugar à mesa, alimento, proteção e muito afeto". Diz que ninguém deve desesperar-se, pois não há espera sem recompensa. Mas diz também que ninguém na casa há de dar um curso novo ao que não pode se desviar. Não entende por que o filho abandonou a casa por uma vida pródiga, "o que é que não te davam aqui dentro? Nenhuma sabedoria devassa há de contaminar os modos da família".

Conversam na mesa de jantar. Na cabeceira, o pai insiste: tudo é uma questão de paciência. À esquerda do pai, o filho responde, a impaciência também tem os seus direitos:

> Não se pode esperar de um prisioneiro que sirva de boa vontade na casa do carcereiro; da mesma forma, pai, de quem amputamos os membros, seria absurdo exigir um abraço de afeto; maior despropósito que isso só mesmo a vileza do aleijão que, na falta das mãos, recorre aos pés para aplaudir o seu algoz; age quem sabe com a paciência proverbial do boi: além do peso da canga, pede que lhe apertem o pescoço entre os canzis. Fica mais feio o feio que consente o belo...
>
> [...]
>
> E fica também mais pobre o pobre que aplaude o rico, menor o pequeno que aplaude o grande, mais baixo o baixo que aplaude o alto, e assim por diante. Imaturo ou não, não reconheço mais os valores que me esmagam, acho um triste faz de conta viver na pele de terceiros, e nem entendo como se vê nobreza no arremedo dos desprovidos; a vítima ruidosa que aprova seu opressor se faz duas vezes prisioneira, a menos que faça essa pantomima atirada por seu cinismo.
>
> [...]
>
> Estranho é o mundo, pai, que só se une se desunindo; erguida sobre acidentes, não há ordem que se sustente; não há nada mais espúrio do que o mérito, e não fui eu que semeei esta semente.[7]

---

[7]. Raduan Nassar, *Lavoura arcaica*, 3ª edição. São Paulo: Companhia das Letras, 1996, pp. 162-163.

Lembremos a parede da sala de jantar de Goya, *Saturno devorando a un hijo*.[8] Na mesa de jantar de *Lavoura arcaica* o pai devora o filho.

O André de *Lavoura arcaica* e o Tonho de *Abril despedaçado* poderiam se servir das palavras de Franz Kafka na *Carta ao pai*: "De tua poltrona, tu regias o mundo. Tua opinião era certa, qualquer outra era disparatada".[9] Tonho e André poderiam, também, tomar por empréstimo as palavras de Louise Bourgeois sobre seus pais: "De modo estranho aqueles dois velhos imbecis me amavam, e eu sabia disso".[10]

Kafka não se esquece do pai à mesa do jantar:

> Eu ficava junto de ti, a tua lição era em grande parte uma lição sobre o comportamento correto à mesa. O que vinha à mesa tinha de ser comido, não era permitido falar sobre a qualidade da comida – mas tu muitas vezes achavas a qualidade da comida intragável; e a chamava de "boia" que a "besta" (a cozinheira) havia estragado. E porque tinhas, por natureza, um apetite vigoroso e uma predileção especial por comer rápido, quente e em grandes bocados, a criança tinha de se apressar; um silêncio sombrio reinava à mesa, interrompido por admoestações: "Primeiro come, depois conversa" ou "Anda, mais rápido, vamos" ou "Vê, eu já terminei há tempo". A gente não podia partir os ossos com os dentes, tu sim. A gente não podia sorver o vinagre fazendo barulho, tu sim. O principal era cortar o pão bem reto; mas o fato de tu o fazeres com uma faca pingando molho não importava. A gente tinha de prestar atenção para que nenhum resto de comida caísse no chão, debaixo de ti estava a maior parte no final das contas. Na mesa a gente podia se ocupar da comida, mas tu limpava e cortava as unhas, apontavas o lápis, limpava os ouvidos com o palito de dentes. Por favor, pai, me entenda bem, esses pormenores teriam sido totalmente insignificantes em si; eles só me oprimiam porque o homem que de maneira tão grandiosa era a medida de todas as coisas não atendia ele mesmo aos mandamentos que me impunha.[11]

Louise não se esquece do pai à mesa, "ficava se exibindo, se enaltecendo. E quanto mais se exibia, menores nos sentíamos".[12] Comenta que "muitos pais se profissionalizam em ter filhos. Vivem por meio do filho e o destroem";[13] diz que

---

8. *Saturno devorando a un hijo*, de Francisco de Goya, encontra-se no Museu do Prado, em Madri. Originalmente na parede da sala de jantar da casa do pintor, óleo sobre reboco, a pintura foi transposta para tela em 1873 por Salvador Martínez Cubells. O quadro representa Saturno (ou Chronos) devorando um filho. Na mitologia grega, Chronos, criador do tempo, devorava os filhos por temer ser destronado por um deles.
9. Franz Kafka, *Carta ao pai*. Tradução e apresentação de Marcelo Backes. Porto Alegre: L&PM, 1994, p. 28.
10. Louise Bourgeois, *Destruição do pai/Reconstrução do pai. Escritos e entrevistas 1923-1997*. Edição e textos de Marie-Laure Bernadac e Hans-Ulrich Obrist. Tradução de Alvaro Machado e Luiz Roberto Mendes Gonçalves. São Paulo: Cosac Naify, 2000, p. 128.
11. Franz Kafka, *op. cit.*, pp. 32-33.
12. Louise Bourgeois, *op. cit.*, p. 158.
13. *Ibidem*, p. 225.

sua escultura *The Destruction of the Father* (1974) mostra o pai liquidado da mesma maneira que havia liquidado seus filhos:

> Uma espécie de ressentimento cresce nas crianças. Chega o dia em que elas se irritam. Há tragédia no ar. Ele já fez demais esse discurso.
> As crianças o agarram e o põem sobre a mesa. E ele se torna a comida. Elas o dividem, o desmembram e o comem. E assim ele é liquidado.
> Trata-se, como você vê, de um drama oral! A irritação era sua constante agressão verbal. Então ele foi liquidado: da mesma maneira que havia liquidado seus filhos. A escultura representa ao mesmo tempo uma mesa e uma cama. Quando você entra numa sala, vê a mesa, mas no andar superior, no quarto dos pais, há a cama. Essas duas coisas contam na vida erótica de uma pessoa: a mesa de jantar e a cama. A mesa onde seus pais o fazem sofrer. E a cama onde você se deita com seu marido, onde seus filhos nasceram, onde você vai morrer. Basicamente, como são quase do mesmo tamanho, são o mesmo objeto.[14]

The Destruction of the Father, para Louise, é uma fantasia com relação ao pai, "nós quatro o agarramos, o deitamos na mesa e arrancamos suas pernas e seus braços – o desmembramos, entende? E tivemos tanto êxito em espancá-lo que o comemos. É uma fantasia, mas às vezes a fantasia é *vivida*".[15] Louise diz ainda que sua mãe, "por todo tipo de motivos baixos", a amava, "basicamente porque eu era parecida com o seu marido". A mãe podia então "adular o pai dizendo: sei que você queria um menino. Sinto muito, mas veja, sei que é apenas uma menina, mas é o seu retrato".[16]

A mãe, continua Kafka na carta ao pai, assumiu cegamente os juízos e preconceitos do pai em relação aos filhos. Era preciso "fugir também da família, até mesmo de mamãe. A gente sempre podia encontrar proteção junto dela, mas apenas no que diz respeito à relação contigo. Ela te amava demais e havia se entregado a ti de maneira demasiado fiel, para que, na luta do filho, pudesse representar um poder espiritual autônomo por muito tempo".[17]

Imaginemos um contracampo da carta ao pai de Kafka e da fantasia de destruição do pai de Bourgeois: em lugar da fantasia vivida para lidar com um pai de verdade, uma fantasia de pai para lidar com o país de verdade. Tonho e Pacu na terra despedaçada, Paco e Alex desterrados no lugar ideal

14. *Ibidem*, pp. 115-116.

15. *Ibidem*, p. 158.

16. *Ibidem*, p. 128.

17. Franz Kafka, *op. cit.*, p. 52.

para perder-se de si mesmo, André na família arcaica, Marcela na ilha do vento, Laila no deserto do tatu, todos eles vivem um conflito entre o medo do pai, como o de Kafka, "eu vivia sempre na vergonha", e a raiva do pai, como a de Louise, "uma espécie de desejo feroz de independência".

Em *O primeiro dia* (Walter Salles e Daniela Thomas, 1999), com medo e raiva iguais, ou ainda maiores, Chico reza ao pai nosso que está no céu para agradecer a bala que vai entrar em sua cabeça.

—

Na mesa de jantar a procura, negação e reinvenção do pai – Orestes, Édipo, Laio? Realidade brasileira e teatro grego? O hotel dos viajantes? A Vila do João? A bolandeira despedaçada? *Terra estrangeira, Central do Brasil, O primeiro dia* e *Abril despedaçado* mostram o encontro do irmão como o encontro de si mesmo, como o gesto fundamental para a construção da identidade – processo sem fim, ou um fim em si próprio. O importante não é a chegada, mas o caminho, a busca, o encontro com o irmão igualmente empenhado em não se perder de si mesmo. Por isso a aventura de um filme se mistura com a de outro. O que começou com Paco, Alex e Miguel perdidos no lugar ideal para perder-se de si próprio, continua em Josué, Isaías e Moisés. Josué entra Brasil adentro para conhecer o pai, que parou de trabalhar, bebeu e bebeu e bebeu antes de um dia largar a cachaça pela metade e sumir. Isaías ficou cismado com o sumiço, "o pai deixar uma garrafa de cachaça pela metade – tinha alguma coisa errada acontecendo". Cismado mas esperançoso, depois de consertar a coisa errada "ele vai voltar". Moisés, que herdou do pai o gosto pelo trabalho em madeira, acha melhor que ele tenha sumido para sempre: "Vai voltar nunca". Josué, que na procura do pai encontrou os irmãos, tem quase certeza, "um dia ele volta". O que começou com Paco, Alex e Miguel, cercados de diferentes e quase incomunicáveis modos de falar a mesma língua (o português do Brasil, o de Portugal e o de Angola), continuou em Josué, Isaías e Moisés, que se encontram graças a uma carta não enviada. Passou por João e Maria, ele obrigado a silenciar o amigo que falava demais, ela ensinando um surdo-mudo a dizer "feliz ano-novo". E veio até Tonho e Pacu: o irmão Inácio morto, eles giram em torno da bolandeira encalhada no sertão como o navio que Alex e Paco descobrem no meio do mar.

Os pais são o cenário em que se passa a história: são o navio encalhado num banco de areia no meio do mar de *Terra estrangeira*, a estação de trem da escrevedora de cartas de *Central do Brasil*, a bolandeira de *Abril despedaçado*, o beco entre a favela e a cidade de *O primeiro dia*. As histórias, todas essas, são histórias de irmãos. O mais velho constrói um balanço para o mais novo voar; o mais novo ensina o mais velho a sonhar com o mar ali onde a vida secou

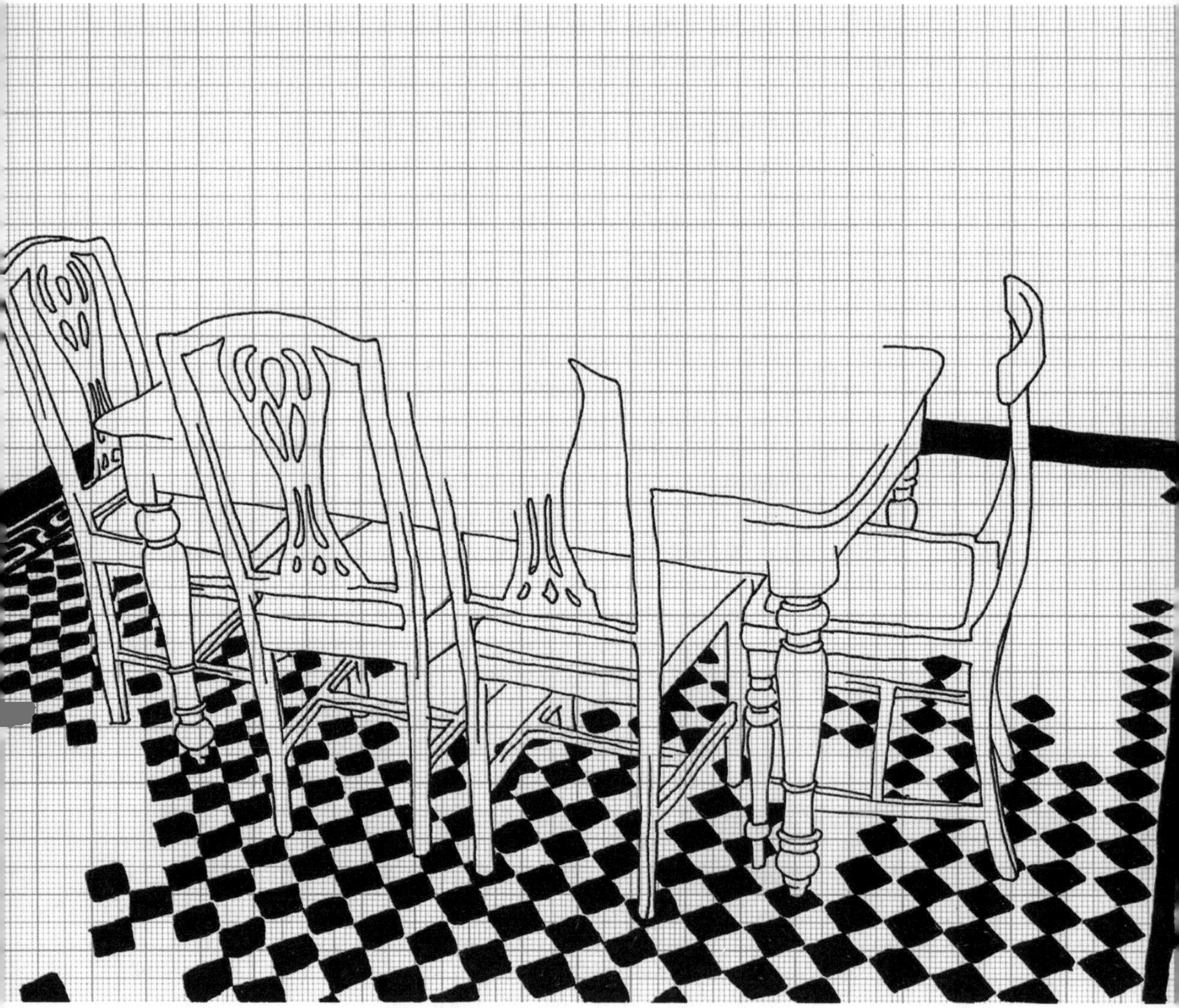

e nem mesmo o riacho que correu um dia corre mais. Paco sonha chegar à terra do pai ao lado de Alex; no primeiro dia de liberdade João sonha com Maria, imagina uma outra vida em que ninguém mata, ninguém morre. Paco leva um tiro nas costas enquanto sonha com o manto mágico para seguir viagem em terras estrangeiras. Pacu leva um tiro nas costas enquanto sonha com o dia em que o sertão vai virar mar. João leva um tiro na praia: o mar virou sertão no primeiro dia do novo milênio. Sonharam antes, sonharam o que os irmãos iriam sonhar adiante, sonharam antes onde não existia espaço nem para o sonho. No tempo de *Vidas secas* os pais sonhavam. Um sonho magro, mas sonhavam: ele, com o dia em que deixariam de viver como bichos; ela, com o dia em que os dois meninos iriam dormir em cama de couro e aprender a ler e escrever, como seu Tomás da bolandeira. Em *Abril*, os pais não sonham mais. Ou sonham apenas um sonho despedaçado: a morte dos filhos cria uma espécie de orfandade às avessas. Os pais não são mais donos de nada. Perderam tudo. Todos se esqueceram deles.

La familia, 2009

José Carlos Avellar (1936-2016) foi um dos mais importantes críticos de cinema brasileiro, tendo mantido um diálogo permanente e renovado com realizadores e estudiosos de diversas gerações. Coordenador de cinema do Instituto Moreira Salles desde 2008, era representante no Brasil do Festival de Berlim, foi presidente da RioFilme e diretor da Cinemateca do Museu de Arte Moderna do Rio de Janeiro. É autor, entre outros, de *Chão da palavra: cinema e literatura no Brasil* (Rocco, 2007) e *O cinema dilacerado* (Alhambra, 1986), e sua produção recente pode ser lida em www.escrevercinema.com. Este texto é parte de *Pai país mãe pátria*, livro inédito sobre as representações familiares no cinema brasileiro que o IMS publicará em 2016.

Theo Firmo (1983) nasceu em São Paulo. Formado em linguística e cultura visual, pesquisa os processos de comunicação e suas falhas. O resultado de seu trabalho, que inclui texto, instalação e desenho, pode ser visto em www.bbdrms.com.

O ornitorrinco da prosa

Juan Villoro

Ficção e reportagem fundem-se e confundem-se na crônica latino-americana, gênero híbrido entre fato e fabulação

Javier Sáez Castán
Animalário universal do professor Revillod
Livro de Javier Sáez Castán e Miguel Murugarren
Fondo de Cultura Económica, 2003

A vida é feita de mal-entendidos: solteiros e casados invejam uns aos outros por razões tristemente imaginárias. O mesmo acontece com escritores e jornalistas. O ficcionista "puro" costuma invejar as energias que o repórter absorve da realidade, o fato de ele ser reconhecido por garçons e comissárias de bordo, até mesmo seu colete de correspondente de guerra (cheio de bolsos para rolos de filme e blocos de anotação para qualquer emergência). O jornalista experiente, por sua vez, costuma admirar o lento calvário dos narradores porque, entre outras coisas, nunca se submeteria a isso. Além do mais, há a questão do prestígio. Dono do presente, o "formador de opinião" sabe que a posteridade, sempre dramática, preferirá o misantropo que perdeu a saúde e os nervos a serviço de suas vozes internas.

DE
MENCIÓN HONOR

Embora o uísque tenha o mesmo gosto nas redações e em casa, quem divide sua escrita entre verdade e fantasia costuma viver a experiência como um conflito. "Uma felicidade é toda a felicidade: duas felicidades não são nenhuma felicidade", diz o protagonista de *História do soldado*, história de Ramuz que Stravinsky musicou. O ditado se refere à impossibilidade de ser leal a dois reinos, mas se aplica a outras dualidades tentadoras, começando pelas loiras ou morenas e terminando com as profissões de repórter e escritor.

Na maioria das vezes, aquele que escreve crônicas[1] é um contista ou um romancista em dificuldades financeiras, alguém que preferiria estar fazendo outra coisa, mas precisa receber um cheque no final do mês. São poucos os escritores que, desde o começo, decidem apostar todas suas fichas na crônica.

Em casos singulares (Josep Pla, Álvaro Cunqueiro, Ramón Gómez de la Serna, Salvador Novo, Alfonso Reyes, Roberto Arlt), publicar em jornais e revistas significou escrever continuamente, a criação episódica de um livro descosturado, impossível de concluir. Para a maioria, é como estar no Velho Oeste, participando de uma confusa aventura da corrida do ouro.

Talvez chegue o dia em que os jornais passem a comprar os textos *on-line*, à medida que são produzidos pelos escritores. No entanto, já é possível detectar a quase instantânea relação entre texto e dinheiro, economias de signos e valores. Não há nada mais emblemático que o poeta Octavio Paz ter trabalhado no Banco do México queimando cédulas velhas, Franz Kafka ter aperfeiçoado sua paranoia em uma companhia de seguros e William S. Burroughs ter escolhido o delírio narrativo em resposta à máquina calculadora, invenção que deu origem à fortuna de sua família.

A crônica é a encruzilhada de dois modelos econômicos, a ficção e a reportagem. Não é por acaso que um autor com um pé na invenção e outro nos fatos insista que o romancista contemporâneo tem a obrigação de esclarecer quanto custam as coisas em sua época. Sim, a ideia é de Tom Wolfe, o dono de caros ternos brancos.

Estímulo e limite, o jornalismo pode ser visto, do ponto de vista da literatura, como a luta com a própria sombra que possibilitou a Hemingway subir no ringue, mas também como o túmulo da ficção (quando o protagonista de *Conversa*

---

[1]. A acepção de crônica é aqui diversa de seu sentido consagrado na literatura brasileira. A "crônica" a que Villoro se refere está mais próxima da grande reportagem narrativa, muitas vezes de caráter ensaístico, que eventualmente pode assemelhar-se à crônica brasileira, sem no entanto com ela se confundir. [N. do E.]

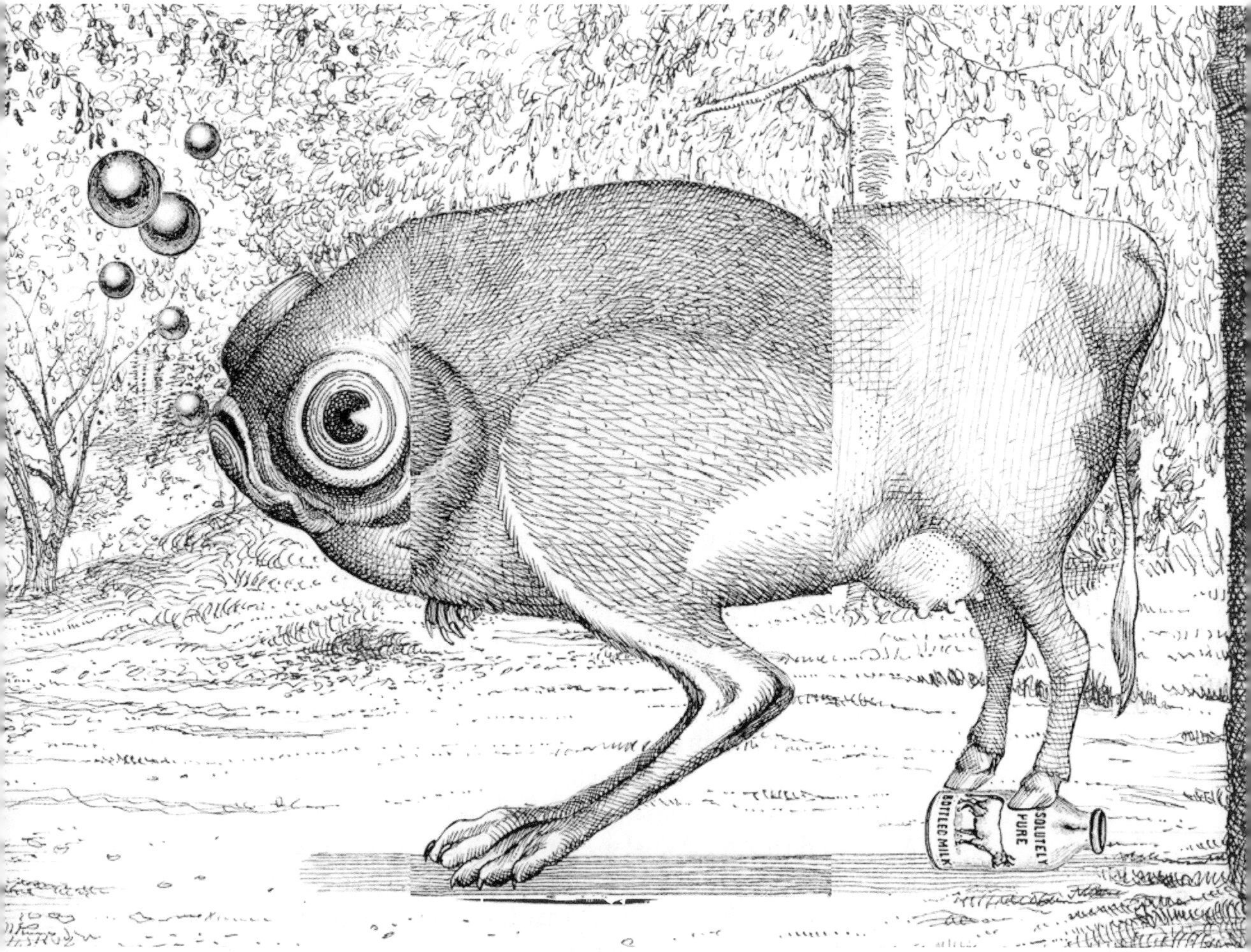
SOLUTELY
PURE
BOTTLED MILK

na Catedral começa a trabalhar num jornal, sente que sua florescente vocação de escritor está comprometida, e vê a máquina de escrever como um pequeno ataúde na redação).

De qualquer forma, o século 20 proporcionou um lugar específico para o ofício do cronista, que não é um ficcionista arrependido. Embora tenham ocasionalmente praticado outros gêneros, Egon Erwin Kisch, Bruce Chatwin, Álvaro Cunqueiro, Ryszard Kapuściński, Josep Pla e Carlos Monsiváis são arautos que, como os grandes jazzistas, improvisam a eternidade.

Alguma coisa mudou com tantas andanças. O preconceito que via o escritor como artista e o jornalista como artesão ficou obsoleto. Uma crônica bem-sucedida é literatura sob pressão.

UM GÊNERO HÍBRIDO

Se Alfonso Reyes afirmou que o ensaio é o centauro dos gêneros, a crônica exige um símbolo mais complexo: o ornitorrinco da prosa. Do romance, ela toma para si a condição subjetiva, a capacidade de narrar a partir do mundo dos personagens e de criar uma ilusão de vida para situar o leitor no centro dos acontecimentos; da reportagem, os dados inalteráveis; do conto, o sentido dramático num espaço curto e a sugestão de que a realidade acontece para contar uma história deliberada, com um final que a justifique; da entrevista, os diálogos, e do teatro moderno, a forma de montá-los; do teatro greco-latino, a polifonia de testemunhas, as longas falas que parecem debates: a "voz de proscênio", como chama Wolfe, versão narrativa da opinião pública cujo antecessor é o coro grego; do ensaio, a possibilidade de argumentar e conectar saberes dispersos; da autobiografia, o tom de memória e a reelaboração na primeira pessoa. O catálogo de influências pode se estender e se detalhar ao infinito. Se usado em excesso, qualquer um desses recursos pode ser letal. A crônica é um animal cujo equilíbrio biológico depende de não ser parecido com nenhum dos sete animais diferentes que poderia ser.

Assim como o deus ao qual se é devedor, a crônica trata de acontecimentos na perspectiva do tempo. Ao absorver recursos da narrativa, a crônica não pretende "se libertar" dos fatos, mas torná-los verossímeis por meio de um simulacro, recuperá-los como se voltassem a acontecer com intensidade detalhada.

Além do mais, a intervenção da subjetividade começa com a própria função do testemunho. Todo testemunho é trabalhado pelos nervos, os anseios, as prenoções que acompanham o cronista aonde quer que sua cabeça o leve. O romance *Rashômon*, de Akutagawa, pôs em cena as muitas versões que um único acontecimento pode gerar. Até mesmo as câmeras de televisão são propensas à discrepância: um jogador de futebol está impedido em uma imagem e em posição legal em outra. De forma ainda mais espantosa, as câmeras às vezes não mostram nada:

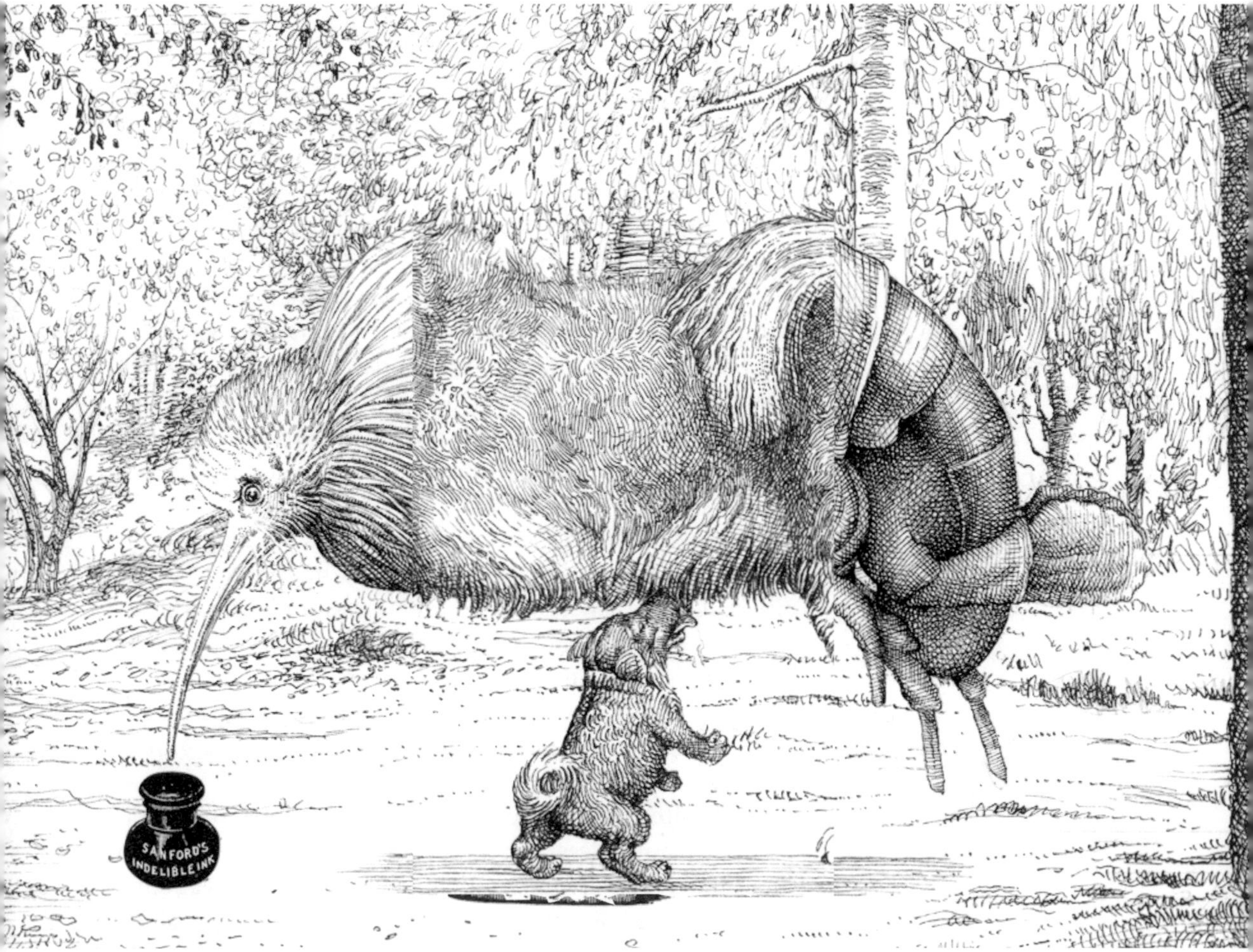
SANFORD'S
INDELIBLE INK

desde 1966 a bola ainda está cruzando a linha no gol fantasma da final de Wembley.

A tentativa de dar voz aos outros – estímulo primordial da crônica – é um exercício de aproximações. Impossível superar sem perdas quem viveu a experiência. Em *O que resta de Auschwitz*, Giorgio Agamben aborda um caso limite do testemunho: quem pode falar do holocausto? Em sentido estrito, os que conheceram melhor o horror foram os mortos ou os muçulmanos, como eram chamados nos campos de concentração os sobreviventes que emudeciam, paravam de gesticular, perdiam o brilho dos olhos, se limitavam a vegetar em condição pré-humana. Só os sujeitos física ou moralmente aniquilados chegaram ao fundo do espanto. Eles tocaram o fundo do qual não há retorno; transformaram-se em cartuchos queimados, únicas "testemunhas integrais".

A crônica é a restituição dessa palavra perdida. Deve ser precisa, porque não pode falar do todo. Em que medida entende o que comprova? A voz do cronista é uma voz delegada, produto de uma "dessubjetivação": alguém perdeu a fala ou alguém a empresta para que seja pronunciada de forma vicária. Quando reconhece essa limitação, o trabalho do cronista não é apenas possível, mas necessário.

O cronista trabalha com empréstimos; por mais que mergulhe no seu entorno, usa um artifício: transmite uma verdade alheia. A ética da pergunta se baseia em reconhecer a dificuldade de exercê-la: "Quem assume para si o ônus de testemunhar por eles sabe que deve testemunhar a impossibilidade de testemunhar", escreve Agamben.[2]

A empatia com os informantes é uma faca de dois gumes. O cronista está acima ou abaixo deles? Em muitos casos, o sobrevivente ou a testemunha amargam ou até detestam estar do outro lado da desgraça: "Essa é precisamente a aporia ética específica de Auschwitz", comenta Agamben: "É o lugar onde não é decente continuar sendo decente, onde os que ainda acreditam que conservam dignidade e autoestima sentem vergonha dos que de imediato a haviam perdido".[3]

Que espaço pode ter a palavra que vem de fora para narrar o horror que só se conhece de dentro? De acordo com Agamben, a testemunha que aceita essas contradições depende da noção de "resto". A crônica se arrisca a ocupar uma fronteira, um interregno: "[as testemunhas] Não são nem os mortos, nem os sobreviventes, nem os submersos, nem os salvos, mas o que resta entre eles".[4]

[2] Giorgio Agamben, *O que resta de Auschwitz: o arquivo e a testemunha*. Trad. Selvino J. Assmann. São Paulo: Boitempo, 2008, p. 43.

[3] Ibidem, p. 67.

[4] Ibidem, p. 162.

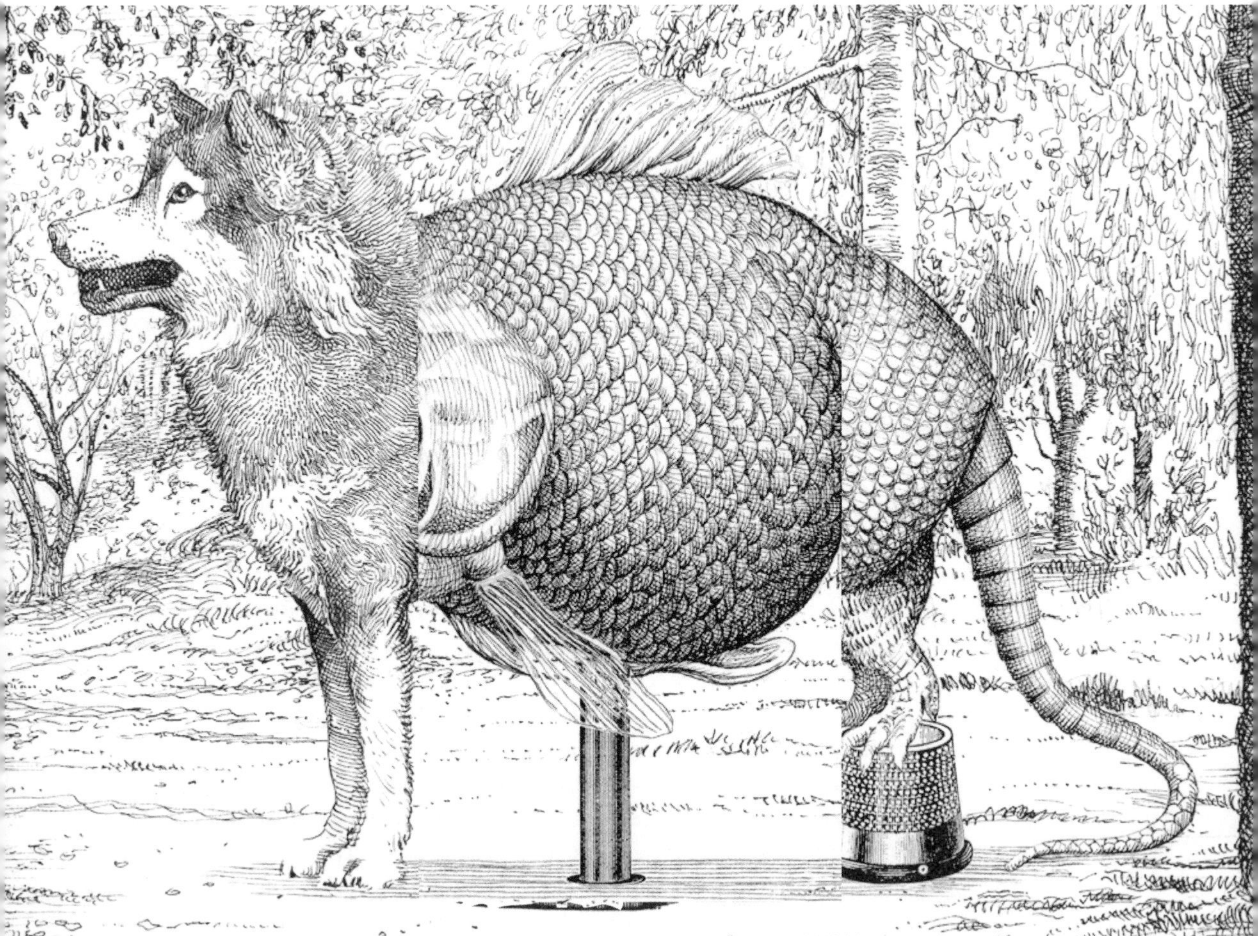

OBJETIVIDADE

A vida apresenta mistérios insondáveis: o abacate aberto que é guardado com caroço e tudo dura mais na geladeira. Algo parecido acontece com a ética do cronista. Quando pretende oferecer os fatos com incontestável pureza, ou seja, sem o caroço não comestível que costuma acompanhá-los (as suspeitas, as vacilações, as informações contraditórias), é menos convincente do que quando explicita as limitações de seu ponto de vista narrativo.

Uma pergunta essencial do leitor de crônicas: com que grau de aproximação e conhecimento se escreve o texto? O *Almoço nu*, de William S. Burroughs, depende da intoxicação e da alteração dos sentidos tanto quanto *Entre os vândalos*, de Bill Buford, depende de se perceber, com sobriedade distanciada, a intoxicação alheia.

O tipo de acesso que se tem aos fatos determina a leitura que deve ser feita deles. Definir a distância que se guarda em relação ao objetivo permite que se narre como *insider*, *outsider*, curioso ocasional. Podemos chamar esse pacto entre o cronista e seu leitor de "objetividade".

VIDA INTERIOR E VEROSSIMILHANÇA

Adotando procedimentos da ficção, a crônica também narra o que não aconteceu, as oportunidades perdidas que afetam os protagonistas, as conjecturas, os sonhos, as ilusões que permitem defini-los.

Há alguns meses, li a história de um explorador inglês que conseguiu caminhar sobre o gelo ártico até chegar ao Polo Norte. O que leva alguém a enfrentar tamanho risco e fadiga? A crônica evidente dos fatos, em estilo *National Geographic*, nos faz conhecer os detalhes externos da epopeia: o que o explorador comia, quais eram seus desafios físicos, que rotas alternativas ele tinha em mente, como lidou com os ventos? No entanto, a crônica que pretende perdurar como literatura depende de outros estímulos: o que esse homem perdeu que o fez explorar o Ártico a pé? Que distúrbio da infância o fez seguir a bússola à maneira do capitão Hatteras, que até no manicômio avançava para o norte? Talvez seja uma pergunta inútil. A rica vida externa de um homem de ação raramente passa pelas cavernas emocionais que atribuímos aos sedentários: os exploradores costumam ser inexploráveis. No entanto, o cronista não pode deixar de ensaiar esse vínculo de sentido, procurar o talismã que una a precariedade íntima à forma épica de compensá-la.

A realidade, que acontece sem pedir licença, não tem por que parecer autêntica. Um dos maiores desafios do cronista consiste em narrar o real como um relato fechado (o que acontece está "completo"), sem que isso pareça artificial. Como outorgar coerência aos copiosos absurdos da vida? Com frequência, as

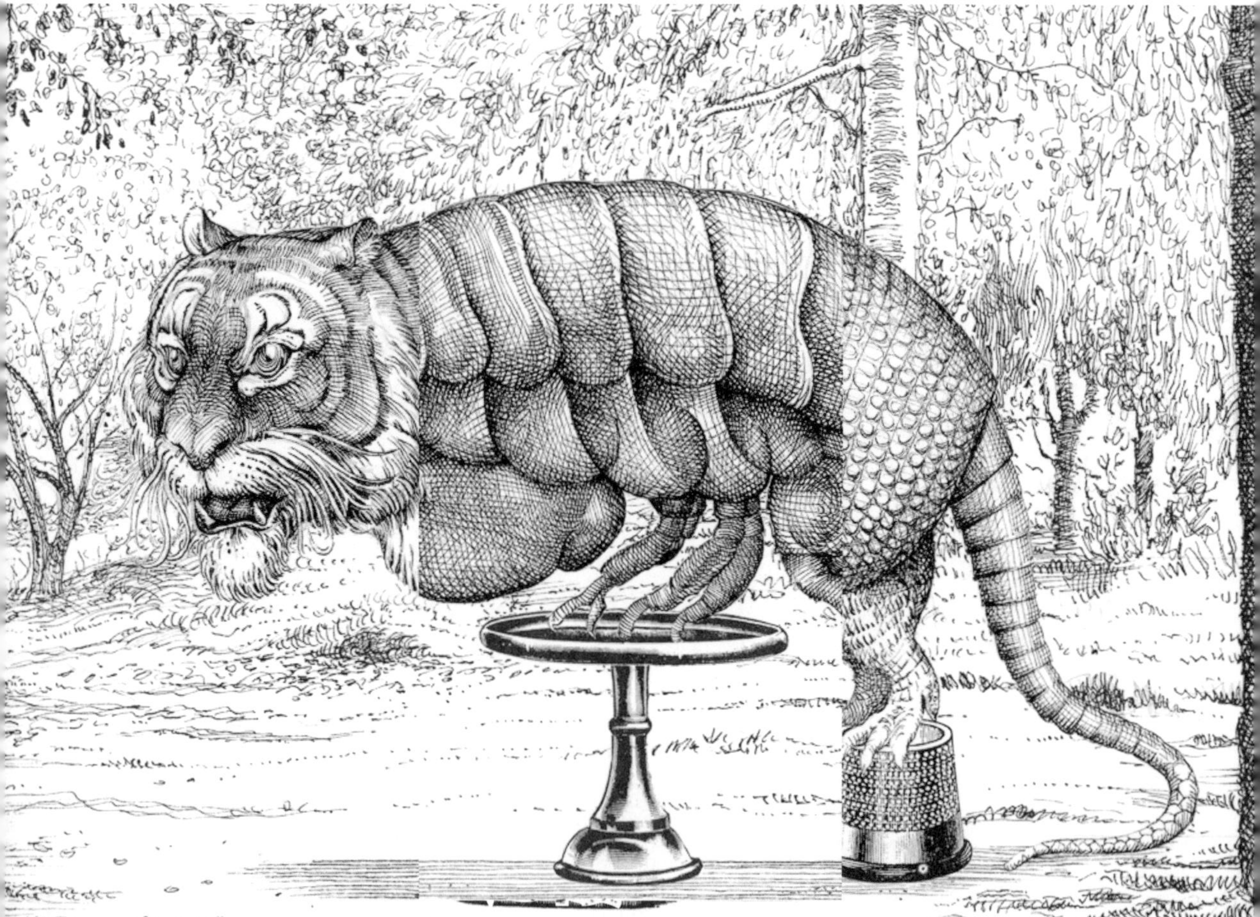

crônicas perdem força ao mostrar os excessos da realidade. Como os cantores de ópera que morrem de tuberculose apesar de seu sobrepeso (e o fazem cantando), certas verdades devem ser desdramatizadas para se tornar verossímeis.

A propósito do uso da emoção na poesia, Paz lembrava que a madeira seca queima melhor. Diante da inflamável matéria dos fatos, convém que o cronista use apenas um fósforo.

A primeira crônica que escrevi foi um relato do incêndio do edifício Aristos, na avenida Insurgentes. Isso aconteceu no começo dos anos 70 do século passado; eu tinha uns 13 ou 14 anos e estudava violão no prédio. Na época, estava envolvido em um projeto editorial da escola secundária em companhia dos irmãos Alfonso e Francisco Gallardo: *La Tropa Loca*, jornal impresso em mimeógrafo sobre a inesgotável vida íntima de nossa classe. Eu escrevia a "seção de fuxicos". Minha especialidade de colunista de fofocas foi interrompida pelas chamas que devoraram vários andares do Aristos. Fiquei deslumbrado ao ver as línguas amarelas que saíam pelas janelas, mas, sobretudo, o eficiente caos com que a multidão reagiu.

Cronistas das mais diversas índoles descobriram sua vocação diante do fogo: Ángel Fernández, grande locutor de futebol mexicano, teve seu rito de passagem no incêndio do parque Astúrias, e Elias Canetti, durante o incêndio do Palácio de Justiça de Viena.

Sim, o cronista deve ser parcimonioso com os efeitos que ardem; pois, entre outras coisas, sempre sobram os fósforos para a realidade.

Jornalista, escritor e tradutor, **Juan Villoro** (1956) vive entre o México, onde nasceu, e a Espanha, onde leciona na Universitat Pompeu Fabra. Autor do juvenil *O livro selvagem* e do romance *Arrecife*, ambos traduzidos no Brasil pela Companhia das Letras, destaca-se ainda pela cobertura internacional de futebol. Dele, a **serrote** #17 publicou "Itinerários extraterritoriais". Este ensaio saiu no *La Nación* em 2006 e, desde então, é tido como referência no fértil debate sobre o jornalismo latino-americano contemporâneo.
Tradução de **Luis Carlos Cabral**

Javier Sáez Castán (1964) é escritor e ilustrador, dedicando-se principalmente à literatura infantil. No *Animalario universal del professor Revillod*, que traz comentários de Miguel Murugarren, ele simula livros de naturalistas do século 19, criando 16 desenhos de animais reais e imaginários que são intercambiáveis, formando 4.096 híbridos, seis dos quais reproduzidos aqui.

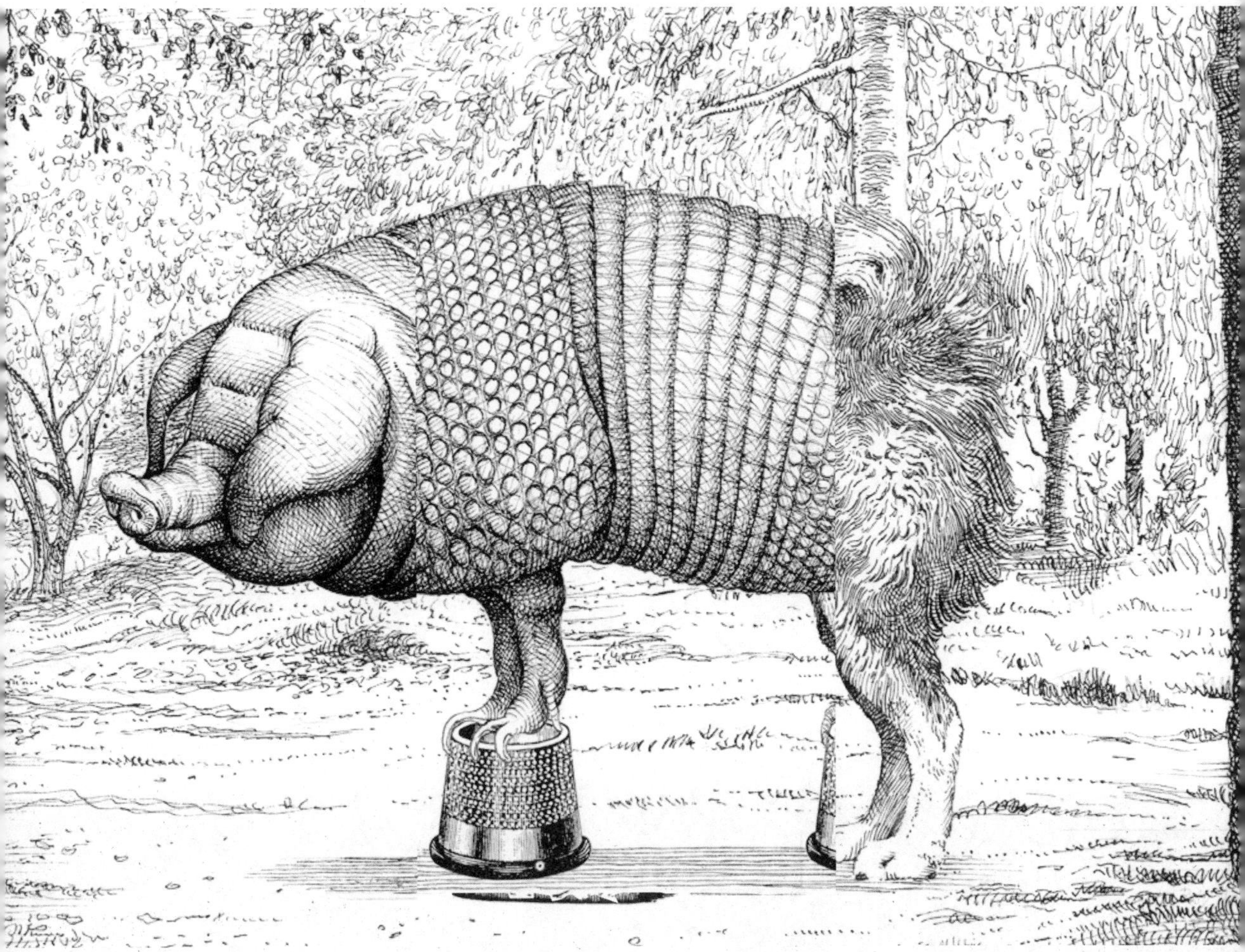

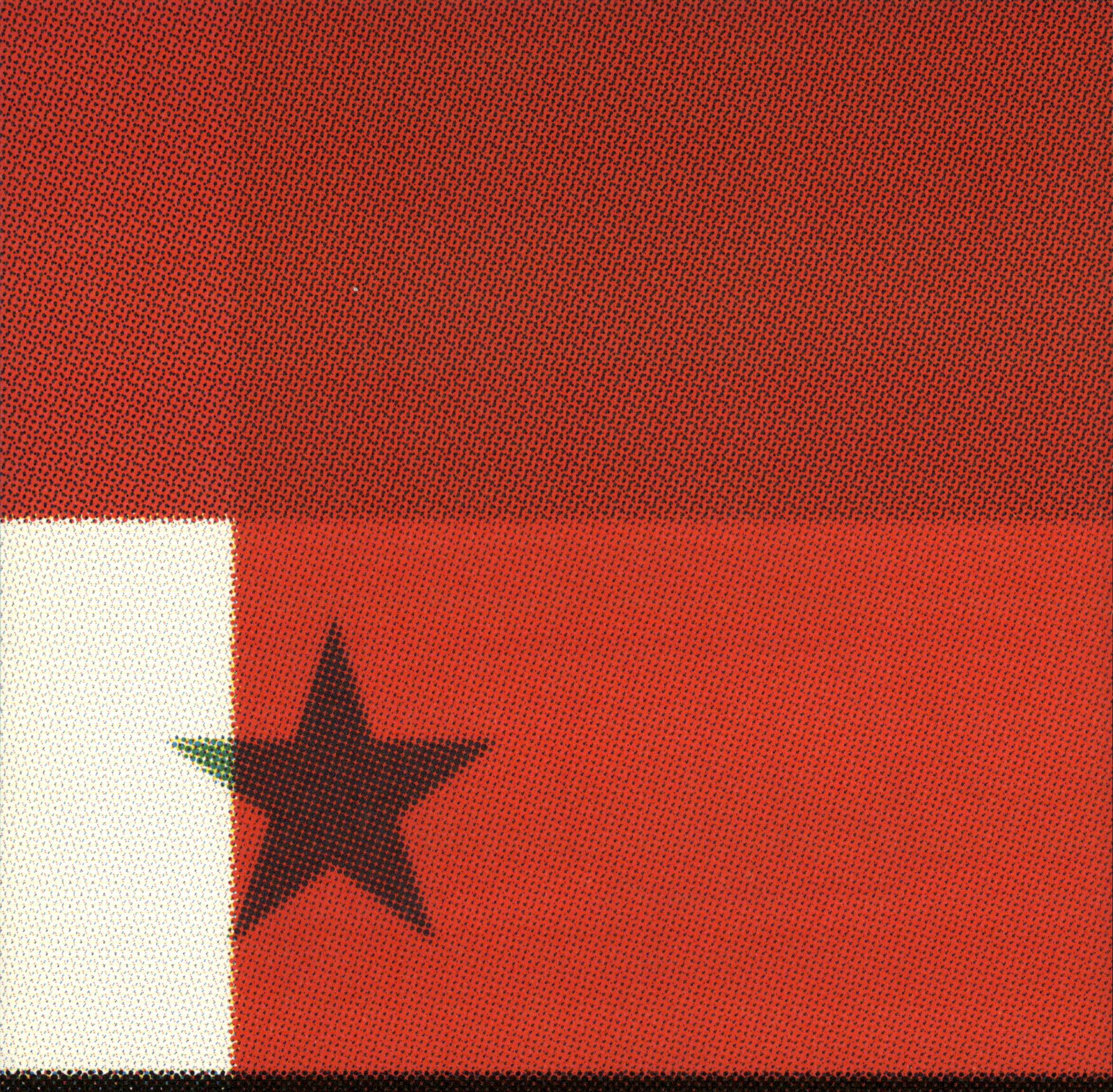

Em Calais

Emmanuel Carrère

Exasperada, dividida entre a solidariedade e a xenofobia, a população do porto francês experimenta no quintal de casa a gravidade da crise de imigração na Europa

I

Por incrível que pareça, foi o hotel Meurice, de Calais, que deu origem ao famoso estabelecimento de Paris, e não o contrário. Essa antiga estalagem é inclusive a ancestral da hotelaria de luxo na Europa – luxo hoje mais do que carcomido, mas que, a um preço razoável, seduziu por muito tempo os turistas ingleses. O problema, como todo comerciante de Calais lhe dirá, é que, com medo dos imigrantes e, de forma mais geral, do caos que tomou conta da cidade, os turistas ingleses se escafederam. O dono, o sr. Cossart, gostaria muito de vender seu negócio – coitado, nada se vende em Calais. Também gostaria muito de atrair a clientela de policiais, pelo menos 1.800 espalhados nas imediações do túnel e do porto, um filão para todos os gerentes de Ibis, Novotel ou Formule 1, mas as pessoas que tratam desse assunto no Ministério do Interior devem ter julgado a decrepitude burguesa do Meurice, suas toalhas de mesa bordadas já sem cor, suas camas bambas

Sobreposição de bandeiras

e seu bricabraque empoeirado não muito compatíveis com a penosa missão das forças da ordem. Mesmo assim, uma nova clientela surgiu recentemente, composta metade por jornalistas, metade por cineastas e artistas vindos da Europa inteira para testemunhar o infortúnio dos imigrantes. Em certos momentos, julgamo-nos no lendário Holiday Inn de Sarajevo, onde, no auge do cerco, alojavam-se todos os correspondentes de guerra. Depois do café da manhã, cada um enfia seu grosso impermeável sobre o colete multibolsos, empunha sua câmera, embarca no carro alugado na agência Avis da *place* d'Armes e, como quem vai para o *front*, dirige-se à Jungle [Selva].

2

Quanto a mim, não tomo a direção da Jungle, por enquanto. Permaneço na cidade. Nesta manhã, antes de sair, me entregaram uma carta na recepção, cujas primeiras linhas diziam:

Não, o senhor não!
Hoje à tarde era Laurent Cantet, semana passada Michael Haneke, vimos passar Charlie Winston[1] também, então, não, sr. Carrère, o senhor não! É como dizem no pedaço: estamos de saco cheio dessas celebridades, desculpe a expressão, que vêm faturar aqui em Calais, nos tomando, a nós, presos dentro de suas muralhas, por ratos de laboratório! O que veio fazer aqui? Quinze dias entre *O reino*[2] e seu próximo *opus* para dormir no Meurice, escrever algumas páginas na XXI[3] e dizer sua verdade sobre nossa cidade? Note que digo "nossa cidade", como se agora eu me sentisse "calaisiana". Sabia, sr. Carrère, que em três anos passados nesse abismo recebi pelo menos um pedido por semana de pessoas de fora que, como o senhor, queriam escrever, filmar, contar num microfone o que viram, julgando talvez fazer melhor que os outros, decerto querendo saciar a imperiosa necessidade do "comentário pessoal"? Calais virou um zoológico do qual sou um dos guias. Conheço o circuito, então me pergunto: em que armadilhas o senhor cairá? Que atmosfera irá respirar? A do Channel (onde o vi)? Do Betterave (onde o vi também)? Do Minck (aonde fatalmente o levaram para cumprimentá-lo)? Não sei, não consigo enxergar com clareza, mas enfim, seja como for, de uma coisa estou certa: sua empreitada será um fracasso.

---

[1] Laurent Cantet (1961), cineasta francês; Michael Haneke (1942), cineasta austríaco; Charlie Winston (1978), cantor e compositor britânico. [N. do T.]

[2] Livro mais recente de Emmanuel Carrère, lançado no Brasil pela Alfaguara em abril de 2016. [N. do T.]
[3] Revista cultural francesa, criada em 2008, onde foi publicado originalmente o presente texto. [N. do T.]

São oito páginas assim, mais tristes que cruéis, muito bem escritas e assinadas por um nome com jeito de pseudônimo: Marguerite Bonnefille. Depois de lê-las, me dirijo ao bar do Minck num passo forçosamente pensativo. A pé, o que não é muito comum numa região tão pobre a ponto de sua receita tributária mais importante ser o licenciamento de veículos. Sigo a rua Royale, principal artéria de Calais-Nord – que é quase uma ilha, tendo sido simplesmente Calais até o século 19. A rua Royale é conhecida como "rua da Sede", em virtude dos inúmeros bares que a margeiam. Ali, sábado à noite, a porrada come solta. De manhã, os bares ficam fechados, e parte das lojas também – estas sem perspectiva de reabrir, primeiro porque há cada vez menos gente em Calais para comprar o que quer que seja, depois porque as compras, e também o lazer, o cinema, quando há o que ver, tudo isso é feito na Cité Europe, grande shopping center situado próximo à entrada do Túnel, na comuna vizinha de Coquelles. A Cité Europe, o Túnel: tudo parece conspirar para que a Calais intramuros não sirva para mais nada. Resta o porto, todavia, onde desembocamos depois de atravessar a *place* d'Armes. Reconstruída após a guerra, como toda a cidade, por um arquiteto que, inspirado basicamente em Toulon e Casablanca, deu-lhe um toque mediterrânico que destoa completamente do clima, essa imensa esplanada onde venta muito conta com duas estátuas, uma representando o general De Gaulle, a outra, sua esposa Yvonne – que, fico sabendo, nasceu em Calais. Poucos dias após a minha partida, essas estátuas serão pichadas com um "*Nik la France*"[4] imputado aos misteriosos No Border, ativistas sem nacionalidade, estrutura ou hierarquia muito presentes na Jungle, à sua maneira idealistas e dedicados, embora aqui todos sejam unânimes em considerá-los uma espécie de *trolls* nocivos, atrás de toda e qualquer oportunidade de tocar o terror. Enfim. No quesito transporte de passageiros, o porto de Calais é o primeiro da França e o segundo da Europa, precedido por Dover. Por muito tempo, junto com as fábricas de rendas, ele gerou a maior parte dos empregos da cidade. Ainda respira: um ambicioso plano batizado "Calais 2015" (ainda não muito avançado, diga-se, no início de 2016) prevê a duplicação de sua superfície e de suas atividades. Mas a concorrência do Túnel e os incidentes diários com imigrantes representaram um duro revés para o projeto. Esses assuntos são recorrentes

[4]. A origem do verbo *niker* ou *niquer* é discutível; alguns apontam uma origem árabe, outros, o francês *forniquer*. Seja como for, a tradução mais próxima seria "Foda-se a França". [N. do T.]

entre os fregueses do bar do Minck, aonde, como adivinhou Marguerite Bonnefille, fui levado tão logo cheguei. Meus cicerones eram um jornalista de *La Voix du Nord*, Bruno Mallet, e sua mulher, Marie-France Hembert, que, por sua vez, trabalha para o *Nord Littoral* – o que equivale a trabalhar respectivamente para os Capuleto e os Montecchio, tão acirrada é a rivalidade entre esses dois jornais, embora pertençam ao mesmo grupo. Assim, todo mundo se reconcilia em torno de um *Muscadet*, no bar do Minck, um dos grandes pontos de encontro de Calais e, creio, do mundo. A clientela, em sua maioria, é de gente idosa: aposentados da marinha, da pesca, da Câmara de Comércio, do sindicalismo portuário; espero não ser mal compreendido se disser que o lugar abunda em figuraças que fariam a alegria de um diretor de elenco encarregado de selecionar atores para um filme nostálgico, celebrando a aristocracia proletária de outros tempos. O mais notável, no entanto, não é essa extraordinária concentração de rostos simpáticos, calejados, rosados, cândidos, nem o fato de que esses rostos sejam, numa proporção que ignoro, eleitores da Frente Nacional, e sim o costume, instituído há 15 anos por Laurent e Mimi, os donos, que obriga toda pessoa que empurra a porta do Minck – pela qual nesse momento adentra uma forte lufada de maresia –, antes de fazer qualquer pedido, a passar por todas as mesas e pelo balcão para apertar as mãos de *todos* os fregueses presentes – conheça-os ou não. Eu mesmo, por natureza mais contido, adquiri o hábito de apertar 20 ou 30 mãos, e estava fascinado com isso até minha correspondente me fazer perceber que, agindo assim, eu me comportava como um turista que, em Paris, se deslocasse de *bateau-mouche* e passasse as noites no Moulin Rouge.

3

Acertou! Vou tomar café da manhã no Minck e, à noite, entornar umas cervejas no Betterave, que é uma espécie de bar da moda em Calais-Nord: uma filial do Channel, sobre o qual falarei daqui a pouco. No balcão de ambos, pude comprovar a verdade do clichê de que as pessoas do Norte são tão simpáticas e hospitaleiras quanto o clima de lá é hostil. É como os russos: dizemos que são beberrões, sentimentais, irascíveis – e é verdade. Desde que recebi sua carta, no entanto, vejo minha misteriosa correspondente em cada rosto, emboscada, à espreita, escutando com uma ironia amarga eu desfiar meu rosário sobre o que vim fazer aqui: "Quanto ao 'comentário pessoal'", ela me escreve, "o ângulo que o senhor escolheu é original, admito. Falar de Calais sem os seus imigrantes, falar do resto – se compreendi bem –, eis o que nos distancia um pouco. O senhor vai na contramão, parabéns!" Você está sendo injusta, Marguerite Bonnefille. Eu nunca disse que minha intenção era falar de Calais *sem os imigrantes* – por que não Varsóvia em 1942, sem o gueto? –,

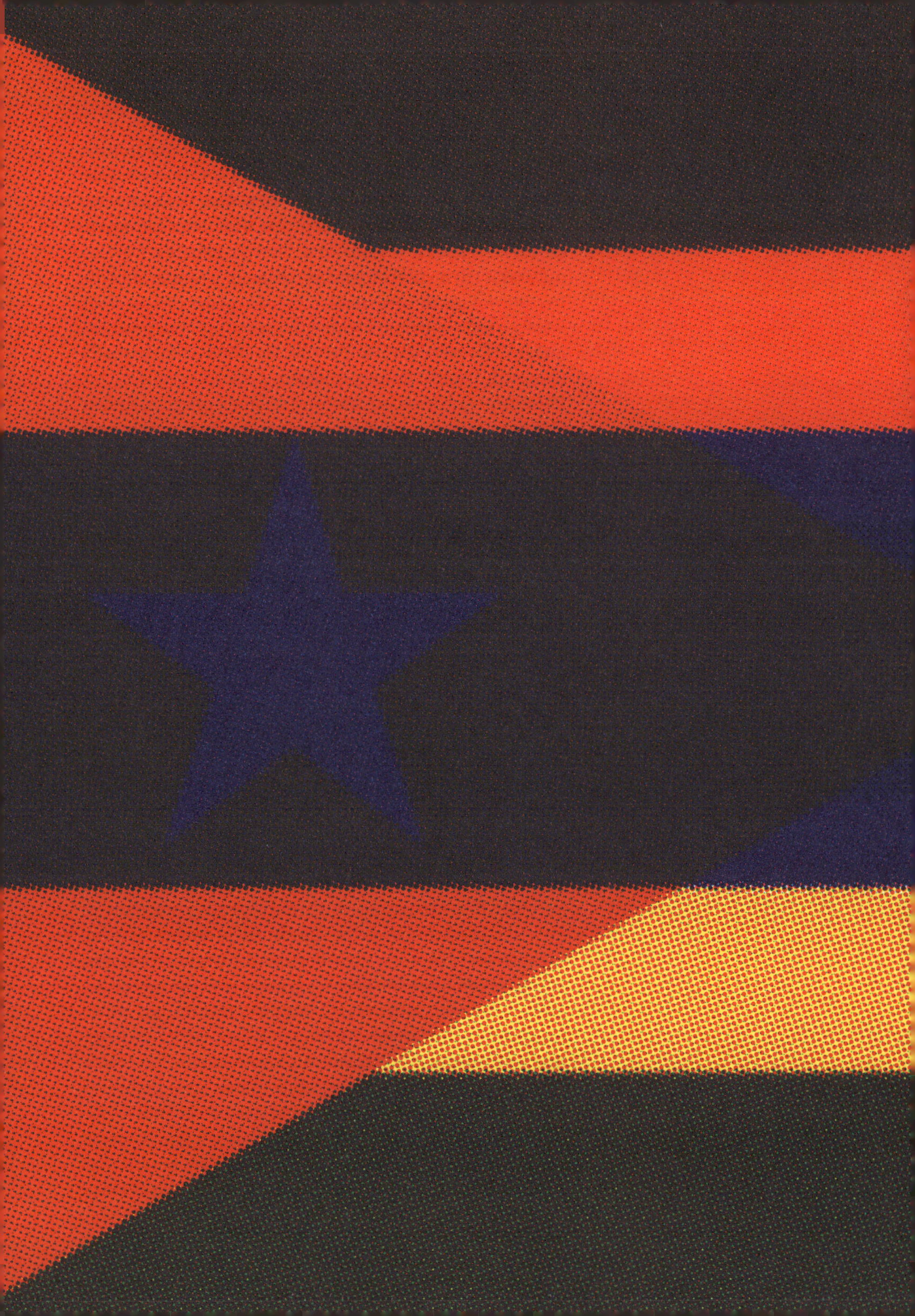

apenas que pretendo voltar o olhar para a cidade e seus habitantes. Todos os meus interlocutores aprovam calorosamente esse plano: "É verdade", repetem para mim, "não aguentamos mais só falarem de nós sobre *isso*. E também não aguentamos mais falar só *disso*." O que, inevitavelmente, faz com que todos falem *disso*. Alguns, de maneira bastante taxativa, embora muitos afirmem que o pior é não poder escapar, é ser o tempo todo obrigado a se definir como "pró" ou "anti-imigrantes". É o perpétuo caso Dreyfus: lembram-se da charge do almoço de família? Primeira imagem, o dono da casa diz: "Por favor, não toquemos no assunto"; segunda imagem, a mesa está devastada, os comensais se matando uns aos outros, e a legenda diz: "Eles tocaram no assunto".[5]

5. É possível ver a charge na internet, em ecrits-vains.com/bd/dreyfus/dreyfus.htm. A autoria é de Emmanuel Poiré (1858-1909), desenhista e caricaturista francês, nascido em Moscou, que assinava "Caran d'Ache" (*karandash* = "lápis" em russo). [N. do T.]

4

"Pró" e "anti-imigrantes" são expressões curiosas. "Pró-imigrantes" é uma coisa que não existe, já que ninguém é a favor de ter às portas de uma cidade de 70 mil habitantes uma população de sete mil miseráveis, desolados, dormindo em tendas, na lama, no frio, e que inspiram, dependendo do caso, inquietude, compaixão ou consciência pesada. E "anti-imigrantes", no sentido extremo de pessoas capazes de esbravejar "que se afoguem!" ou "voltem pra casa!" – o que muitas vezes dá no mesmo –, é algo que existe, encontrei vários, mas não é muito frequente. Muita gente afirma que tudo seguia seu curso quando eram somente os "kosovares" – que vieram nos anos 1990 com o fim das guerras nos Bálcãs, e os velhos, sobretudo, chamam assim todos os estrangeiros em situação irregular. Eles não passavam de centenas na época, dava-se um jeito. Mas agora, com "os siberianos", é demais. Vieram-me duas vezes com essa, "os siberianos". Levei um tempo até compreender que eram os sírios e, junto com eles, os curdos, afegãos, eritreus, sudaneses, todos provenientes, aos milhares agora, de um Oriente Médio ou de uma África do Leste que a TV mostra diariamente em fogo e sangue, ou seja, é compreensível que os infelizes fujam, mas seria preferível que estacionassem em outras plagas que não em nossos jardins. Que devamos acolhê-los, vá lá, mas por que na nossa casa? Por que em Calais, que já pena tanto para se sustentar sem isso? Ninguém está contente com a incômoda presença dos imigrantes, os próprios imigrantes estão desesperados de estar aqui, mas só os anti-imigrantes os culpam diretamente – com uma boa dose de racismo, não disfarcemos –, ao passo que para os pró-imigrantes o problema é do Estado, da Europa e, sobretudo, da Inglaterra, para onde todos querem ir, mas que não quer saber deles e nos aplicou o golpe de instalar sua fronteira em nosso território. Essa armação é conhecida como acordo de Touquet, o que evoca algo até para quem chama os sírios de "siberianos".

5

Assinado em fevereiro de 2003, esse acordo tem o objetivo de harmonizar a política imigratória entre a França e a Inglaterra e, na realidade, instaura a vigilância das fronteiras francesas pelos ingleses e das fronteiras inglesas pelos franceses. No papel, essa simetria parece efetivamente harmoniosa. O problema é que nenhum imigrante tenta passar da Grã-Bretanha para a França – um dos países da Europa considerados menos desejáveis –, enquanto todo ano milhares tentam, por todos os meios, e não raro arriscando suas vidas, passar da França para a Grã-Bretanha – onde a legislação trabalhista é mais flexível, os controles de identidade mais raros, as comunidades estrangeiras mais coesas, e cuja língua, no fim das contas, é falada por muitos imigrantes. Concretamente, vemos o resultado do acordo de Touquet quando saímos da autoestrada 16 para pegar, a leste de Calais, o acesso que conduz ao porto e ao terminal dos *ferries*. Estamos num filme de guerra, num videogame pós-apocalíptico.

6

Mesmo assim, procura-se pensar em outra coisa: no trabalho, nos filhos, nos amigos. Tenta-se levar uma vida normal. Pergunto-me o que seria essa vida normal, para mim, se, em vez de passar duas semanas aqui como jornalista, eu tivesse que morar em Calais por alguns meses ou anos. "Quinze dias, sr. Carrère, 15 dias? Acredita realmente que conhecerá Calais em 15 dias? Pois vou lhe dizer: faria melhor se morasse aqui por um tempo e depois fizesse um livro." Registro o conselho, quem sabe não frutifica. Enquanto isso, me pergunto como iria me virar, que lugares e pessoas eu frequentaria se viesse a morar em Calais em algum momento. A resposta é fácil, minha correspondente tinha poucas chances de errar: pelo menos num primeiro momento, eu frequentaria o Channel. Criado por um agitador cultural calaisiano, Francis Peduzzi, e instalado no antigo matadouro da cidade, de frente para o bulevar periférico, esse imenso espaço goza do prestigioso status de *scène nationale*,[6] com as subvenções daí decorrentes, e a pretensão, justificada, de ser um *"lieu de vie"*.[7] Grandes prédios de tijolos vermelhos, com assoalho industrial, salas de espetáculo, livraria, bistrô, poltronas e sofás confortáveis... O Channel, onde poderíamos julgar facilmente que estivéssemos em Nova York ou Berlim, é uma comunidade. Todo mundo se conhece e troca beijinhos: a equipe, os habituês, mas também, cabe ressaltar, os alunos que vêm do liceu vizinho fazer seus deveres. É o pulmão *arty* e aconchegante de uma cidade deserdada e dividida. É também, está na cara, o bastião mais sólido do partido pró-imigrantes em Calais. As associações de ajuda aos imigrantes se reúnem ali informalmente às quartas-feiras (ao mesmo tempo que os vendedores de produtos orgânicos); jovens tranquilos e descolados estão sempre prontos para atuar como guias para os artistas parisienses desejosos de visitar a *Djeungueule* – pois no Channel não se diz "a Jungle", e sim a *Djeungueule*: dizer "*Jungle*", compreendi logo, é mais ou menos como dizer "israelita" para "judeu", ou como as pessoas de direita que chamavam Mitterrand de "Mitt-ran".

7

No Channel, há uma excelente livraria, pertencente à editora Actes Sud e dirigida por Marie-Claire Pleros. Marie-Claire é uma mulher bonita, grave, doce e dona de uma voz belíssima: todo mundo gosta dela. Ajudou bastante no início da minha estadia, apresentando-me a pessoas que me abriram suas casas e cujos nomes tenho vontade de escrever: Dominik e Marie-Claire Richard-Multeau, Jean-Louis e Annie Bougas, Pierre-Yves e Mimi Chatelin. Na escala de Calais e de seus 13% de desemprego, eles são privilegiados, e têm consciência disso, mas estamos longe das "200 famílias".[8] Perito em contabilidade, professora primária, gerente de VVF[9] (o VVF fica em Sangatte, charmoso balneário que, do ponto de vista turístico, sofreu cruelmente devido à sua midiatização, sendo que agora é toda Calais que padece do mesmo problema), professor de educação física recém-aposentado que, após várias Rotas do Rum,[10] prepara uma volta ao mundo à vela – quatro ou cinco anos, ele prevê, e sua mulher sorri carinhosamente: um ou dois talvez seja

---

[6]. Selo de qualidade concedido a teatros públicos pelo Ministério da Cultura francês. [N. do T.]

[7]. *Lieu de vie* [*et d'accueil*]: pequena estrutura social ou médico-social que proporciona o acompanhamento de crianças, adolescentes e adultos em situação familiar, social ou psicológica problemática. [N. do T.]

[8]. Maneira de se referir aos milionários, expressão que alude aos 200 maiores acionistas do Banco da França durante o entreguerras. [N. do T.]

[9]. Sigla para Villages Vacances France, rede de hotéis de veraneio espalhada por toda a França. [N. do T.]

[10]. Regata transatlântica em solitário, com partida em Saint-Malo e chegada em Guadalupe. [N. do T.]

o bastante... Leitores de *Télérama*, frequentadores do Channel, que votam indefectivelmente na esquerda, criam, dentro desses princípios, filhos esplendidamente abertos e simpáticos, que estudam em bons colégios de Lille ou Paris e que, mesmo que quisessem, sabem perfeitamente que não poderão viver ali onde nasceram porque não há trabalho, e provavelmente nunca mais haverá. Moram no bairro de Saint-Pierre, a ex-comuna de Saint-Pierre-les-Calais, que se desenvolveu no século 19 com a indústria da renda. As fábricas e as casas dos operários foram instaladas ali, pois os burgueses de Calais – que ainda não se chamava Calais-Nord – não queriam ser incomodados pela trepidação incessante dos teares Jacquard ou Leaver, que funcionavam 24 horas por dia. As pessoas com a idade de meus cicerones, que bate com a minha, 50 e tantos, lembram-se fisicamente daquele barulho tão horrível, do qual, não obstante, sentem saudade. Extinguiu-se. A indústria da renda, que antes da guerra empregava aproximadamente 20 mil pessoas, e ainda cinco mil há 20 anos, agora não emprega mais que 400. Das 100 fábricas, só restaram quatro. Os prédios das outras não passam de enormes carcaças de tijolos encardidas e em ruínas, com os pátios invadidos pela ferrugem e a erva daninha, ideais para *squats*: era ali que se alojavam os imigrantes até a prefeitura os expulsar, ano passado, para amontoá-los na Jungle, onde, acreditava-se, incomodariam menos os calaisianos. Para que não se sentissem tentados a voltar, todas as portas e janelas foram emparedadas. Nas ruas desse bairro antes fervilhante e industrial, duas em cada três casas estão à venda. As que não estão vazias foram fatiadas pelos seus proprietários, cuja grande maioria mudou-se para os vilarejos vizinhos e mais sossegados de Marck e Coulogne, transformaram em minúsculos apartamentos, que alugam, via serviços municipais, a segurados da previdência social. Por trás dos postigos fechados e das persianas arriadas, tudo apagado. Andamos por ruas desertas, acinzentadas, num limbo de toque de recolher e estado de sítio. Isso torna a sensação de calor e reconforto ainda mais doce quando se abre a porta de uma casa amiga. Essas casas, onde eu certamente teria lugar reservado, se morasse em Calais, dão a impressão de cabines a bordo do *Titanic*: abarrotadas de livros e discos, com cozinhas cintilantes e, nos banheiros, citações emolduradas de Edgar Morin, Stéphane Hessel e Pierre Rabhi, eminência da alterglobalização, apóstolo da recessão, autor da teoria do beija-flor, que me explicaram ao redor de uma travessa de queijos suntuosamente fedorentos – *maroilles, boulette d'Avesnes*: os grandes clássicos do norte. A floresta está pegando fogo, todos os animais debandam, só o beija-flor voa até o rio, enche de água seu minúsculo bico e rasga de volta os ares para despejar seu conteúdo na fornalha. Vai e volta como quem não quer nada, o dia inteiro, e, quando um hipopótamo lhe aponta que aquelas poucas gotas d'água são uma coisa irrisória para um incêndio tão grande, o beija-flor responde: pode ser, mas estou fazendo a minha parte. A parte do beija-flor, para os meus amigos calaisianos, consistia, quando os imigrantes ainda ocupavam o centro da cidade, em levar-lhes comida, cobertores, roupas, conversar com eles e, agora que os evacuaram para a *Djeungueule*, em fazer mais ou menos a mesma coisa, porém com menos frequência. Recriminam-se por isso, aliás, perguntam-se com angústia se teriam tido coragem suficiente durante a Ocupação; gostariam de se engajar ainda mais – exatamente como eu, que no meu bairro parisiense tenho tudo de que preciso em matéria de afegãos ou curdos, caso queira ser um beija-flor mais enérgico.

8

Sabe, sr. Carrère, o que é mais difícil aqui? É a inércia das coisas. É de cair o queixo. Ficamos embasbacados ao constatar que essa cidade não anda. Que nela tudo é cristalizado, os *yuppies* em sua bolha, os alienados em suas torres, os políticos em suas ardilezas políticas, os profissionais do arame farpado ao longo do Acesso e do Túnel. Acho que fico deprimida aqui, sr. Carrère. À noite, voltamos sob ventanias de 94 km/h para nos abrigar no calor, enquanto... Ah, é verdade, combinamos de não tocar nesse assunto.

Saiba, Marguerite, que faço o que posso. Encontro pessoas, muitas pessoas, não só os *yuppies* em sua bolha como você diz – mesmo achando tranquilizador que haja em Calais *yuppies* em sua bolha. Você se convidou para a minha reportagem, então vamos em frente, você vai me ajudar, peço licença para citá-la mais uma vez:

Quando soubemos qual era o seu ângulo, eu e meu namorado sorrimos. Ruminamos que assim se sentiria à vontade para falar dos desempregados, dos alcoólatras e afins que povoam a cidade. Bombeiros que votam na FN e casais que terminam nos tribunais porque iniciam seus filhos adolescentes na sexualidade incestuosa, quando não estão ocupados em fazer felações em seus pastores alemães. Dessas brigas que chovem no início do mês porque a RSA[11] acaba de bater na conta e as pessoas fazem fila nos caixas eletrônicos, saem para fazer suas compras em Auchan, de táxi, e enchem a cara para depois se engalfinhar nos bares de Calais-Nord.

---

[11]. Sigla para *Revenu de Solidarité Active*, espécie de seguro-desemprego francês. [N. do T.]

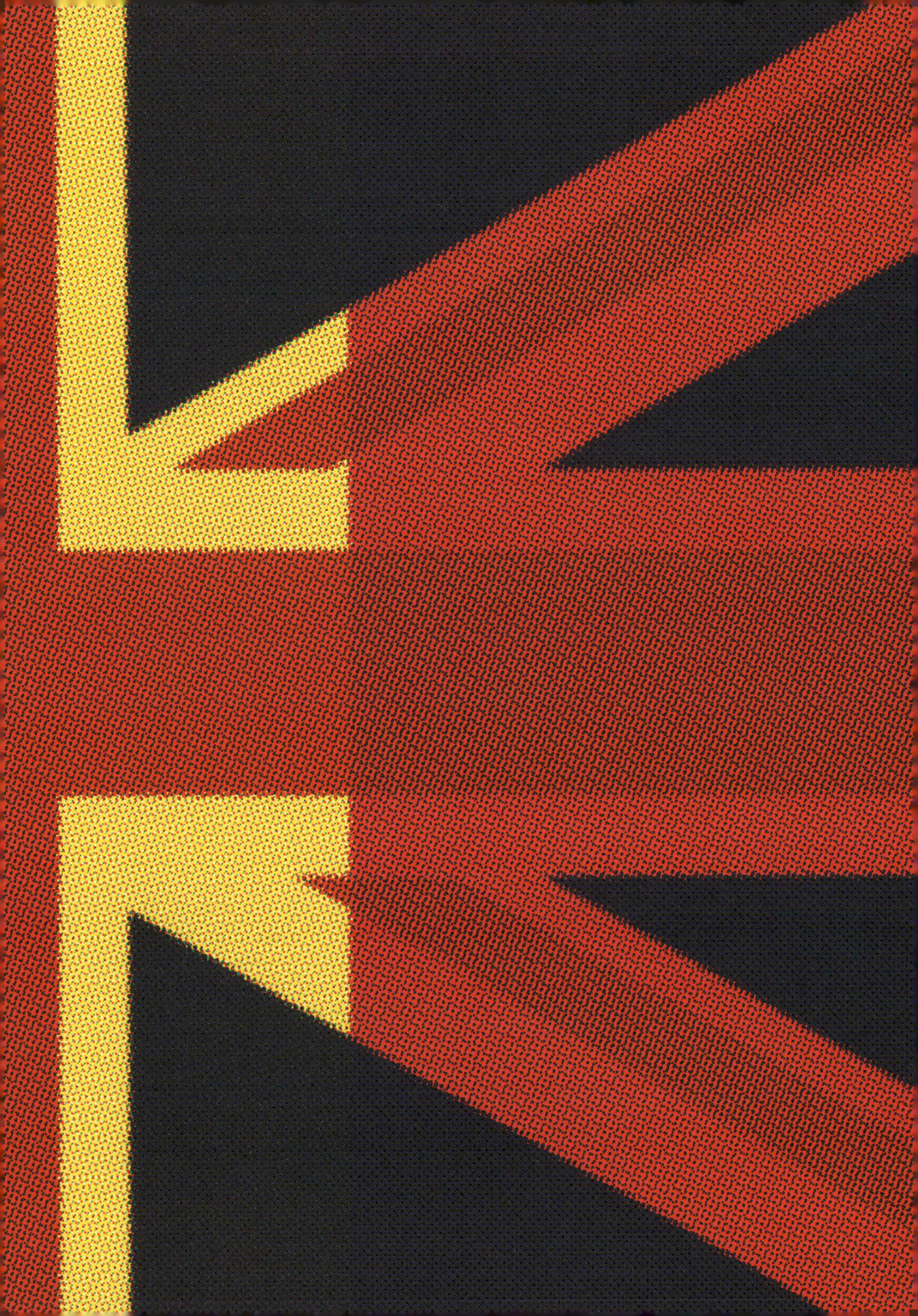

Aí, Marguerite, você está se referindo à ZUP[12] do Beau Marais e à comunidade de Fort Nieulay, que são o equivalente em Calais ao Outreau em Boulogne: lugares que têm medo e cuja violência assusta muito mais a alguém como minha amiga Marie-Claire do que a delinquência dos imigrantes. É o que chamamos de zonas "prioritárias", com a ressalva de que, agora, como diz com um sorriso cansado Kader Haddouche, é a cidade inteira que é prioritária. Kader tem 39 anos, é neto de *harki*,[13] filho de argelinos analfabetos – seu pai, aposentado do amianto; sua mãe, agente de limpeza –, origem não muito comum numa cidade onde, ao contrário da bacia carbonífera, praticamente não ocorreu imigração. Não havia necessidade de mão de obra adicional: o que existia na região cobria as necessidades da indústria da renda. Paradoxalmente, essa foi a sorte de Kader: como a indústria da renda só contratava, em suas palavras, "calaisianos de longa data", e ele, como árabe, não tinha nenhuma chance, viu-se obrigado a estudar, o que não foi o caso de seus colegas de infância, que contavam com um emprego na indústria de renda. Kader então se tornou professor de biologia no liceu profissional, enquanto seus colegas "calaisianos de longa data" figuram todos, de uma ou outra maneira, no quadro que você gentilmente pintou para mim, cara Marguerite: desemprego, alcoolismo, desespero e racismo. As seções 20 e 21 da zona eleitoral calaisiana, que nas últimas eleições regionais deram mais de 50% à Frente Nacional, ficam no Beau Marais, onde se vomita em cima dos imigrantes, embora estes nunca sejam vistos, pois tampouco têm qualquer razão para vir aqui. Kader é militante, apresentou-se – como Marie-Claire – na lista de oposição encabeçada pelo deputado socialista do Pas-de-Calais. Obtiveram 20%, foi honroso. (Não estou lhe ensinando nada de novo, Marguerite, mas o leitor provavelmente ignora que, desde a guerra, a vida política calaisiana se resume a 30 anos de direita conservadora, quase 40 de uma administração comunista ao mesmo tempo dogmática e inoperante, que se esmerou em desencorajar todos os investidores, explicando-lhes que não precisavam deles; finalmente, a partir de 2008, veio a prefeita sarkozysta Natacha Bouchart, igualmente criticada, embora lhe sejam gratos – ou não – por ser o último bastião contra a Frente Nacional.) Kader me levou para dar uma volta pelo Beau Marais, onde ele cresceu, onde continua morando, onde se sente em casa – não é o caso em Fort Nieulay, onde não está

---

[12]. Sigla para *Zone à Urbaniser en Priorité*, conjuntos habitacionais em estado de degradação, resultado de antigas políticas habitacionais. [N. do T.]

[13]. Indivíduo que lutou pela França na guerra da Argélia em destacamentos paramilitares. [N. do T.]

em seu território e se mantém alerta. Sob uma chuva fina e fria, circulamos por entre arranha-céus caindo aos pedaços e viadutos que dão vontade de chorar, interpelamos alguns adolescentes não escolarizados que vadiavam fumando sua maconha num saguão devastado e onde venta muito ("Querem que a gente faça o quê? Não tem nada pra fazer."), visitamos o Centro Social, cuja diretora diz: "Aqui trabalhamos o viver-em-grupo, o bem-estar e a convivência". Em seguida, ela dá um sorrisinho aflito, sabe bem que aquilo é pura conversa-fiada – e, não obstante, me diz Kader, foi aqui que ele leu, pequeno, seus primeiros *Tintin*, é aqui que sua mãe vem toda semana para a aula de ginástica: isso já é alguma coisa – e, além de ser alguma coisa, é tudo o que há. Os últimos comércios da ZUP, But, La Foir'Fouille[14] deixaram a cidade. A única coisa implantada ali nos últimos anos foi a agência Pôle Emploi,[15] onde os desempregados são obrigados a se apresentar uma vez por semana: assim, não precisam se deslocar, ir ao centro, e, com efeito, exceto para procurar briga sábado à noite, ninguém nunca vai até lá. Esse detalhe me pareceu eloquente, Marguerite, mas admito que é pouco como apuração; por sinal não assisti a nenhuma felação de pastor alemão.

9

Adiei, cisquei ao redor da Jungle, empurrei com a barriga o momento de ir até lá. Em sua carta, você se refere a ela como "essa coisa que, aqui, nos corrói a todos o tempo todo". Percebemos claramente isso, que ela corrói, obseda, divide, e essa divisão não se opera apenas entre generosidade e egoísmo, abertura e retraimento, pessoas instruídas e o *Lumpenproletariat* que encontrou alguém mais miserável que ele para odiar, mas também, muito concretamente, entre pessoas que estiveram lá, que eventualmente retornam, e pessoas que nunca puseram os pés lá. Não atiro a pedra nos segundos, talvez eu fizesse parte deles se morasse em Calais, e tenho mais estima por Marie-Claire, que até agora se absteve, temendo sucumbir à emoção e ao sentimento de sua impotência, do que por tantos turistas empedernidos. Fomos finalmente até lá, em grupo, na companhia de Clémentine, uma moça que, mesmo trabalhando no Channel, conhece bem o acampamento e escolta visitas com frequência. Não

14. Lojas de móveis populares. [N. do T.]
15. Posto de atendimento do Ministério do Trabalho francês. [N. do T.]

vou contar aqui sobre essa visita. Tentei, fui tragado. Ela ocupa instantaneamente espaço demais, impossível represá-la no limite de alguns parágrafos. Gostaria apenas de anotar o seguinte, algo relativo aos calaisianos que, como a valente Clémentine, vão ao acampamento de botas de borracha e mochila para ajudar, cuidar, informar. Eles dizem o que dizem todos os voluntários, de todas as nacionalidades, o que a princípio me irritou como um romantismo de missionário, mas que de toda forma julgo ser verdade: a Jungle é um pesadelo de miséria e insalubridade, ali acontecem coisas terríveis, execuções e estupros – nem todos os seus moradores, longe disso, são engenheiros pacatos, estudantes zelosos e perseguidos políticos virtuosos –, mas lá também se observa uma coisa extraordinariamente exaltante: a energia e o apetite de viver que induziram aqueles homens e mulheres a uma viagem longa, perigosa, heroica, da qual Calais, apesar do aspecto de beco sem saída, é apenas uma etapa. É o que exprime o afresco realizado pelo grafiteiro Banksy num muro de cimento na entrada da Jungle. A administração municipal pensou em mandar apagá-lo, antes de se dar conta de que era uma obra de arte, ainda por cima do *street artist* mais famoso e caro do mundo, e agora ela faz parte do patrimônio da comunidade, assim como Os burgueses de Calais, de Rodin. O trabalho de Banksy representa Steve Jobs carregando uma trouxa e um computador *vintage*, lembrando que o fundador da Apple começou nos Estados Unidos na pele de uma criança vinda de Homs, na Síria. A situação decerto não é a mesma e o paralelo é canhestro, já que Steve Jobs era tão somente de *origem* síria, nascido em São Francisco e adotado, mas pouco importa: alguns imigrantes morrerão tentando passar para a Inglaterra, outros arrastarão uma espécie de humilhação e pobreza pelas franjas da Europa; isso não impede que um sírio ou afegão, expondo-se a mil perigos, ao chegar a Calais, e que, Deus sabe, tenha sofrido uma barbaridade na Jungle, possa, a despeito de tudo, imaginar esse lugar como um momento de sua vida, uma provação transitória, um trampolim para a realização de seus sonhos. Embora menos precária, a situação de um *petit blanc*[16] que vive e sempre viveu de benefícios sociais no Beau Marais é de certa maneira mais estagnada, mais irremediável, e me pergunto se, mais ou menos conscientemente, isso não tem algo a ver com seu ressentimento.

16. Literalmente, "pequeno branco", "branquinho": expressão francesa que designa um indivíduo branco e pobre, que se vê dessa forma ou é assim considerado. [N. do T.]

10

Ele: A gente faz tudo o que pode, recebe de braços abertos, tenta lhes dar algum conforto, então OK, tem a guerra no país deles, dizem por aí que eles são pobres, mas, quando você é pobre, você não tem celular de 600 euros, tênis dez vezes mais caros que os meus e roupas de marca. Eles fingem que são pobres descaradamente, não se surpreenda que eles sejam mais ricos que a gente, não pagam impostos, têm casa, comida e roupa lavada, as associações dão a eles tudo que eles querem, com esse trocado eles vão no Bricoman e compram chaves de parafuso, martelos, serras elétricas, tudo que é preciso para quebrar as grades e também para quebrar tudo que veem pela frente, e quem é que paga?, somos nós, com nossos impostos.

Ela: E não é só isso, agora eles podem tirar carteira de motorista, enquanto meu filho não tem dinheiro nem pra fazer aula.

Eu: Ah, é? Eles tiram carteira de motorista?

Ela: Tiram, vi na internet, e vi dois deles saindo da autoescola Gambetta, e posso lhe garantir que sorriam. Em Auchan, onde fazemos as compras da semana, vemos nossos carrinhos e os deles, os deles transbordam, com sacos de dez baguetes, *packs* de garrafas de Oasis, batatas fritas, e tudo de marca. Esses carrinhos que transbordam são horríveis, horríveis. Eles têm lojas na Jungle deles, isso é legal, por acaso? Uma loja francesa paga impostos, paga uma licença, e o senhor acha que eles pagam? Os franceses estão abandonados, nós temos que nos virar sozinhos, a eles dão tudo.

Ele: Eles atiram projéteis do alto das pontes, atravessam a autoestrada de qualquer jeito, um francês que fizesse isso iria para a cadeia, mas eles podem tudo. Juro que penso com meus botões: se alguém atravessar a autoestrada na minha frente, não vou frear, vou é acelerar.

Ela: Eles andam em bandos de 30, 40, olham atravessado, procurando o que roubar. Meus filhos têm 21 e 17 anos, mas tenho medo de que sejam agredidos quando saem. A gente vai à cidade, a gente vai sozinho, e eles são um monte. As agressões são constantes.

Eu: Vocês foram agredidos?

Entreolham-se: Não.

Eu: E seus filhos?

Ela: Não.

Eu: Conhecem alguém que foi agredido? Que eu pudesse encontrar?

Ela: Não, mas existe. Há uma senhora que morava no caminho das Dunas, foi na casa dela, e, agora que os imigrantes tornaram sua vida impossível, ela teve que ir embora.

Ele: Ela fez um vídeo, está disponível no site dos "calaisianos em cólera". Eles quiseram se organizar para se defender, mas tiveram que parar porque tinha ficado perigoso demais para eles. São pais e mães de famílias, e a eles ninguém protege. A polícia disse para eles que não podia protegê-los, que estava impedida de proteger os franceses.

Ela: Sabe o que tem escrito na entrada do acampamento deles? "Um tira, um tiro."

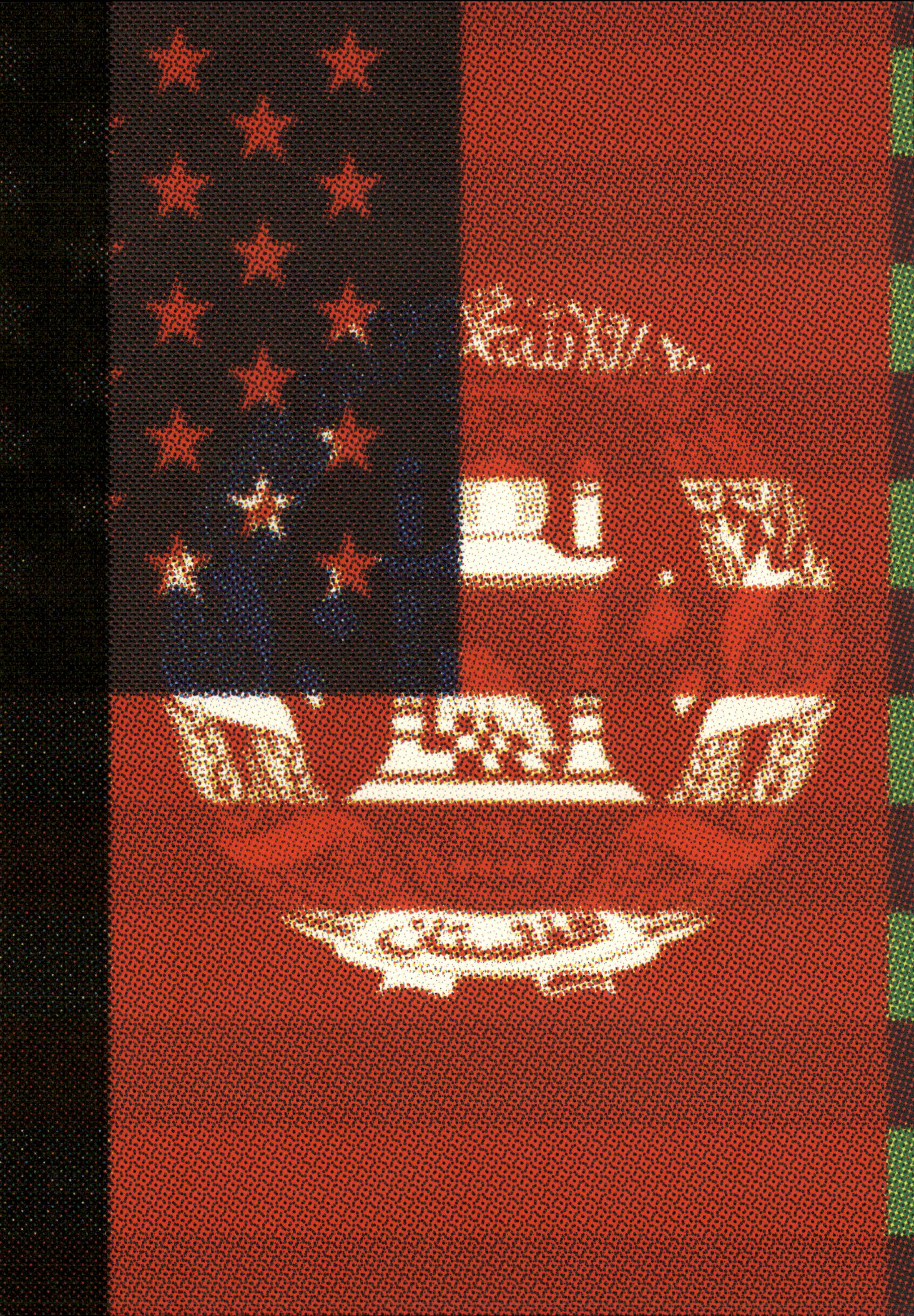

II

Tenho quilômetros de transcrições iguais a essa, que você deve saber de cor, Marguerite. É o que dizem essas pessoas, às quais você se refere na sua carta, "que se apresentam pelo sobrenome, depois o nome: Delcloy, Kevin, ou Carpoulet, Monique". O calaisiano básico, "monoparental e na necessidade", como define melancolicamente Baptiste, um jovem cozinheiro conhecido meu que não só lê Dostoiévski, como é parecido com Aliócha Karamázov. É difícil escutar isso sem arrogância de classe, pois, mais que palavras de vilões, são palavras de pobres, e pobres tanto em instrução como em recursos. Difícil também saber o que é verdade no que eles contam e qual é o grau real de insegurança em Calais. Comissariado e prefeitura não responderam às minhas solicitações – não muito insistentes, é verdade. A *sensação* de insegurança, como falamos de sensação térmica, varia conforme o interlocutor, mas mesmo gente como meus amigos leitores de Pierre Rabhi, que, por razões ideológicas, são inclinados a minimizá-la, reconhecem que paira um clima de ameaça sobre a cidade. Os pró-imigrantes estão com o pé atrás, os anti-imigrantes na expectativa, mas todo mundo aguarda a catástrofe que fará tudo vacilar: o assassinato de um imigrante por um calaisiano – isso, alguém observa, já deve ter acontecido – ou de um calaisiano por um imigrante – isso, ainda não: todos saberiam. Embora... Os "calaisianos em cólera" estão convencidos de que se dá o contrário: quando um imigrante rala o dedinho, a imprensa local estampa a indignação nas capas dos jornais e, obedecendo a uma ordem vinda do alto, esconde zelosamente as violências de que os franceses são vítimas. Eles acham que o governo é a favor dos imigrantes e contra os nativos, que o *Nord Littoral* está infiltrado pelos No Border (não foi a impressão que tive lendo-o todas as manhãs), e eles se atribuíram a missão de lutar contra a desinformação, fazendo o trabalho que os jornalistas não fazem: testemunhar o que acontece *de verdade* em Calais, que não sabemos e, caso soubéssemos, deflagraria uma guerra civil. O site de seu coletivo é um exemplo típico do que é conhecido como "esfera fascistoide" e, mesmo que, por um apreço talvez exagerado pela sutileza e pela complexidade do mundo, eu aspirasse a descrever calaisianos em cólera que não fossem boçais, sou obrigado a reconhecer que os que encontrei estão bem perto disso. Será que partiam pra porrada antes de se refugiarem no jornalismo selvagem, filmando incansavelmente com seus celulares cenas de apedrejamento de policiais ou de caminhões no Acesso? Será que as rondas noturnas às quais se entregavam antes de serem dissuadidos pela polícia eram boas e velhas ações milicianas – como atesta um vídeo postado por seus inimigos jurados, os No Border? – ou terão sido, como asseveram, infiltrados por elementos incontroláveis, racistas e violentos – quando eles não o são? Não faço ideia, tudo que posso dizer é que retornei, não à Jungle, mas à sua borda, na companhia de dois calaisianos em cólera: um homem jovem e fortão, segurança de ofício, e uma senhorinha grisalha e nervosa, ambos, cara Marguerite, do tipo que declinam o sobrenome antes do nome, com a ressalva de que não o fizeram porque preferiram não fornecer o sobrenome: têm boas razões para desconfiar dos jornalistas e, se vierem a ler estas linhas, receio que isso não melhore muito as coisas. O objetivo de nossa expedição era "dar suporte a uma local". Reconheci que os calaisianos em cólera não me pareceram nem muito abertos, nem muito simpáticos. Devo reconhecer também, honestamente, que a "local" tem boas razões para se queixar, e que morar como ela, na rua de Gravelines, deve ser um verdadeiro inferno. Inferno para o qual tudo contribui: de um lado, o fluxo incessante, pela via esburacada e barrenta, de imigrantes que se deslocam em hordas de rapazes esquálidos, impetuosos, certamente em estado de abstinência sexual avançada, como os de Colônia, que usam os quintais particulares como atalhos para a autoestrada e, ao passarem, roubam lenha, esticam o dedo médio, mostram o pau, capturam e comem os animais domésticos (é o que dizem); de outro lado, a presença, decerto tranquilizadora, porém opressiva com o tempo, de camburões da polícia que não param de estacionar e arrancar furiosamente em frente à casa; por fim, o fato de que a casa, cujo financiamento é pago com muito suor e sangue, não vale evidentemente um tostão furado. Motivos não faltam, isso é certo, para a local precisar de ajuda, e longe de mim dar-lhe lição de moral sobre a França, terra de asilo, ou citar-lhe Mateus 25, 35: "Eu era estrangeiro e me hospedaste". Perguntei-lhe, por via das dúvidas, se todos da vizinhança eram da sua opinião. A calaisiana em cólera, tomando-lhe a palavra, apontou o dedo para uma casinha em frente e disse, falando mais baixo, como se pudessem nos ouvir: "Ela, ali, *é contra nós*".

12

Evidentemente, bato à porta da casinha. A princípio ninguém atende, mas, como há um carro parado em frente, insisto. Desconfio que, de sua janela, a moradora me observa. A porta finalmente se abre e aparece uma moça com um bebê no colo. Magrebina, 30 anos, atraente. Desfio minha ladainha, explico que cheguei ali com uma calaisiana em cólera, mas que a apontaram como sendo do outro time. Ela confirma, sorrindo, e me faz entrar. Diz seu nome, me autoriza a escrevê-lo: Ghizlane Mahtab. Recebe minha visita sem desconfiança, conta sua vida com prazer. Seu marido e ela moram aqui há um ano, ele é motorista de entrega; ela, laboratorista desempregada; enquanto não arranja algo melhor, trabalha no McDonald's (a filha da calaisiana em cólera está no Quick). Têm quatro filhos, de dois a oito anos.

A casa deles é conhecida como "a casa wi-fi" porque, antes de instalarem as grades que cercam o loteamento, havia permanentemente uns 30 imigrantes em frente à casa. Os vizinhos achavam que ela lhes dera uma senha de acesso, mas não, era justamente em frente à casa deles que havia sinal, e a ela não incomodava nem um pouco que eles ficassem ali, nunca tivera qualquer problema. Ela não afirma que não existam problemas, é verdade que sua vizinha teve, talvez exagere um pouco, mas teve; tudo que Ghizlane pode dizer é que ela, não. Nunca espiaram pelas suas janelas, nunca roubaram um par de meias em seu varal, ou uma bisnaga de pão no porta-malas abarrotado do seu carro, que ela deixa aberto quando descarrega as compras. É que Ghizlane gosta muito das pessoas, sorri para elas, se interessa por elas. As crianças da Jungle vêm brincar com as suas, a pequena as chama de "vizinhos", o maior de "os coitados". Embora mais reservado que Ghizlane, seu marido pensa como ela, deu seus sapatos a um cara que andava descalço, sapatos do casamento, inclusive, e não lhe aborrece que a mulher vá tomar chá na Jungle com as crianças. Isso, evidentemente, não agrada aos vizinhos, que chamam a polícia para dispersar os imigrantes aglomerados em frente à casa, e há membros de sua família que passaram a lhe negar o beijinho de cumprimento, julgando-a contagiosa: sarna, ou coisa pior. Outros acham que ela tem um amante na Jungle, mas ela está se lixando pra isso. Sabe perfeitamente que há roubos, estupros, bandidagem, abomina os 200 idiotas que mancham a reputação de seis mil pessoas do bem – mas será que não é igual em Calais, será que não existem idiotas em tudo que é canto? E esses calaisianos em cólera que usam capuzes e atiram pedras nos imigrantes, que vêm dia e noite fazer suas rondas, é gente que francamente não tem o que fazer. E as duas senhoras então, que estão o tempo todo ali, na casa de onde eu vim, elas não têm filhos, não têm casa pra cuidar?

Escuto Ghizlane, que serve nuggets do McDonald's à sua menina e, naturalmente, suas declarações me reconfortam. Digo-lhe isso, e ela responde com um sorriso cândido de garota que acha isso normal, bobagem, somos todos seres humanos, certo? Há dois meses, um pessoal da *Paris Match* a entrevistou, fotografou, ela não sabe se a matéria foi publicada, vai procurar saber – em todo caso, ela é excelente no papel de heroína positiva, extrovertida e espontânea: uma interlocutora tão boa quanto a senhora, tantas vezes filmada, que põe à disposição dos imigrantes dezenas de tomadas múltiplas em seu prédio para que eles carreguem seus celulares. Despeço-me, volto à casa da local, que continua sendo reconfortada pela calaisiana em cólera. Digo-lhes – o que elas sabem muito bem – que venho da casa da vizinha que é "contra elas", e que a vizinha afirma não ter nenhum problema. Então a calaisiana em cólera me olha de cima a baixo e marca um ponto: "E por que, então, se não tem nenhum problema, ela vive com as persianas sempre fechadas?". Gozado, eu tinha notado isso, mas não registrei a observação:

mesmo sendo meio-dia, com tempo bom, seco e ensolarado, as persianas estavam baixas, nossa conversa se desenrolou à luz de uma luminária, e, por mais radiosa que seja Ghizlane, o fato é que sua casa é emparedada igual à dos últimos humanos na Terra num filme de zumbis. Respondo, contrafeito: "Isso é verdade". A calaisiana em cólera triunfa, repete pelo menos três vezes para mim: "Por que então ela vive com as persianas fechadas? Por quê? Hein? Por que ela vive no escuro?"

13

Chego ao fim, Marguerite. Você tinha razão, 15 dias é irrisório, não vi nada em Calais – ou muito pouco. Do que vi, muitas coisas não couberam neste relato... Gostaria de ter falado da indústria da renda, de sua grandeza e decadência, das dezenas de ofícios altamente especializados que ela mobiliza: riscador, desenhista, ornamentador, perfurador de cartões, rebobinador, ajustador de bobinas, mecânico, montador de carros, bordadeira, cerzideiras, procedimentos minuciosos que convergem, todos, para o operador do tear, verdadeiro Karajan do têxtil, domador respeitado de máquinas que pesam 20 toneladas e alcançam 12 metros de comprimento, de onde sai o que se transformará, principalmente, em calcinhas e sutiãs diáfanos. Gostaria de ter esboçado o perfil de Anne Le Deist, você certamente a conhece, ela costuma frequentar o Betterave, é uma riscadora que vem da Noyon, uma das últimas fábricas ainda em atividade, e que agora trabalha como *freelancer* para clientes chineses; o de Bruno Depriester, último perfurador manual de cartões de Calais, que vi, diante de sua máquina, atuando como um organista; e o de Olivier Noyon, o chefão, que poderia ser personagem de um filme de Claude Sautet. Michel Piccoli o teria representado magnificamente e, hoje, Vincent Lindon adoraria o papel: um filho industrial do norte, bonitão, elegante, simpático, que fez sua vida no audiovisual, em Paris, na Cité des Sciences, depois na Cité de la Musique, e que aceitou, em plena *midlife crisis*, tomar as rédeas do negócio para que ele não saísse das mãos da família. Sua mulher, que era montadora de cinema, não deve ter gostado muito da mudança para Calais. Ele não entendia nada sobre a indústria da renda, aprendeu, tomou gosto e, pelo que pude perceber, todos estimavam Olivier, ou *monsieur* Olivier, como o chamam na fábrica, embora seu trabalho, desde que veio para cá, tenha consistido basicamente em peitar a concorrência asiática, usar mão de obra terceirizada do Sri Lanka e, em 15 anos, lançar três planos de demissão voluntária. E o padre Delenclos! Deve conhecê-lo também, Marguerite, o pároco de Fort Nieulay, que está aqui há 53 anos e poderia ser, por sua vez, um herói de Bernanos ou de Pialat: um gigante exaurido, que ri à toa, tinhoso, que vê a si mesmo

como "sem papas na língua e, quer saber?, até que sentimental", único homem que conheço no mundo capaz de achar que, "no fundo, nosso Fort Nieulay é bastante bonito". Antigamente, ele tinha paroquianos, agora quase nenhum, sua igreja está vazia, mas ele acha normal que os velhos partam e os jovens não os substituam, "não somos fanáticos por religião, e depois não estamos aqui para fazer números, apenas o sinal de Jesus Cristo", e se, por um lado, não tem mais paroquianos, por outro continua a ter vizinhos, que vêm visitá-lo, pedir-lhe conselho, a quem ele ajuda a não fazer besteiras grandes demais: enquanto existirem homens assim, enquanto houver nem que seja um numa cidade, não devemos perder completamente as esperanças – mas, de toda forma, ele tem 84 anos. Preciso realmente concluir, Marguerite, impuseram-me o limite de 40 mil caracteres, não tenho mais espaço para falar do agente marítimo Antoine Ravisse, homem com quem realmente simpatizei, homem que a vida inteira não deixou um dia de ir até o porto dar uma espiada no mar antes de dormir. Nem de sua nova companheira, Valérie Devos, que é advogada e tão acelerada quanto ele é plácido, e, enquanto ele contempla o mar, ela conta, com uma dicção de metralhadora, horríveis histórias de acertos de contas entre "coiotes" albaneses, dos quais foi nomeada defensora pública. Preciso lhe agradecer, Marguerite Bonnefille: por ter me desafiado e servido de guia, ao mesmo tempo que escondia seu nome, seu rosto, sua profissão. Mas você deixou uma boa pista: este trecho da sua carta, lembra-se? "Pois é, acabo de sair com meu carro, porque precisava cobrir o clima de tensão na cidade. Será que o senhor conhecerá esses problemas noturnos? Eu tremia ao me aproximar, o senhor pode imaginar, com medo de levar uma pedrada no vidro ou uma paulada de cassetete. Mas shhh! O senhor escolheu outro ângulo."

14

Uma mulher que sai à noite para *cobrir o clima de tensão na cidade* é uma jornalista. Você é jornalista, Marguerite, jornalista local, você deve trabalhar na mesma redação que os meus colegas Bruno e Marie-France. E, sendo do ofício, tem noção da importância do fecho de uma matéria. Aquela história das janelas de Ghizlane Mahtab me atormentava. Telefonei para saber do que se tratava. Ela, educadamente, agiu como se eu questionasse não sua confiança na humanidade, e sim seus dotes de dona de casa. "Ah, é? As janelas estavam fechadas? É porque eu ainda não tinha feito a faxina. Mas, se vier agora, verá que está tudo aberto." Julguei ser possível, a partir desse detalhe, contar duas histórias completamente diferentes. De um lado, a versão que deixa um fio de esperança, um canto de céu azul, a de que, se formos francos e sorridentes, receberemos de volta franqueza e sorrisos. Do outro, a versão que agradaria,

17. Polêmico escritor e jornalista francês, ligado ao jornal *Le Figaro*, cujas declarações contra os imigrantes já foram alvo de processo e condenação. [N. do T.]

digamos, a Éric Zemmour:[17] não só a Jungle é um inferno, como o fio de esperança é uma mentira, e essa garota, porque é mais simpático que seja assim, porque reflete uma imagem cor-de-rosa dela, conta aos jornalistas sua história de ursinhos carinhosos, quando, de fato, vive completamente entrincheirada. "No escuro", como diz a calaisiana em cólera, e são os calaisianos em cólera que, mesmo não sendo simpáticos, falam a verdade. Perguntei-me que versão eu escolheria se estivesse escrevendo ficção. Mas, como não estou escrevendo ficção, dei meia-volta na rua de Gravelines no dia da minha partida, e sei perfeitamente que isso não tem valor estatístico, que o que é verdade num instante não o é no instante seguinte, mas, mesmo assim, Marguerite, foi um prazer constatar que nesta sexta-feira, 22 de janeiro de 2016, às 11 horas da manhã, as janelas de Ghizlane Mahtab estavam abertas.

Emmanuel Carrère (1957) estreou na literatura em 1983 e, desde então, mantém uma intensa produção de não ficção paralela a romances premiados, como *Limonov*, *Outras vidas que não a minha* e *O reino*, publicados no Brasil pela Alfaguara. Seu livro mais recente, *Il est avantageux d'avoir où aller* (2016), reúne reportagens e ensaios como "Em busca do homem dos dados" (**serrote** #21). Tradução de **André Telles**

#23
julho 2016

IMS InstitutoMoreiraSalles

Walther Moreira Salles (1912-2001)
FUNDADOR

DIRETORIA EXECUTIVA
João Moreira Salles
PRESIDENTE
Gabriel Jorge Ferreira
VICE-PRESIDENTE
Mauro Agonilha
Raul Manuel Alves
DIRETORES EXECUTIVOS

serrote é uma publicação do Instituto Moreira Salles que sai três vezes por ano: março, julho e novembro.

COMISSÃO EDITORIAL **Alice Sant'Anna, Daniel Trench, Eucanaã Ferraz, Flávio Pinheiro, Gustavo Marchetti, Heloisa Espada, Paulo Roberto Pires e Samuel Titan Jr.**

EDITOR **Paulo Roberto Pires**
DIRETOR DE ARTE **Daniel Trench**
COORDENAÇÃO EDITORIAL **Alice Sant'Anna e Flávio Cintra do Amaral**
ASSISTENTE DE ARTE **Gustavo Marchetti**
PRODUÇÃO GRÁFICA **Acássia Correia**
PREPARAÇÃO E REVISÃO DE TEXTOS **Flávio Cintra do Amaral, Juliana Miasso, Livia Deorsola, Livia Lima, Marília Garcia e Vanessa Rodrigues**
CHECAGEM **José Genulino Moura Ribeiro, Luciana Sanches e Regina Pereira**
IMPRESSÃO E TRATAMENTO DE IMAGENS **Ipsis**

© Instituto Moreira Salles
Av. Paulista, 2439 / 6º andar
São Paulo SP Brasil 01311-936
tel. 11.3371.4455 fax 11.3371.4497
www.ims.com.br

As opiniões expressas nos artigos desta revista são de responsabilidade exclusiva dos autores. Os originais enviados sem solicitação da *serrote* não serão devolvidos.

ASSINATURAS 11.3971.4372 ou serrote@ims.com.br
www.revistaserrote.com.br

Errata da *serrote* #22: No texto "Encontros com Samuel Beckett", de Charles Juliet, na página 155, foi publicado "68 anos", mas o correto é "6-8 anos".

Capa: Rico Lins

© Tales Ab'Sáber; © Angela Alonso; © Laymert Garcia dos Santos; © Renato Lessa; "Notes sur le prise de Mescaline", de Jean-Paul Sartre, foi publicado em *Les Mots et autres textes biographiques*, "Appendices", pp. 1222 a 1233, © Gallimard, 2010; © Leonardo Villa-Forte; © Damián Tabarovsky (2004); © Wilma Martins; © José Carlos Avellar; © Julio Ramón Ribeyro; © Juan Villoro, 2006, publicado em *La Nación*, 22.01.2006; © 2016 Emmanuel Carrère, todos os direitos reservados. Fotos do caderno "Paisagem do Rio (...)", de Wilma Martins: Wallace Amaral.

Agradecimentos: Claudia Duarte, Franco Salvoni, Frederico Morais, Javier Sáez Castán, Joanna Americano Castilho, Nicholas Rougeux, Stefania Paiva e Susana Figueroa León.